Ernst Breit (Hrsg.)

Aufstieg des Nationalsozialismus
Untergang der Republik
Zerschlagung der Gewerkschaften

Geschichte der Arbeiterbewegung
Texte – Biographien – Dokumente

Ernst Breit (Hrsg.)

Aufstieg des Nationalsozialismus Untergang der Republik Zerschlagung der Gewerkschaften

Dokumentation der historisch-politischen
Konferenz des DGB im Mai 83 in Dortmund

Redaktion: Ulrich Borsdorf, Hans O. Hemmer,
Werner Milert, Holger Mollenhauer

Bund-Verlag

CIP-Kurztitelaufnahme der Deutschen Bibliothek

Aufstieg des Nationalsozialismus, Untergang der Republik, Zerschlagung der Gewerkschaften : Beitr. zur Geschichte d. Arbeiterbewegung zwischen Demokratie u. Diktatur / Ernst Breit (Hrsg.). Red.: Ulrich Borsdorf ... – Köln : Bund-Verlag, 1984.
   (Geschichte der Arbeiterbewegung)
   ISBN 3-7663-0918-8
NE: Breit, Ernst [Hrsg.]

© 1984 by Bund-Verlag GmbH, Köln
Lektorat: Dieter Gaarz
Herstellung: Heinz Biermann
Umschlag: Roberto Patelli, Köln
Druck: Buch- und Offsetdruckerei Wagner GmbH, Nördlingen
ISBN 3-7663-0918-8
Printed in Germany 1984

Inhalt

Ernst Breit

Vorwort

»Aufstieg des Nationalsozialismus – Untergang der Republik – Zerschlagung der Gewerkschaften«: Dieses Motto trug die historisch-politische Konferenz des Deutschen Gewerkschaftsbundes, die am 2. und 3. Mai 1983 in Dortmund stattfand. Die Konferenz fand aus Anlaß der 50. Wiederkehr jenes Tages statt, der wohl zu den schwärzesten in der Geschichte der freien Gewerkschaftsbewegung zählt. Am 2. Mai 1933 stürmten SA und SS die Gewerkschaftshäuser, wurden die Gewerkschaftsorganisationen aufgelöst und wurde ihr Vermögen eingezogen; für viele Gewerkschafter begann mit diesem Tag ein langer Leidensweg, der durch Gefängnisse und Konzentrationslager führte.

Am 2. Mai 1933 war die deutsche Gewerkschaftsbewegung geschlagen – aber aus dieser Niederlage hat sie auch die Kraft für einen Wiederaufbau in neuer Form gefunden. Die Erfahrungen der Arbeitnehmer während der Weimarer Republik und der Verfolgung durch das Unrechtsregime der Nationalsozialisten haben den Weg für die Aufhebung der organisatorischen Zersplitterung in konkurrierende Gewerkschaften, in Berufsverbände und Standesorganisationen geebnet. Männer wie Hans Böckler und Jakob Kaiser haben vor diesem Hintergrund übereinstimmend den Schluß gezogen, daß nur starke, politisch unabhängige Gewerkschaften ein wirksames Gegengewicht zur wirtschaftlichen und politischen Macht der Unternehmer bilden können. Die Einheitsgewerkschaft, die nach dem Zweiten Weltkrieg geschaffen wurde, ist daher eine wesentliche Errungenschaft in der Geschichte der deutschen Gewerkschaftsbewegung.

Diese Erfahrung wird stets aufs neue bestätigt – wie der Blick in die jüngste Vergangenheit zeigt: Nur unter einem einheitlichen Dach können die Arbeitnehmer ihre Interessen wirkungsvoll vertreten. Nur eine starke, einheitliche Organisation der Arbeiterbewegung ist imstande, Wirtschaft und Gesellschaft demokratisch zu gestalten. Die Einheitsgewerkschaft ist der beste Garant für den demokratischen Sozialstaat.

In dem vorliegenden Band finden sich die auf der Konferenz

gehaltenen Referate und Diskussionen zu der historischen Problematik wieder. Als Druckvorlage für die Wiedergabe des Gesprächs zwischen Jung und Alt diente das Wortprotokoll; dabei wurde versucht, die Unmittelbarkeit des gesprochenen Wortes weitgehend zu erhalten. Die Referate, die auf der Konferenz vorgetragen wurden, sind zum Teil in überarbeiteter Fassung wiedergegeben.

Die vielen namhaften Historiker, die unserer Einladung nach Dortmund gefolgt sind, haben uns in die Lage versetzt, daß wir nun über den Stand der Wissenschaft zur Geschichte unserer Organisation in dieser schweren Phase besser informiert sind. Der aktiven Unterstützung der Kollegen, die sich als Zeitzeugen der Diskussion mit Jugendlichen zur Verfügung gestellt haben, danken wir, daß sie ihr Denken und Handeln, ihre Eindrücke und Erfahrungen in dieser Zeit uns so nachdrücklich erschlossen haben.

Die Beschäftigung mit der eigenen Geschichte hat in den Gewerkschaften eine lange Tradition. Ziel dabei ist es – und dies hat auch die Dortmunder Konferenz gezeigt –, aus eigenen Fehlern zu lernen, durch die gemeinsam erfahrene Geschichte die Solidarität zu stärken und aus den gewerkschaftlichen Erfolgen Selbstbewußtsein und Hoffnung zu gewinnen. Auch heute ist selbstbewußtes, solidarisches Handeln der Arbeitnehmer und der Gewerkschaften wieder notwendig. Ich hoffe, daß der vorliegende Band in diesem Sinne dazu beiträgt, die Basis für zukünftige Erfolge in unserer Arbeit zu legen.

Gerd Muhr

Eröffnung und Begrüßung

Im Namen des Bundesvorstandes des Deutschen Gewerkschaftsbundes begrüße ich Sie herzlich zu unserer historisch-politischen Konferenz aus Anlaß der 50. Wiederkehr jenes Tages, an dem am 2. Mai 1933 die deutschen Freien Gewerkschaften von den Nationalsozialisten zerschlagen wurden. Es ist also alles andere als eine Jubelfeier, die wir hier heute und morgen begehen. Wir haben die Wiederkehr einer der schlimmsten Tage und des schwärzesten Datums der Geschichte der deutschen Gewerkschaften zum Anlaß genommen, eine Konferenz zu veranstalten, die mit respektvollem Gedenken an die Opfer, mit wissenschaftlicher Sorgfalt und auch mit einem kritischen Blick von der Vergangenheit aus in die Zukunft, der Wiederkehr dieses Tages gerecht werden möchte.

Wir haben vor vier Jahren in München eine erste Konferenz dieser Art veranstaltet, die uns ermutigt hat, erneut diese Form zu wählen. Wie damals haben wir eine große Zahl von wissenschaftlichen Fachleuten gewinnen können.

Ich möchte zunächst die Vertreter der Wissenschaft begrüßen. Ich danke allen, die auf dieser Konferenz eine Aufgabe übernommen haben, und ich danke auch denen, die in den Diskussionen ihr Wissen zur Verfügung stellen werden. Wir empfinden es als Anerkennung, daß wiederum so viele bedeutende Wissenschaftler unserem Ruf gefolgt sind.

Ein ebenso herzlicher Dank gilt den jungen Kolleginnen und Kollegen, die in großer Zahl unter uns weilen. Es ist unsere Absicht, hier eine Diskussion, eine faire Auseinandersetzung herbeizuführen über das Thema »Wie konnte es geschehen?« zwischen solchen, die damals dabei waren, und jenen, die heute als junge Menschen diese Fragen stellen. Wir werden heute Abend Zeugen einer hoffentlich intensiven Diskussion jener Art sein. Dank deshalb allen daran Beteiligten. Insbesondere sage ich Dank an die vier Zeitzeugen, die sich zur Verfügung stellen werden, an den Vorsitzenden der Sozialdemokratischen Partei Deutschlands, unseren Kollegen und Freund Willy Brandt, an den ehemaligen Vorsitzenden des DGB-Landesbezirks Hessen, unseren Kollegen

Ernst Leuninger, an den ehemaligen Vorsitzenden der Gewerkschaft Leder, unseren Kollegen Adolf Mirkes und schließlich an den ehemaligen Bezirksleiter der Industriegewerkschaft Bergbau und Energie, unseren Kollegen Adam Wolfram. Wir freuen uns, daß sich zur Moderation dieses Gesprächs Manfred Erdenberger vom Westdeutschen Rundfunk bereiterklärt hat.

Wir sind froh, daß wieder eine ganze Anzahl von alten Kollegen, von wenn man es einmal so sagen darf, Veteranen der Gewerkschaftsbewegung unter uns weilen. Ich möchte sie ausdrücklich ermuntern, hier aktiv in die Debatte einzugreifen.

Wir wollen es wiederum so halten, daß in bewährter Tradition morgen im Rahmen der drei Arbeitsgruppen auch eine Beteiligung des Auditoriums an der Diskussion möglich wird. Ich gehe davon aus, daß wir das gesamte Protokoll dieser Veranstaltung dann später als informativen Band zur Verfügung stellen werden.

Ich möchte es bei diesen wenigen Worten der Eröffnung belassen. Ich möchte noch einmal alle, die unserer Einladung gefolgt sind, recht herzlich hier begrüßen. Ich hoffe, daß wir einen Abend und einen Tag ertragreicher Arbeit und intensiven Gedankenaustausches vor uns haben. Ich hoffe auf faire, offene und gute Diskussionen. Die historisch-politische Konferenz des Deutschen Gewerkschaftsbundes »Der DGB stellt sich der Geschichte« ist damit eröffnet.

Ernst Breit

Grundsatzreferat
Der DGB stellt sich der Geschichte

Am 2. Mai 1933 wurden die deutschen Freien Gewerkschaften
zerschlagen. Nachdem die Nationalsozialisten den 1. Mai als »Feiertag der nationalen Arbeit« inszeniert hatten, besetzten SA-Kommandos im ganzen Land die Gewerkschaftshäuser. Büros und
Wohnungen wurden verwüstet. Gewerkschafter wurden verhaftet,
verprügelt, verschleppt. Sie wurden verhört und gefoltert. In Duisburg hat der DGB all jener gedacht, die damals gelitten haben und
umgekommen sind. In Duisburg haben die Nazis am 2. Mai 1933
ihren Haß und Terror gegen die Gewerkschaften grausam auf die
Spitze getrieben: Ein SA- und SS-Trupp prügelten die Gewerkschaftsfunktionäre Julius Birck, Emil Rentmeister, Michael Rodenstock und Johann Schlösser in einem Kohlenkeller auf bestialische
Weise mit Schaufelstielen zu Tode. Ihre Leichen wurden in einem
Waldstück verscharrt und erst ein Jahr später zufällig entdeckt.
Dieser und aller anderen Opfer eines menschenvernichtenden Systems gedenken wir in Hochachtung und Trauer.

I.

Trauer und Bitterkeit befreien uns heute – 50 Jahre später – nicht
von der Pflicht zu fragen, wie es dazu kommen konnte, daß Mord
und Totschlag staatlich legitimiert wurden; wie es dazu kommen
konnte, daß die deutsche Gewerkschaftsbewegung auf so demütigende Weise geschlagen wurde. Wir stellen uns diesen Fragen an
die Geschichte und wir versuchen, ein bedrückendes Kapitel in der
Geschichte der deutschen Arbeiterbewegung zu rekapitulieren.
Dazu brauchen wir die Hilfe der Wissenschaft. Die erste wissenschaftliche Konferenz des DGB zu historischen Themen, 1979 in
München, hat bewiesen, wie fruchtbar diese konstruktive Zusammenarbeit sein kann, die wir auch zukünftig verfolgen wollen. Wir
werden in der Zeit bis zu unserer Hundertjahrfeier im Jahre 1990
noch weitere Wegmarken setzen. Wir möchten bis dahin historische Forschung anregen, an eigenen Beiträgen soll es dabei nicht
fehlen.
Die Geschichtswissenschaft stellt kein geschlossenes Lehrgebäude

dar. Das ist gut so, denn *die* historische Wahrheit gibt es nicht. Dennoch erheben manche Anspruch darauf oder wollen eine bestimmte Version des Geschichtsverlaufs verbindlich machen. Zwei Wissenschaftler stellten kürzlich einem Aufsatz über die Politik der Gewerkschaften am Ende der Weimarer Republik eine Einsicht voran, die ich sinngemäß zitieren möchte: Geschichtsschreibung sei immer auch Kampf um Interpretationsmacht, um hegemoniales Geschichtsbewußtsein – mit dem Ziel aktueller politischer Orientierung. Das war natürlich als Kritik an der konservativen Gegenseite gemeint; sollte es aber auch auf die Geschichtsschreibung der Gewerkschaften gemünzt sein, sei gesagt: Wir lassen uns – von keiner Seite – eine parteiliche Wahrheit von der Geschichte aufzwingen, Geschichte am Gängelband einer Weltanschauung – oder soll man Ideologie sagen? – lehnen wir ab. Verbindliche, ein für allemal festgelegte Geschichtsbilder sind Kennzeichen autoritären Denkens, welcher Prägung auch immer. Demokratische Geschichtsschreibung bedeutet Vielfalt der Themen und Methoden, freien Meinungsstreit, Wahrnehmung historischer Zusammenhänge ohne Schranken und ohne Scheuklappen und freie Verfügung über alle Quellen des Wissens. Nur so kann Geschichte dem Ziel der Aufklärung dienen, nur so kann man aus ihr lernen. Nur eine solche Geschichtsschreibung ist auch mit den Notwendigkeiten der Einheitsgewerkschaft vereinbar.

II.

Es ist Aufgabe der Historiker, die geschichtlichen Daten, Fakten und Zusammenhänge aufzuklären, zu analysieren und zu bewerten. Ich möchte mich auf *Fragen* beschränken und, daraus abgeleitet, einige Sorgen formulieren, wie sie sich dem politisch Handelnden in diesen Zeiten aufdrängen.

Rückschauend gewinnt man den Eindruck, die 14 Jahre der Weimarer Republik seien durchweg geprägt gewesen von Instabilität und Schwäche vor allem des politischen Systems. Rasch wechselnde Regierungen – insgesamt 20 in diesen 14 Jahren –, fortgesetzte Reichstags- und Reichspräsidentenwahlen, Straßenkämpfe, politische Morde, Putschversuche fallen einem ein als äußere Merkmale dieser Zeit. Dabei war doch die Weimarer Reichsverfassung unbestreitbar eine der demokratischsten ihrer Epoche, boten das Wahlrecht und der Volksentscheid allen Bürgern die Beteiligungsmöglichkeiten eines parlamentarischen Systems, war die Teilung der Gewalten durchgesetzt und die parlamentarische Kontrolle der Regierung gewährleistet. Wo lagen also die Gründe für die politische Schwäche der ersten deutschen Republik? War die Last von Versailles so groß, daß sie nicht getragen werden konnte? War die Lage Deutschlands im Herzen Europas so problembeladen, daß ein verständnisvoller Ausgleich mit den Nachbarn politisch nicht zu erzielen war? War die Revolution von 1918/19 zu zaghaft gewesen, waren die Demokraten halbherzig und ängstlich ans Werk gegangen? Wenn ja, auf welchem Gebiet hätten sie weiter gehen sollen? Waren vielleicht die Bürger nicht mündig genug, um nach der Stickluft im Obrigkeitsstaat die Freiheit in einer Demokratie zu atmen? Oder lag es daran, daß maßgebliche gesellschaftliche Gruppen und deren Eliten nicht bereit waren, die langgewohnte Macht zu teilen und die Republik als Staatsform anzunehmen? Wenn man bedenkt, daß bereits 1920 die Reaktionäre um Kapp und Lüttwitz zum Sturm auf die Demokratie ansetzten, scheint diese letzte Frage gegenüber den anderen das größere Gewicht zu haben. Es waren die Gewerkschaften, die 1920 auf dem Höhepunkt ihrer Kraft unter Carl Legien der Republik das Überleben gegen diesen frühen reaktionären Ansturm sicherten.

Ein oft gehörtes Wort besagt, die Weimarer Republik sei eine Republik ohne Republikaner gewesen. In dieser unscharfen Beurteilung vermißt man einen Fingerzeig darauf, wer denn die wenigen Republikaner waren und in welchen Lagern die Gegner der Republik sich sammelten? Ich vermute, bei einer Antwort auf diese Frage wird sich schnell herausstellen: Die Gegner der Weimarer Republik sind auch Gegner der Gewerkschaften gewesen – sei es, weil sie gegen einen angeblichen Gewerkschaftsstaat zu Felde zogen, oder sei es, weil sie in jedem Funktionär einen Bonzen sahen.

Es ist unverständlich, wie man auf die Idee kommen konnte, der Einfluß der Gewerkschaften auf Staat, Wirtschaft und Gesellschaft sei so groß gewesen, daß man ihn hätte beschneiden müssen. Brachte etwa das Betriebsrätegesetz von 1920 wirklich eine gravierende Beeinträchtigung unternehmerischer Entscheidungsmöglichkeiten? Doch wohl nicht. Gab etwa das staatliche Schlichtungswesen für Tarifauseinandersetzungen den Gewerkschaften ein Übergewicht? Doch wohl kaum. Waren etwa der 8-Stunden-Tag und die Arbeitslosenversicherung ökonomisch untragbare Entscheidungen und Einrichtungen? Und hat es nicht schon vor 1930 eine dauernde hohe Sockelarbeitslosigkeit gegeben, die den Handlungsspielraum der Gewerkschaften ohnehin begrenzte? Ich kann als Gewerkschafter von heute nichts anderes erkennen, als daß die Gewerkschaften von damals demokratisch, vernünftig und kompromißbereit gewesen sind. Es sind vielmehr die Gegner der Gewerkschaften gewesen, die den sozialpolitischen Grundkonsens – wenn sie ihn überhaupt je mitgetragen hatten – haben fallen lassen. Was war der »Ruhreisenstreit« von 1928/29, der ja *vor* dem Beginn der großen Krise geführt wurde und zeitweise 250 000

Arbeiter an der Ruhr aussperrte, was war diese Aussperrungsorgie anderes als Klassenkampf von oben, Kampf der Schwerindustrie gegen die Gewerkschaften, gegen den Staat, gegen einen wesentlichen sozialpolitischen Grundpfeiler der Republik, das Schlichtungswesen?

Emil Kirdorf, einer der ganz großen Zechenherren im Ruhrrevier, hat 1929 geschrieben, die von den Gewerkschaften angestrebte Wirtschaftsdemokratie werde den »Untergang des Deutschtums vollenden«. Wir wissen inzwischen, daß dieser Untergang schließlich von Menschen seines Schlages herbeigeführt worden ist. Unsere heutige Forderung nach Mitbestimmung ist also nicht nur eine Frage des Einflusses zum Wohle der Arbeitnehmer, den wir natürlich auch wollen, sie ist auch eine Frage der politischen Moral und der historischen Schuld. Das war 1945 allen klar, aber sechs Jahre später mußten die Gewerkschaften schon wieder darum kämpfen, daß diese Einsicht praktische Politik wurde. Darin sehe ich eine wesentliche Funktion der Geschichtswissenschaft: Sie soll interessenbezogene Veränderungen aufdecken, soll Ideologie entlarven und so dem Gedanken des demokratischen Ausgleichs eine historische Perspektive verleihen.

III.

Es ist den Gewerkschaften nicht nur von konservativer Seite vorgeworfen worden, sie hätten einen Anteil am Einstieg der Weimarer Republik in ihre Endkrise. Dadurch, daß der ADGB sich 1930 geweigert habe, einer halbprozentigen Erhöhung des Beitrags zur Arbeitslosenversicherung zuzustimmen, sei die letzte parlamentarische Regierung, die des Sozialdemokraten Hermann Müller, zur Aufgabe gezwungen worden. Stimmt das eigentlich so? Es ist schon erstaunlich, wie es immer wieder gelingt, alles Augenmerk auf den Tropfen zu lenken, der das Faß zum Überlaufen bringt, um dadurch die Frage zu verdrängen, wer denn vorher dieses Faß bis an den Rand gefüllt hat. Waren es also wirklich die Gewerkschaften, die den Reichskanzler Hermann Müller haben scheitern lassen, oder waren es die bürgerlichen Parteien, die ihn, nachdem außenpolitisch etwas Luft geschaffen war, nicht mehr zu brauchen glaubten und aus der Regierung drängten?

Die schwere Weltwirtschaftskrise wird von allen, die den Untergang der Weimarer Republik zu klären versuchen, als auslösender, ja als ursächlicher Faktor in den Mittelpunkt gestellt. Ich frage dennoch: War dieser Teil der Entwicklung, die in den Nationalsozialismus führte, zwangsläufig? Andere Staaten haben damals gewankt, die westlichen Demokratien waren vielleicht erschüttert, aber sie haben überlebt. Warum hat nur in Deutschland die Krise solche schrecklichen langfristigen Folgen gehabt? Oder sind es doch die Ursachen im politischen und sozialen, im sozialpsychologischen Bereich, die für den Aufstieg des Nationalsozialismus ausschlaggebend waren?

Ich glaube, das Ausmaß der Weltwirtschaftskrise von damals ist in ihren bedrückenden Auswirkungen auf das Leben der Menschen heute für viele kaum noch vorstellbar. Elend, Hunger und Not waren die direkten Folgen von Arbeitslosigkeit. Verzweiflung und Hoffnungslosigkeit trieben die Menschen in Situationen und Verhaltensweisen, die schließlich politisch gefährlich waren und den Sprengsatz formten, der die Republik zerfallen ließ. Für die Aktionsmöglichkeiten der Betriebsräte und Gewerkschaften war die Lage auf dem Arbeitsmarkt – wenn man dieses Wort dafür überhaupt noch verwenden kann – eine entscheidende. Wir wissen ja aus der vergleichweise nicht ganz so schlimmen Situation heute, wie eingeengt der Aktionsraum zum Beispiel von Betriebsräten ist, die in Regionen mit mehr als 12 Prozent Arbeitslosgikeit die Interessen ihrer Kollegen *mit* und derer *ohne* Arbeit vertreten wollen. Wenn in einer entscheidenden Phase der Weimarer Republik, im Sommer 1932, zwei Drittel der Gewerkschaftsmitglieder von Arbeitslosigkeit und Kurzarbeit betroffen waren, ist unschwer zu bestimmen, was die Gewerkschaften noch konnten und was nicht.

Die vom ADGB beschlossenen und vorgeschlagenen Maßnahmen zur Bekämpfung der Arbeitslosigkeit und der Krise sind in den dreißiger Jahren von den Regierungen und den Unternehmern nicht gehört worden. Sie boten eine Alternative zu der damals verfolgten Wirtschafts- und Finanzpolitik. Sie sahen zum Beispiel die Verkürzung der Arbeitszeit und staatliche Arbeitsbeschaffung vor. Das ist auch heute wieder gewerkschaftliches Programm, und es muß – anders als damals – in die Tat umgesetzt werden, wenn den betroffenen und gefährdeten Menschen geholfen werden und diese Gesellschaft intakt bleiben soll.

IV.

Die Gewerkschaften sind der festen Überzeugung, daß es sich lohnt und daß es notwendig ist, für den Erhalt des demokratischen, freiheitlichen Rechts- und Sozialstaats alles zu tun – das verbindet uns mit unseren Vorläuferorganisationen der Weimarer Republik. Sie standen in den beginnenden dreißiger Jahren zusammen mit der Sozialdemokratischen Partei und Teilen des Zentrums fast allein, wenn es um die Verteidigung der Republik ging. Rechts und links war man längst zu neuen Ufern unterwegs – zum Ständestaat, zur Diktatur, zum »Dritten Reich« oder, wie die Kommunisten, zu einer unmittelbar bevorstehenden »Revolution« – was sie allen Ernstes behaupteten. Und als wichtigstes Hilfsmittel für diese

»Revolution« galt ihnen der Kampf gegen Sozialdemokraten und »reformistische« Gewerkschafter – von ihnen »Sozialfaschisten« genannt – die auf der Liste ihrer unnachgiebig zu bekämpfenden Feinde an erster Stelle plaziert waren – vor den Nazis. Diese verheerende Politik der Kommunistischen Partei hat die Gewerkschaftsbewegung, hat die Republik zusätzlich geschwächt.

Entscheidender war, daß große und einflußreiche Teile der deutschen Unternehmerschaft spätestens ab 1927/28 nicht mehr bereit waren, den sozialen Ausgleich auch in der zugespitzten Wirtschaftskrise als notwendiges Grundprinzip eines demokratischen und freien Staatswesens anzuerkennen und anzustreben. Ich habe bei der Gedenkfeier des DGB am 30. Januar 1983 in Mülheim den Unternehmern und ihren Verbänden geraten, sich mit Rolle und Politik ihrer Vorgänger vor 50 Jahren ebenso selbstkritisch und konstruktiv auseinanderzusetzen, wie wir es mit unserer Vergangenheit tun. Ich bin deswegen von der Bundesvereinigung der Deutschen Arbeitgeberverbände öffentlich als »Geschichtsfälscher« gescholten worden.

Ich will gewiß keine Parallele zur Weimarer Republik konstruieren, aber in gewissen Kreisen scheint wieder damit geliebäugelt zu werden, in einer Krisenlage sozialstaatliche Kernbestände aufzugeben. Gewerkschafts- und Mitbestimmungsrechte abzubauen, die Gewerkschaften insgesamt, z.B. durch eine Tarifpolitik der Konfrontation, zu schwächen.

Ich wiederhole dazu das, was ich am 30. Januar in Mülheim gesagt habe: Wer die Arbeitnehmer und ihre Gewerkschaften in die Knie zwingen will, stört den sozialen Frieden. Wo der soziale Friede gestört ist, ist schließlich auch die Demokratie in Gefahr. Die Gewerkschaften wollen eine sozial gerechte Lösung der Krise. Deshalb fordere ich die Arbeitgeber und ihre Verbände noch einmal nachdrücklich auf: Verhandeln Sie über Arbeitszeitverkürzung, über Mitbestimmung, über Rationalisierungsschutz und Humanisierung! Tabus sind dazu da, gebrochen zu werden! Werfen Sie also Ihren fatalen Tabu-Katalog über Bord! Erarbeiten Sie mit uns weitsichtige und tragfähige Lösungen, die Menschen wieder in Arbeit bringen, mit denen die vorhandene Arbeit besser verteilt werden kann, die eindeutig beweisen, daß auch in schwierigen Zeiten eine soziale gerechte Politik möglich ist.

Ich bin sicher: Sollte uns die gegenwärtige Krise allmählich wieder zurückführen zum wirtschafts- und sozialpolitischen »Rette sich wer kann«, zur Schonung und Subventionierung der Starken und zum Abkassieren bei den Schwachen, dann wird die Gefahr von schwerwiegenden politisch-gesellschaftlichen Begleiterscheinungen ganz groß.

Haß, Brutalität, nackte Gewalt – das waren die Kennzeichen

nationalsozialistischer Politik, die in den hoffnungslosen und verzweifelten frühen dreißiger Jahren viele Menschen von ihrer alltäglichen Not, von der Gefahr des sozialen Abstiegs, von Existenzangst ablenkte und ihnen Besserung versprach auf Kosten der angeblich Schuldigen an der Misere: Bolschewisten und Bonzen, Arbeitsscheue und Verbrecher, Zigeuner und Behinderte, schließlich und vor allem: Juden.

Viele derer, die hart betroffen waren von Arbeitslosigkeit oder Einkommenskürzungen und viele derer, denen das drohte, insbesondere aus der gewachsenen Zahl der Angestellten, zogen diese nationalsozialistischen Erklärungen ganz offenbar den gewerkschaftlichen Analysen und Rezepten vor. Wenn auch der Kern der organisierten Arbeiterschaft gegen den Nationalsozialismus immun war und blieb, so haben wohl gewerkschaftlich schwächer oder gar nicht gebundene Arbeitnehmer, insbesondere Angestellte, zu den Wahlerfolgen der Nazis beigetragen. Wenn ich diese Vermutung ausspreche, dann schlage ich mich nicht auf die Seite derer, die uns, zugespitzt formuliert, weismachen wollen, die Gewerkschaften hätten zuerst die Weimarer Republik kaputtgemacht, und dann hätten die Arbeiter die Nazis an die Macht gewählt. Das ist eine perfide Art der Vergangenheitsbewältigung: Denen die Schuld am Sieg des Nationalsozialismus zuschieben zu wollen, die alle seine Lasten getragen haben, als einfache Leute, Soldaten, als Verfolgte, als Widerstandskämpfer. Wir halten uns weiterhin an die Tatsachen: Es waren die Gegner des Sozialstaats, die Verächter der Demokratie, die Freunde des starken Staats und die Befürworter ungehemmter Kapitalmehrung, die die Schuld am Ende der ersten deutschen Republik und am Sieg des deutschen Faschismus auf sich geladen haben!

V.

Der Hinweis auf die mangelnde gewerkschaftliche Bindung vieler Angestellter, ihrer und anderer Arbeitnehmer Bereitschaft, es »mit den Nazis zu versuchen«, »Hitler eine Chance zu geben« führt zu einem weiteren zentralen Thema: der Rolle und der Politik der Gewerkschaften am Ende der Weimarer Republik und in den Monaten vom Februar bis zum Mai 1933. Ich denke dabei nicht an die gelegentlich als wissenschaftliche Ergebnisse oder Analysen hingestellten Kampfparolen vom »Verrat« der »reformistischen Führer« an den kampfbereiten Massen oder vom durchgängigen »Versagen« der Gewerkschaftspolitik. Das ideologisch-moralische Scharfrichtertum aus bequemer historischer Distanz mag sich mit den Schablonen eines vorfabrizierten Geschichtsbildes decken, zur Klärung komplizierter politischer Zusammenhänge trägt es ebensowenig bei wie zum angestrebten Lernen aus der Geschichte.

Allerdings wird durchaus von Schwächen und von Fehlern die Rede sein müssen und davon, ob sie vermeidbar gewesen wären, ob es – eine für den Historiker sicher problematische Fragestellung – Alternativen gegeben hätte.

Auch dazu seien einige Fragen formuliert: Waren die Gewerkschaften programmatisch gut genug gerüstet, waren sie hinreichend auf die Krise eingerichtet? Kam zum Beispiel das moderne und richtungsweisende Arbeitsbeschaffungsprogramm des ADGB zu spät? Das führt zu der weiteren Frage nach dem Verhältnis zwischen Gewerkschaften und Mitgliedern: Ist diese lebensnotwendige Verbindung intakt und funktionstüchtig gehalten worden, oder ist es den Gewerkschaftsgegnern gelungen, Keile ebenso zwischen Führung und Basis wie zwischen verschiedene Arbeitnehmergruppen oder zwischen Arbeitende und Arbeitslose zu treiben? Damit zusammen hängt schließlich die Frage nach der zeitgemäßen Organisationsform: Hätte die Trennung zwischen den Richtungsgewerkschaften und zwischen den Arbeiter-, Angestellten- und Beamtenorganisationen überwunden werden können?

Nicht zu vergessen schließlich die politischen Zusammenhänge: Gab es für die Gewerkschaften, wenn man die Nazis von der Regierung fernhalten wollte, eine Alternative zum Stillhalten gegenüber der sozialdemokratischen »Tolerierung« der Politik Brünings, die durch Sozialabbau und Lohnsenkungen gekennzeichnet war? Wären außerparlamentarische Aktionen bis hin zum Generalstreik und bewaffneter Aufstand zu irgendeinem Zeitpunkt, sei es beim Staatsstreich Papens im Juli 1932 oder nach der »Machtergreifung«, aussichtsreich und – was wichtiger ist – verantwortbar gewesen? Und hätte – wenn man die gewerkschaftlichen Handlungsmöglichkeiten im Zeichen von schließlich mehr als sechs Millionen Arbeitslosen gering veranschlagt – eine Zusammenarbeit mit Arbeitgebern, etwa nach dem Muster der »Zentralarbeitsgemeinschaft«, einen Ausweg geboten? Oder die von Reichskanzler Schleicher ins Auge gefaßte »Querfront« mit Reichswehr, Strasser-Flügel der NSDAP und Gewerkschaften? Ich will ganz offen sagen: Wenn man alle diese Fragen stellt und sie dem Nachdenken über *die* Handlungsalternative zugrundelegt, dann scheint jedenfalls mir, daß die Spielräume für die Gewerkschaften von 1930 bis 1932 letztlich doch äußerst begrenzt gewesen sind.

VI.

Die Wochen zwischen der sogenannten Machtergreifung und der Zerschlagung der Freien Gewerkschaften am 2. Mai 1933 sind wohl die heikelsten in unserer Geschichte. In dieser Zeit, in der sich das Schicksal der Freien Gewerkschaften bereits abzeichnete, versuchte die ADGB-Führung unter Theodor Leipart, die Organisation zu retten. Sie ging dabei bis an die Grenzen gewerkschaftlicher Prinzipien. Sie tat es sicherlich vor allem in der festen Überzeugung, daß ein hochindustrialisierter Staat, auch wenn er faschistisch regiert sei, nicht ohne funktionsfähige Gewerkschaften auskomme und mit der Perspektive, daß die Nationalsozialisten es »nicht lange machen würden«. Am Ende dieses gewerkschaftlichen Kurses stand der Aufruf, an den nationalsozialistischen »Maifeiern« teilzunehmen. Mir liegt es fern, diese Politik nach 50 Jahren zu richten und über die, die sie zu verantworten hatten, den Stab zu brechen. Aber ich halte es für möglich, daß in diesen Monaten Fehler gemacht wurden, die insbesondere darauf zurückzuführen sind, daß falsche historische Parallelen gezogen wurden. Viele Gewerkschafter erinnerten sich an die Bismarckschen Verfolgungen unter dem Sozialistengesetz, aus denen Sozialdemokratie und Gewerkschaften ja alles in allem gestärkt hervorgegangen waren. Und selbst nach den ersten terroristischen Übergriffen der Nazis konnte oder wollte man sich ihre grauenhafte Konsequenz nicht vorstellen. Für sie gab es keine historische Parallele.

VII.

Der Vergleich zwischen den Krisenjahren der Weimarer Republik und der heutigen Zeit wird immer wieder gezogen, meist mit dem – wie ich nach wie vor meine – zutreffenden Ergebnis, daß Bonn nicht Weimar ist. Die zweite deutsche Demokratie ruht auf wesentlich festeren Fundamenten. Die emotionalisierende Belastung des Vertrages von Versailles fehlt ebenso wie die verbreitete Ablehnung von Republik und Parlamentarismus. Und trotz bedenklicher und bedrohlicher Zunahme von Ausländerfeindlichkeit und gewissen neonazistischen Tendenzen wäre es abwegig, einen drohenden Faschismus an die Wand zu malen. Allerdings weist die heutige Situation Züge auf, wie wir sie aus der Weimarer Zeit kennen. Ich nenne dazu nur Stichworte: vor allem strukturell bedingte Massenarbeitslosigkeit; tiefgreifende Folgen von Rationalisierungen; Einschnitte in das Netz der sozialen Sicherung; Versuche, gewerkschaftliche Handlungsspielräume einzuschränken; eine in manchen Fragen uneinsichtige Unternehmerpolitik und auch Tendenzen zur Verstärkung von Rüstung.

Die Gewerkschaften stehen – aus Tradition und Prinzip – gegen unsolidarische, unsoziale, ungerechte Spielarten von Krisenbeseitigung. Wir brauchen eine Krisenlösung, die alle Gruppen und Kräfte der Gesellschaft je nach ihren Möglichkeiten heranzieht, die Substanz und Sinn der auf Solidarität aufgebauten Sozialversicherungssysteme wiederherstellt und wahrt, die sich Wort und Geist der Verfassung unseres Sozial- und Rechtsstaates verpflichtet fühlt.

Für all diese Aufgaben kommt der am 6. März von einer deutlichen Mehrheit der Bürger gewählten Bundesregierung die maßgebliche und entscheidende Verantwortung zu. Ihr ist die schwere Pflicht auferlegt, die Krise mit Taten so zu bewältigen, daß der soziale Konsens, der die Republik seit 1949 im Kern stabil gehalten hat, gewahrt bleibt. Tut sie das, kann sie der Unterstützung der Gewerkschaften gewiß sein. Bleibt es aber nur beim Hoffen auf den Aufschwung, während sich tatsächlich die Arbeitslosenzahlen in immer größere Höhen aufschwingen; bleibt es bei der Beschwörung von sozialer Gerechtigkeit, während gleichzeitig Arbeitnehmer, Arbeitslose, Rentner und Sozialhilfeempfänger immer höher belastet werden; bleibt es beim ständigen Beschwören der Mitverantwortung der Arbeitnehmer, während gleichzeitig in Wirklichkeit nichts getan wird, um die gleichberechtigte Mitbestimmung zu erhalten und zu erweitern; bleibt es also bei diesem Auseinanderklaffen von Wort und Tat, dann sind und bleiben die Gewerkschaften herausgefordert.

Vor 50 Jahren mußte die Gewerkschaftsbewegung eine schlimme Lektion hinnehmen: Ihr, die bis zu einem bitteren Ende Garant der Demokratie war, wurden die Mittel zur Verteidigung der Demokratie aus der Hand geschlagen. Alles, was die Gewerkschaften in Jahrzehnten der Mühen und des Kampfes bis dahin erreicht hatten – für die Position des Arbeitnehmers wie für die Rolle der Arbeiterschaft in Gesellschaft und Staat –, alles das war im Grunde am 2. Mai 1933 mit einem Schlag dahin.

Nach zwölf Jahren der Rechtlosigkeit, der Unterdrückung und der Verfolgung haben die Gründer der Einheitsgewerkschaft ein tragfähiges Fundament gelegt, auf dem in den vergangenen 35 Jahren viel aufgebaut worden ist. Die Gewerkschaften haben eine von Verantwortung für Demokratie und Wirtschaft geprägte Politik betrieben; das gilt auch für die Zukunft. Für die Arbeitnehmer ist eine im geschichtlichen Vergleich wohl einzigartige gesellschaftliche und über lange Strecken auch ökonomische und soziale Sicherheit erreicht worden. Dies alles wiederum war eine der zentralen Voraussetzungen für die unvergleichbare Stabilität von Staat und Gesellschaft. Wir wissen, was auf dem Spiel steht, wenn an dieser Voraussetzung gerüttelt wird und wir wissen, wie kurz dann der Weg in den Abgrund sein kann. Die Gewerkschaften werden sich auf diesen Weg nicht ein zweites Mal zwingen lassen!

Podiumsdiskussion
»Wie konnte es geschehen?«

Jugendliche im Gespräch mit Zeitzeugen und Wissenschaftlern

Leitung: Manfred Erdenberger

Zeitzeugen:
Willy Brandt
Ernst Leuninger
Adolf Mirkes
Adam Wolfram

Wissenschaftler:
Helga Grebing
Hans-Josef Steinberg

»Wie konnte es geschehen?«
Jugendliche im Gespräch mit Zeitzeugen und Wissenschaftlern

Manfred Erdenberger:
Der DGB stellt sich der Geschichte mit einer historisch-politischen Konferenz in Dortmund. Die Frage, die sich heute abend stellt, wird nicht leicht zu beantworten sein: Wie ist das möglich geworden, was vor exakt 50 Jahren in Deutschland geschehen ist und was Auswirkungen weit über Deutschland hinaus gehabt hat? Diese Frage stellt sich auch nach 50 Jahren mit der gleichen Dringlichkeit, insbesondere bei denen, die sie aus eigener Anschauung nicht beantworten können: Ich meine die Jugendlichen. So sind sie bei dieser Abendveranstaltung die wichtigsten Teilnehmer. Deshalb begrüße ich die zwanzig Vertreter der Jugend als aufmerksame Fragesteller auch als erste sehr herzlich. Diese zwanzig werden verstärkt durch Vertreter der DGB-Jugend, die unten im Saal Platz genommen haben, zwischen den vielen – so hoffe ich – interessierten Zuhörern an diesem Abend.
Wir wollen die Fragen gemeinsam mit unseren Gästen auf dem Podium, die ich gleichfalls herzlich begrüße, zu beantworten versuchen.
Ich wäre Ihnen dankbar, Herr Brandt, wenn sie beginnen würden, über Ihre persönlichen Erfahrungen jener Zeit zu berichten, und unseren Zuhörern sagten, wie sie den 2. Mai 1933, also den Tag heute vor 50 Jahren, in Erinnerung haben.

Willy Brandt:
Das will ich gern versuchen als einer, der zwar später wieder drinnen gewesen ist, aber diesen Tag selbst außerhalb der deutschen Grenzen verbracht hat. Ich würde dazu raten, wenn ich das schon jetzt darf – wir haben ja vermutlich heute abend nicht so furchtbar viele Stunden – das Thema in der Tat so, wie Sie es zuletzt gesagt haben, möglichst nahe an den 1. und 2. Mai 1933 heranzubringen, weil das, was dahin führte, schon ganze Bibliotheken füllt.
Ich möchte so sagen: Der 2. Mai war eine besonders perfide Reaktion auf den 1., und der fiel vergleichsweise nicht aus dem

Rahmen bei dem Bemühen, Schlimmeres abzuwenden, zu retten, was gerettet werden könnte. Meine Erfahrung ist, daß dies in kritischen Situationen immer wieder so sein wird und daß einige Menschen mehr noch als andere immer wieder die Frage stellen werden: Kannst du nicht doch noch für die, die du vertrittst, etwas retten – ohne alles mögliche durcheinanderzubringen oder dich auf Dinge einzulassen, von denen du weißt, daß sie allenfalls noch Protest oder Opfer wären?

Das gilt zum Beispiel für die Partei, deren Vorsitzender ich seit einiger Zeit bin. Diejenigen, die damals an der Spitze waren, haben sich gesagt: Können wir sie nicht doch noch legal durchbringen – trotz der neuen Regierung? Und bei den Gewerkschaften war das erst recht so. Die meisten, die an der Spitze waren – dazu gehörten zum Beispiel nicht Hans Böckler und nicht Siegfried Aufhäuser von den Angestelltenverbänden – aber die, die an der Spitze des ADGB waren, dachten: Wollen wir vielleicht doch versuchen, ob wir nicht auch entpolitisiert über die Runden kommen? Können wir nicht auf diese Weise sogar das Tarifvertragsrecht bewahren?

Heute wissen wir, daß das Illusionen waren. Aber so hat es sich wohl damals in den Köpfen abgespielt: Sind wir nicht verantwortlich für das Geld, das wir verwalten für alle die, die es in Form von Beiträgen aufgebracht haben? Ich habe jetzt nicht im Gedächtnis, wieviel das bei den Gewerkschaften war, ich weiß nur: Allein bei der SPD waren es 60 Millionen Reichsmark. Das war viel Geld, das eine Woche oder 14 Tage nach dem 2. Mai, über den wir hier sprechen, beschlagnahmt wurde – und eine hohe Verantwortung.

Auf der anderen Seite muß man sich Gedanken machen über den Widerspruch zwischen dem, was ich eben andeutungsweise zu beschreiben versucht habe, und dem, was vorher gesagt worden war. Die Gewerkschaftsführer hatten ebenso wie die Führer der SPD gesagt; Hitler bedeutet Krieg. Jedenfalls bedeutet er Diktatur. Allerdings: Auch wenn man es so sagte, hat man sich nicht richtig vorstellen können oder sich selbst nicht einräumen wollen, daß es so schlimm würde, wie es dann geworden ist.

Diese Flucht in die Illusion ist nicht typisch deutsch. Wenn ich mich bei Völkern in halbwegs vergleichbarer Situation umschaue – in Europa jedenfalls –, gibt es dies immer wieder als Neigung der Menschen, zu sehen, ob man nicht doch noch durchkommt. Ich habe mir angewöhnt, darüber nicht zu richten. Ernst Breit hat es gerade eindrucksvoll gesagt: nicht richten, sondern zu erklären versuchen. Nicht nur, wie es aufgrund der Wirtschaftsmisere und der Spaltung der Arbeiterbewegung, die man nicht hoch genug veranschlagen kann als Schwächung der Gegenkraft, dazu gekommen ist, sondern auch: Wie ist es dahin gekommen, daß Hitler von anderen die Macht ausgeliefert wurde? Wie ist es dazu gekommen, daß man sich so hat in die Tasche lügen können? Das, finde ich, verdient erklärt zu werden, schon deshalb, damit die, die nach uns kommen, in einer vergleichbaren Situation dann solche Erprobungen hoffentlich besser bestehen als die, die vor uns waren.

Manfred Erdenberger:
Herr Wolfram, wo waren sie am 2. Mai 1933, und wie haben Sie die Vorgänge dieses Tages in Erinnerung behalten?

Adam Wolfram:
Da wir dem Aufruf des Bundesvorstandes des ADGB, gemeinsam mit den Nazis den 1. Mai zu feiern, nicht nachkommen wollten, sind ein Dutzend Kollegen und ich mit ihren Frauen aus der Stadt hinausgefahren in den Wald und haben dort draußen eine Maifeier nach altgewohnter Art gefeiert.
Am nächsten Morgen um fünf Uhr fuhr ich aus meinem Wohnort Halle an der Saale nach Berlin. In Berlin, am Anhalterbahnhof, hörten wir schon: »Die Nazis haben die Gewerkschaftshäuser besetzt.« Ich studierte damals an der Fachschule für Wirtschaft und Verwaltung in Charlottenburg. Als ich zur Schule fuhr, empfingen mich die anderen Kollegen: »Hast Du schon gehört? Die Nazis haben das Gewerkschaftshaus besetzt und die Kollegen der Führung verhaftet.« Es war gar nicht daran zu denken, in den Hörsaal zu gehen, um theoretischen Vorträgen über Volkswirtschaft zu lauschen. Statt dessen machten sich fünf, sechs Kollegen auf den Weg. Wir setzten uns in die U-Bahn und fuhren ins Zentrum der Stadt, um mit eigenen Augen zu sehen, was dort geschah. In der Nähe der Inselstraße, wo das Gewerkschaftshaus lag, war es voll von Menschen. Mit viel Mühe konnten wir bis in die Nähe der Einfahrt zum Gewerkschaftshaus kommen. Alles war von SA und SS abgesperrt. Im Hof sahen wir Lastwagen stehen, auf die Akten, Schränke, Maschinen und andere Dinge aufgeladen wurden. Dann brachte man aus dem vorderen Eingang die verhafteten Kollegen heraus und transportierte sie ab.
Ich muß sagen, daß dieses Ereignis wie ein Schock auf uns wirkte. Wir waren einfach sprachlos, daß so etwas mit einer Organisation geschehen konnte, die in den vergangenen zwölf Jahren der Weimarer Republik die Bedeutung der Gewerkschaftsbewegung und ihrer Einrichtungen sehr deutlich demonstriert hatte. Und nun war an einem Morgen mit einem Schlag all das zerbrochen, all das vernichtet, was die organisierten Arbeiter jahrzehntelang aufgebaut hatten. Und so wie uns – wir waren immerhin schon in einem Alter, in dem man etwas Verstand voraussetzen konnte; ich war damals 31 Jahre alt und schon Gewerkschaftssekretär – ging es

vielen. Das Schlimme war, daß wir uns in den Diskussionen, die dann am Nachmittag einsetzten, eingestehen mußten: Es gibt keine Möglichkeit für uns, gegen diesen Gewaltakt anzugehen. Die Führung war verhaftet, es gab keine organisierte Kraft, die in der Lage gewesen wäre, an jenem Tag für das ganze Reich beispielsweise einen Generalstreik auszurufen. Zu einem solchen Akt braucht man eine Führung, die ständig die Entwicklung überblicken kann.

Es muß aber auch immer wieder erwähnt werden, daß zu dieser Zeit die Zahl der Gewerkschaftsmitglieder gegenüber dem Jahr 1928 fast um die Hälfte zurückgegangen war, daß außerordentlich viele, die früher gewerkschaftlich organisiert gewesen waren, nicht mehr organisiert waren. Daneben standen sechs Millionen Arbeitslose, von denen eine große Zahl sehr stark von kommunistischen Parolen beeinflußt waren. Man konnte nicht wissen, wie sie sich im Falle der Ausrufung eines Generalstreiks verhalten würden. Es war also – wie schon Willy Brandt sagte – äußerst schwer, in einer solchen Situation eine Entscheidung zu fällen. Und man mußte sich auch fragen: Welche Folgen werden aus einem Fehlschlag dieser Entscheidung für die Gesamtbevölkerung und insbesondere für die Arbeiter, für die organisierten Arbeitnehmer, erwachsen?

Manfred Erdenberger:
An dieser Stelle möchte ich Adolf Mirkes fragen, ob der Schock so tief war, wie er gerade von Adam Wolfram beschrieben worden ist, oder ob es nicht doch am einen oder anderen Punkt Überlegungen zu Gegenreaktionen, zur Gegenwehr gab?

Adolf Mirkes:
Ich war 1933 20 Jahre alt und glaube, daß ich aus meiner damaligen Sicht die Situation noch einigermaßen beschreiben kann. An jenem 2. Mai bin ich, wie an jedem anderen Tag, in die Schuhfabrik gegangen und habe dort gearbeitet, wie es mein Arbeitsvertrag vorsah. Von der Besetzung des Gewerkschaftshauses in Offenbach habe ich nichts gesehen, ich habe nur davon gehört. Am 1. Mai mußten wir morgens im Betrieb zu einem sogenannten Betriebsappell antreten. Es wurde festgestellt, ob alle da waren, und dann wurde geschlossen auf den Kundgebungsplatz marschiert. Eine ganze Gruppe von uns – darunter auch ich – hat sich gedrückt. Wir sind in die umliegenden Wirtshäuser gegangen und haben diskutiert, haben also die Reden gar nicht gehört.

Ich glaube, daß man den 1. und 2. Mai nicht losgelöst betrachten kann von der Entwicklung, die sich bis dahin vollzogen hatte. Bis zum 1. und 2. Mai war, sofern es den Willen zum Widerstand in der Arbeiterbewegung, den Arbeiterparteien, den Gewerkschaften überhaupt gegeben hat – und das traf jedenfalls bis zum 30. Januar 1933 zu –, dieser Wille gebrochen. Es kam ja nicht von ungefähr, daß Goebbels sagen konnte: »Es gibt keinen nennenswerten Widerstand.« Und es ist ja auch klar, daß die Anweisungen, die Gewerkschaftshäuser zu besetzen, nicht erst am 1. Mai herausgegeben worden sind, sondern daß sie schon vorher vorlagen. Ich bin also der Auffassung, man hätte es wissen können. Für uns Junge, die wir aktiv in der Jugendbewegung standen, in der Gewerkschaftsjugend oder auch in der politischen Jugendbewegung, war das eine arge Enttäuschung. Dieser Weg vom 30. Januar bis zum 2. Mai 1933, auf dem innerhalb einer relativ kurzen Zeit eine Arbeiterbewegung, die immerhin Namen und Ruf hatte, zerstört worden ist, war – und das sage ich auch heute noch – für uns eine arge Enttäuschung. Ich habe nie verstanden, weshalb der Vorstand des ADGB – und auch die anderen Bünde – die Arbeiterschaft dazu aufgerufen haben, sich an diesem sogenannten »Tag der nationalen Arbeit« zu beteiligen. Ich verstehe es auch heute noch nicht, obwohl ich mir Mühe gegeben habe, es zu verstehen. Ich glaube, damals ist ein entscheidender geschichtlicher Fehler gemacht worden.

Manfred Erdenberger:
Herr Leuninger, war die Ohnmacht so groß, saß der Schock so tief, daß man nicht fähig war zu reagieren, oder hätte man – wie Adolf Mirkes eben gesagt hat – die Entwicklung kommen sehen müssen? Zeichnete sich das ab, wären nicht Reaktionen nötig gewesen, wie sie gerade beschrieben worden sind?

Ernst Leuninger:
Ich war damals 19 Jahre alt und in Berlin in einer mittleren Gewerkschaftsdruckerei tätig. Ich stimme Adolf Mirkes zu, daß man den Beginn dieser ganzen Entwicklung bis zum Jahr 1932 zurückverfolgen muß. Zu Anfang der 30er Jahre wurde schon deutlich, was auf uns zukommen würde, und man ahnte auch, wie die Bevölkerung reagieren wird, wenn es zum Umsturz kommen sollte. Ich will dies aber jetzt beiseite lassen und mich dem 1. Mai 1933 zuwenden. Dieser Tag war für mich eine große Überraschung, und zwar insofern, daß wir von den führenden Männern der freien und auch christlichen Gewerkschaften aufgefordert wurden, an der Maikundgebung der NSDAP teizunehmen. Ich konnte dies als gewerkschaftlicher Jugendfunktionär nicht verkraften. Wir mußten vor dem Betrieb antreten und uns geschlossen am Halleschen Tor in den »Mai-Zug« einordnen. Dies war für mich eine schreckliche Sache. Es dauerte mehrere Stunden, bis sich die etwa eineinhalb Millionen Menschen auf dem Tempelhofer Feld versammelt hatten und dem »Führer« zujubelten.

Eine zweite Überraschung wurde mir am nächsten Tag beschert, als ich in den Betrieb kam. Ich hatte mich nämlich mit einem anderen jungen Kollegen der SAJ aus dem Mai-Zug »abgesetzt« und in die Zuschauer-Reihen gestellt. Dies mußte wohl der Betriebsleitung gemeldet worden sein. Ich wurde in das Vorstandsbüro bestellt. Dort empfing mich ein Mann in SA-Uniform – wir nannten ihn später den »Sonderkommissar« (auch »Treuhänder der Arbeit«). Er sagte in forschem Ton dem Sinne nach: »Du hast nicht an der Kundgebung teilgenommen und bist auch nicht mitmarschiert. Wir wissen, woher du kommst. Du mußt deine Lehre aufgeben und den Betrieb verlassen.« Meine Lehre war damals fast beendet.

Meine weitere Zukunft darf ich übergehen. Nicht vergessen habe ich ein bedeutsames Erlebnis, und zwar das Verhalten einiger Gewerkschaftsfunktionäre nach der sogenannten »Machtergreifung«. Überrascht waren wir, als diese Männer nach und nach in brauner Uniform im Betrieb erschienen sind, und zwar von allen Gewerkschaftsrichtungen. Es war auch so, daß man nicht mehr »guten Morgen« sagte, sondern mit »Heil Hitler« grüßte. Auch das gehört zu meinen Erinnerungen an die Ereignisse aus der Zeit des »Umbruchs«. Für einen jungen und aktiven Gewerkschafter ist damals eine Welt zusammengebrochen. Ich gehörte dazu.

Manfred Erdenberger:
Bevor die Jugendlichen mit den Fragen beginnen, möchte ich unsere Experten aus der Wissenschaft bitten, uns zu erklären, was es denn mit diesem Mai-Aufruf des ADGB im Jahre 1933 auf sich hat. Vielleicht sollten Sie, Frau Prof. Grebing, ein Wort dazu sagen, vor allen Dingen zum Inhalt, weil ich denke, daß viele – insbesondere der jüngeren Kolleginnen und Kollegen – diesen Inhalt nicht genau kennen.

Helga Grebing:
Dieser Aufruf zur Beteiligung an den Maifeiern ist tatsächlich so, wie hier schon erwähnt, sehr deutlich unter Hinweis darauf erfolgt, dieser 1. Mai sei ja eigentlich der von den Gewerkschaften seit Jahrzehnten erkämpfte Feiertag der Arbeit. Und es hieß dann in diesem Aufruf, man solle sich allerorten an diesen von dem neuen Staatsregime veranstalteten Kundgebungen beteiligen. Dabei war von vornherein klar, daß die Beteiligungen nicht etwa im Block der alten Gewerkschaften erfolgen könne, sondern eben nur einzeln. Die Reaktionen auf diesen Aufruf sind sehr unterschiedlich gewesen, genauso wie es unsere Zeitzeugen eben berichtet haben; insofern haben wir es da als Historiker einfach. Es gab beides: Geheime Maifeiern alter Art im Wald oder im versteckten

Lokal. Es gab Mitlaufen, teils gezwungen, teils, weil man fürchtete, gezwungen zu werden, teils, weil man – das soll man ganz offen und ehrlich sagen – Angst hatte, weil man bereits bedroht war, weil man bereits die ersten Verhaftungen mit Folterungen hinter sich hatte oder zumindest an Kollegen erlebt hatte. Es gab wohl auch – das ist ja eben auch schon angesprochen worden – Leute, die ganz und gar »schlapp gemacht« hatten – wie es damals hieß –, Leute, die mit dem NSDAP-Abzeichen oder sogar schon in einer Uniform im Betrieb erschienen.

Ich möchte noch hinzufügen, daß man sich hüten muß, zwischen Führung und Massen, zwischen Führung und Anhängern, allzusehr zu trennen. Es ist ja beileibe nicht die Spitze des ADGB allein gewesen, die sich so verhalten hat, wie hier beschrieben worden ist. Es gab einige Gewerkschaften, zum Beispiel den Fabrikarbeiterverband in Hannover, die sich ganz ähnlich geäußert haben oder entsprechende Anpassungsversuche unternommen haben. Und es gab auch vor Ort – das wissen wir inzwischen – von einzelnen Gewerkschaften solche Kapitulationen – so müssen wir das wohl nennen. Ferner muß man beachten, daß dieser 2. Mai ja keineswegs vom Himmel gefallen ist. Es gab einen »Probelauf« der Nazis. Es sind ja bereits im März die ersten Gewerkschaftshäuser gestürmt worden: in München beispielsweise am 9. März, in Hannover, das als Bastion der reformistischen Arbeiterbewegung galt, am 30. März. Es war absehbar, was folgen würde. Von damals Beteiligten wird nun aber immer wieder gesagt: Ja, aber mit diesem Zeitpunkt haben wir nicht gerechnet. Ich selbst gehöre zu denen, die außerordentlich skeptisch sind, was die Widerstandsmöglichkeiten in den Jahren 1932 und 1933 angeht, wenn man unter Widerstand den Generalstreik versteht. Einem Generalstreik wären unweigerlich bürgerkriegsartige Auseinandersetzungen gefolgt. Ich würde in dieses Urteil auch den 20. Juli 1932 einschließen. Aber diese Skepsis heißt ja nicht, gleichzeitig zu legitimieren, was dann im März und April 1933 von gewerkschaftlicher Seite getan worden ist.

Manfred Erdenberger:
Aber dennoch ist eben von Adolf Mirkes ganz deutlich gesagt worden, man hätte sich auf die Ereignisse des 2. Mai 1933, auf die Zerschlagung der Gewerkschaftsbewegung, entschiedenere Reaktionen gewünscht. Herr Prof. Steinberg, traf diese Situation die Führung des ADGB oder einzelne Teile dieser Führung so völlig unvorbereitet, stürzte sie das so sehr in Verwirrung, daß sie handlungsunfähig wurden?

Hans-Josef Steinberg:
Ich möchte anknüpfen an das, was Willy Brandt gesagt hat: Ich

glaube, die Führung des ADGB, wie auch die Führung der Sozialdemokratie, wie auch die der Kommunisten, waren in ihrer großen Mehrheit letztendlich der Auffassung, das Kabinett Hitler sei eine Regierung auf Zeit. Und deshalb meinten die Gewerkschaften, sie könnten mit ihrer im internationalen Vergleich imposanten Organisation in irgendeiner Form überleben, auch wenn man die Schwächung und die Demoralisierung der Arbeiterschaft in Betracht zieht. Allerdings – das ist schon bei einigen Äußerungen der Zeitzeugen angeklungen, und Ernst Breit hat in diesem Zusammenhang von »heikelsten« Wochen in der Geschichte der deutschen Gewerkschaftsbewegung gesprochen – haben es die Gewerkschaften in der Zeit bis zum 1. Mai mit der Anbiederung an das System doch recht weit getrieben: Zum Beispiel ist »nichtarischen« Kollegen in den Vorständen nahegelegt worden, im Interesse der guten Sache zurückzutreten. Das würde ich als Historiker, ohne hier nun Noten verteilen zu wollen, als Opportunismus bezeichnen, der in der Arbeiterbewegung an sich keinen Platz hat. Im übrigen glaube ich, daß jede Chance zu einem organisierten Widerstand zu dieser Zeit, also nach der Reichtagsbrand-Notverordnung und nachdem SA und SS als Hilfspolizei agierten, längst vertan war. Andererseits ist es wieder verblüffend, wie sehr das Normale nicht der Widerstand war, sondern die geregelte Übergabe mit genauer Kassenabrechnung. Daran könnte man viele Bemerkungen anknüpfen, zum Beispiel über die Disziplin in der deutschen Arbeiterbewegung.

Manfred Erdenberger:
Nun sollten wir aber den Jugendlichen Gelegenheit geben, Fragen zu stellen; Fragen zu persönlichen Erfahrungen, zum Alltag, zu Veränderungen in der Schule, in der Familie, am Arbeitsplatz, in der Ausbildung. Die Jugendlichen haben am Nachmittag eine Art Themenkatalog erarbeitet, an den wir aber nicht sklavisch gebunden sind. Vielleicht sollten wir allerdings versuchen, die Themen ein bißchen nach Sachgebieten abzuhandeln. Als erste kämen also die Fragen nach dem Alltag, nach persönlichen Erfahrungen und deren Auswirkungen. Wer wagt es, die Frage-Runde der Jugendlichen zu eröffnen?

**Michael Wübbels, Gewerkschaft Öffentliche Dienste,
Transport und Verkehr:**
Kollege Mirkes, du hattest vorhin angedeutet, daß ihr am 2. Mai vor den Betrieben antreten mußtet. Wenn jemand beim Fehlen erwischt wurde, bedeutete das eigentlich, daß er dann seinen Arbeitsplatz verlor, also seine Familie gefährdet war und er damit rechnen mußte, daß seine Existenz in Gefahr war?

Adolf Mirkes:
Man muß sich daran erinnern, daß nach dem 30. Januar 1933 der Straßenterror der Nazis begann. Zunehmend wurden die Bevölkerung und auch die Belegschaften unter Druck gesetzt. Arbeitnehmer, die bei diesen Betriebsappellen nicht angetreten sind, liefen damals schon Gefahr, daß sie mit Repressalien von Seiten der Nazis rechnen mußten. Das heißt also: Der Druck, der auch durch den Straßenterror besonders stark war, hat sich auch auf das Bewußtsein der Belegschaften ausgewirkt – treu und brav sind sie alle angetreten.

Andreas Wiggers, Schüler:
Herr Mirkes, wie ging eigentlich die Eingliederung in die »Deutsche Arbeitsfront« vor sich?

Adolf Mirkes:
Am 2. Mai wurden die Gewerkschaftshäuser besetzt, die Gleichschaltung der Gewerkschaften begann. Am 9. und 10. Mai war diese Gleichschaltung in der rasch gegründeten »Deutschen Arbeitsfront« (DAF) bereits abgewickelt. Mitte Mai erschienen fast alle Gewerkschaftszeitungen bereits unter NSBO-Regie und die Mitgliedsbücher der einzelnen Belegschaftsmitglieder wurden einfach auf die DAF überschrieben. Sie sind überhaupt nicht gefragt worden, sie sind quasi automatisch in die DAF übernommen worden.

Manfred Erdenberger:
Herr Leuninger, wollen Sie das ergänzen?

Ernst Leuninger:
Das war ein Vorgang, der typisch war für die Methode, die von den Nazis in der Zeit vom Januar bis Mai 1933 angewandt wurde. Es ging alles etappenweise vor sich. Zum Beispiel konzentrierte man sich im April sehr stark auf die Betriebsräte. Die freigewerkschaftlichen Betriebsräte hatten nämlich bei den vorangegangenen Wahlen sehr gute Ergebnisse erzielt. Nun kam der zentrale Angriff auf die Betriebsräte, denn sie waren die Klammer der Gewerkschaften in Betrieben und Unternehmen. So konnte man mit der Beseitigung der Betriebsräte ganz gezielt auch die Gewerkschaften in den Betrieben zerschlagen. Ein Widerstand war kaum mehr möglich. Es war für mich schwer zu begreifen, wie nach der »gigantischen« Maikundgebung über Nacht die Stimmung unter den Arbeitnehmern auch in unserem Betrieb umgeschlagen war; auch bei den Gewerkschaftsmitgliedern. Später mußte man erkennen, daß über 6 Millionen Arbeitslose und darüber hinaus auch

noch eine Kurzarbeiterzahl von 3 bis 4 Millionen die wesentliche Ursache für diesen Wandel unter der Arbeitnehmerschaft war. Die Angst vor dem Verlust des Arbeitsplatzes war ständig vorhanden. In meiner Druckerei wurde die Arbeitszeit bis zu 24 Stunden für die Ledigen verkürzt. Mein Wochenlohn betrug rund 18 Reichsmark. In dieser Zeit war keine Bereitschaft für einen Generalstreik mehr zu erwarten. Man hätte ihn früher ausrufen müssen.

Adolf Mirkes hat schon geschildert, wie die Übernahme der Gewerkschaftsmitglieder durch die DAF erfolgte. Diese Aktion vollzog sich ohne besondere Schwierigkeiten, auch bei denen, die keiner Gewerkschaft angehörten. Die Beiträge wurden nicht mehr vom gewerkschaftlichen Betriebskassiere eingeholt, sondern ganz einfach vom Lohn oder Gehalt abgezogen.

Bernhard Berstermann, Schüler:
Ich hätte zunächst einmal eine Frage an Herrn Brandt: Wenn man sich mit den Auswüchsen des Hitler-Regimes befaßt, so ist es natürlich immer eine notwendige Frage, noch einmal auf die Geschichte der Weimarer Republik zurückzugreifen: Man sieht eigentlich, daß ab 1929, als sich die wirtschaftliche Lage durch die Weltwirtschaftskrise verschärfte, in Deutschland eine Welle der Radikalisierung einsetzte. Wie war das damals in der SPD: Hätte man nicht wenigstens zu diesem Zeitpunkt noch versuchen können, die große Anzahl, die zu den Kommunisten und zu den Nationalsozialisten übergelaufen war, wieder zurückzuholen? Das ist für mich wirklich eine Frage, ob nicht die Gewerkschaften, die ja damals auch viele Mitglieder verloren, nicht ein wenig zu untätig waren und auch ob die SPD nicht auch manches versäumt hat, obgleich sie in der Weimarer Republik doch eine Partei war, die einigen Einfluß gehabt hat.

Willy Brandt:
Ich will gerne darauf antworten. Um bei letzterem anzufangen: Natürlich kann man nicht weglaufen von der spezifischen Verantwortung, die die SPD in jener Phase getragen hat. Damit wir uns allerdings die Größenordnungen einmal klarmachen: Die SPD hatte noch 18 Prozent der Stimmen. Sie hielt überall große Versammlungen, große Kundgebungen ab, aber sie hatte nur noch 18 Prozent der Stimmen. Die Kommunisten hatten nicht sehr viel weniger, und es kamen andere dazu. Ich würde etwas weiter zurückgreifen, als Sie es getan haben, als Sie das Jahr 1929 genannt haben. Gewiß, ab 1930 führte das rasche Ansteigen der Arbeitslosigkeit dazu, daß zu beiden Seiten, besonders zur NS-Seite hin, sich etwas entwickelte, was zum Zusammenbruch der Weimarer Republik führte. Nur, wenn wir schon die Vorgeschichte erwähnen, dann gehört erstens dazu, daß die Demokratie nicht hinrei-

chend gefestigt worden war. In der Bürokratie, an den Hochschulen – und ich weiß nicht, wo überall sonst noch – lebte im Grunde das autoritäre kaiserliche Regime weiter, obwohl es eine demokratische Verfassung gab. Zweitens: Es gab die vorhin schon andeutungsweise erwähnte Spaltung der Arbeiterschaft, der Arbeiterbewegung, in zwei Hauptrichtungen, teilweise und zeitweise sogar noch mit einigen zusätzlichen Abspaltungen – an einer war ich selbst beteiligt. Diese Spaltungen haben es sehr schwer gemacht, zusätzlich schwer gemacht, Widerstand zu entfalten.

Trotzdem ist etwas dran an der Frage: Hätte man nicht die Initiative zurückgewinnen können? Ich selbst weiche hier mit meiner Auffassung ab von den meisten, die die damalige Zeit nachvollziehen, indem sie darüber erzählen oder schreiben. Und ich weiche auch etwas ab von dem, was die Wissenschaftler hier heute abend sagen. Ich komme im nachhinein zu dem Ergebnis: Wenn das wahr war, was man vorher selbst gesagt hatte, daß nämlich Hitler den Krieg bedeutete – was nur heißen konnte: Millionen Tote im eigenen Land und in Europa – dann hätte die logische Folge sein müssen, dagegen auch dann Widerstand zu leisten, wenn er Opfer erfordert hätte. Dies gilt auch dann, wenn dieser Widerstand nicht erfolgreich gewesen wäre. Der Nationalsozialismus hätte sich in Deutschland weniger stark konsolidiert, wenn er nicht völlig widerstandslos alles hätte übernehmen können. Ich sage also: Es ist wahrscheinlich, daß Sie Recht haben mit der Tendenz der Frage. Aber zurückgewinnen kann man in solchen Situationen nur durch die Aktion und nicht allein durch das, was man sagt. Es ist ein Irrtum zu glauben, daß Politik aus Einheit erwächst. Im Gegenteil: Einheit erwächst aus Politik. Eine aktive Politik gegen die Krise, eine aktive Politik der Demokratie gegen die Schwarz-Weiß-Roten, wie sie ja zunächst noch vorherrschend waren – die Nazis kamen ja dann in Wirklichkeit erst später dazu –, eine aktive, kämpferische Politik hätte vielleicht Leute zurückholen können; die Aktion selbst hätte sie zurückholen können. Das hat übrigens nichts mit links und rechts innerhalb der Arbeiterbewegung zu tun. Ein Mann wie Fritz Tarnow, den ich in den Jahren nach 1933 kennenlernte, der Vorsitzender der Holzarbeiter gewesen ist, hatte 1931/32 das erkannt, was man heute »aktive Beschäftigungspolitik« nennt. Er hat es mit anderen zusammen auch in das Programm des ADGB eingeführt, aber leider zu spät. Im Laufe des Jahres 1932 war die Mobilisierung kaum noch möglich. Summa summarum: Die Antwort auf Ihre Frage ist im Grunde Ja. Auch wenn dies bedeutet, daß ich damit eine Schwäche der Bewegung einräume, zu der ich gehöre und seit einiger Zeit sogar führend gehöre. Aber ich bin dafür, nicht einfach nur zu überdecken, sondern auch zuzugeben.

Darf ich dazu noch eine Geschichte aus dem Leben erzählen? Ich war 19 Jahre alt, und in Lübeck wurde schon in der Nacht, nachdem Hitler Reichskanzler geworden war, Julius Leber zusammengeschlagen und verhaftet. Es ist auch jemand anderer dabei zu Schaden gekommen, noch ein bißchen mehr als er, aber bleiben wir bei ihm. Dieser Julius Leber stammte aus dem Elsaß, eine kraftvolle Persönlichkeit, republikanischer Offizier, militant bis dorthinaus, und er hat seine Art von Auseinandersetzung mit den Nazis geführt. Wir jungen Dachse, die wir uns zum Teil vorher mit ihm gestritten haben, weil er uns ein bißchen zu rechts war, wir haben damals gesagt: Dagegen muß man etwas machen. Und dann sind wir mit einer Delegation zum Ortsausschuß des ADGB gegangen, hatten auch aufgeschrieben, warum man einen Proteststreik machen müsse, damit Leber freigelassen wird. Der Sekretär des Ortsausschusses hat, als wir dieses Papier auf seinen Schreibtisch legten, gesagt: »Nehmt das bitte wieder weg. Ihr wißt doch, daß Generalstreik, politischer Streik, durch die neue Regierung streng verboten ist.« Und er fügte hinzu: »Wir haben ja nicht den richtigen Überblick. Den Überblick haben die in Berlin. Und wenn der Zeitpunkt da ist, den die bestimmen können, dann werden die uns Bescheid geben. Und dann werden wir uns danach richten.« Also in unserer deutschen, ordentlichen, disziplinierten Arbeiterbewegung warteten die Leute an vielen Orten, aber es kam nichts. Das wollte ich als Geschichte aus dem Leben beigesteuert haben.

Manfred Erdenberger:
Herr Professor Steinberg, wie war das Verhältnis zwischen Führung und Basis?

Hans-Josef Steinberg:
Ich halte das für ein grundsätzliches Problem der Geschichte, speziell der deutschen Arbeiterbewegung. Das ist nicht nur eine Sache der Weimarer Republik, das läßt sich schon im Kaiserreich nachweisen: Die Massen sind diszipliniert, weil sie diszipliniert sein müssen, und warten auf das Kommando von oben. Und die oben denken, sie könnten das Kommando nur geben, wenn die Massen sie in irgendeiner Weise anregen. Das Ergebnis ist: Es passiert überhaupt nichts. Und so ist es auch 1933 gewesen.
Andererseits: Man sollte nicht Mythen aufsitzen. Es gibt den Mythos, in jeder Stadt habe es im Juli 1932 diese unglaublich gut bewaffneten Formationen von Eiserner Front und Reichsbanner gegeben, die nur auf das Kommando zum Losschlagen gewartet und dann natürlich die ganze Reichswehr und die NS-Gruppen niedergewalzt hätten. Ich übertreibe etwas. Schaut man genauer

hin, dann hatte der eine einen alten Hinterlader, der andere ein paar Pistolen. In der Arbeiterbewegung gab es eine sehr schlechte Bewaffnung, die überhaupt nicht vergleichbar war mit dem, was die Gegenseite aufzuweisen hatte. Es wird auch immer das Beispiel der österreichischen Arbeiterbewegung angeführt, die einen wirklich gut bewaffneten Schutzbund ihr eigen nennen konnte. Doch was hat der Aufstand gegen eine schwache österreichische Bundeswehr und gegen eine im Vergleich zu SA und SS längst nicht so gut organisierte Heimwehr gebracht? Er hat ein paar hundert Tote gebracht. Die Schutzbündler wurden dann in Westeuropa und in der Sowjetunion sozusagen herumgereicht. Ich kann mir sehr gut vorstellen, daß die Politiker in konkreten historischen Situationen überlegen, ob sie auf Kosten der anderen Menschen tapfer und heroisch sein sollten. Eins ist ausschlaggebend: Wir heute wissen, was aus der faschistischen Herrschaft geworden ist, aber wir müssen denen zugestehen, die damals agierten, daß sie das Ausmaß dessen nicht erkennen konnten, was sich vor allem nach 1933 an Brutalität und Terror abgespielt hat.

Adam Wolfram

Ich möchte ergänzend hinzufügen: Das ist genau der Punkt, der damals in der Gewerkschaftsführung die ausschlaggebende Rolle gespielt hat. Niemand, auch nicht in der Führung der Gewerkschaftsbewegung, auch nicht in den mittleren Führungsschichten oder bei den Betriebsfunktionären, hat je den Gedanken gehabt, daß eine Regierungsübernahme zur Vernichtung der Arbeiterbewegung führen würde. Sie alle gingen von der Weimarer Verfassung aus, die ja zum Beispiel den Gewerkschaften bestimmte Rechte einräumte. Das war die Grundüberzeugung, die in der Arbeiterbewegung überall vorherrschte, und das fand seinen Ausdruck in den Geschehnissen von Januar bis Mai 1933. Ich will damit gar nicht sagen, daß in dieser Zeit keine Fehler gemacht worden sind. Natürlich sind Fehler gemacht worden. Der größte Fehler war die Fehleinschätzung der nationalsozialistischen Bewegung überhaupt. Vergleiche mit führeren staatlichen Zwangsmaßnahmen gegen die Arbeiterbewegung waren eben fehl am Platz.
Was geschah dann am 31. Januar? Die Reichstagsfraktion der SPD hat einen flammenden Protest gegen die Berufung Hitlers veröffentlicht und in Hunderttausenden von Exemplaren in Berlin und überall verteilt. Und alle Gewerkschaftsbünde haben einen Aufruf veröffentlicht, in dem es hieß: »Jetzt haben die Rechtsradikalen ihr Ziel erreicht. Haltet Ruhe! Wahrt Besonnenheit! Schont Eure Kraft! Wir müssen uns zur Wehr setzen!« Das war am 31. Januar und am 1. Februar. Und dabei blieb es. Dann hieß es: Am 5. März wird der Reichstag neu gewählt, darauf müssen wir unsere ganze

Kraft konzentrieren. Wir haben bis zum 5. März Wahlkampf geführt. Ich bin samstags und sonntags immer von Berlin in meinen Bezirk gefahren, habe Wahlversammlungen für die SPD gemacht, bin verprügelt worden; ganze Säle sind zerschlagen worden, so haben wir uns mit dem »Stahlhelm« und mit der SA herumgeschlagen. Wir wollten am 5. März mit aller Kraft eine Entscheidung für die Arbeiterbewegung haben. Das Ergebnis haben wir dann am 6. März gesehen. Das war dann so niederschmetternd für uns – obwohl wir mit letzter Anstrengung gearbeitet hatten, waren wir geschlagen worden.

Manfred Erdenberger:
Ich würde gerne noch einmal, vor allem, weil wir die Jugendlichen hier haben, auf die Rolle und die Haltung der Jugend jener Zeit zurückkommen.

Dieter Schumacher, Industriegewerkschaft Metall:
Ich habe in dem Zusammenhang eine Frage an die zwei Kollegen, die gesagt haben, daß sie in gewerkschaftlichen und politischen Jugendgruppen aktiv waren. Wenn ich richtig informiert bin, sind gerade Jugendliche in sehr großem Maße von den Nazis angezogen worden. Wie habt Ihr damals in Euren Gruppen gearbeitet, wie hat das ausgesehen? War die Arbeit, die in den Gruppen ablief, vielleicht nicht gut genug, um die Jugendlichen an die Arbeiterbewegung zu binden?

Adolf Mirkes:
Zunächst einmal muß gesagt werden, daß es in den Gewerkschaften, soweit ich unterrichtet bin – ich kann hier nur von Offenbach sprechen –, Jugendarbeit, wie sie heute im DGB gemacht wird, in dem Umfang nicht gegeben hat. Auch politische Jugendarbeit ist im ADGB nicht so gemacht worden wie heute. Jungarbeiter haben sich – wenn sie politisch interessiert waren – in der Hauptsache in der sozialistischen Arbeiterjugend, bei den Naturfreunden oder in anderen Jugendverbänden organisiert, also etwa auch im kommunistischen Jugendverband. Selbst die kleine SAP hatte einen eigenen Jugendverband. In diesen politischen Gruppen hat sich das politische Leben der Jugendlichen in der Hauptsache abgespielt – mit Querverbindungen zu den Gewerkschaften. Das muß einmal gesagt werden, weil hier ein Unterschied zu dem besteht, wie die Gewerkschaften heute an die Jugendarbeit herangehen.
Die Aussage, die Jugendlichen seien in Massen zu den Nazis übergelaufen, stimmt nicht. Im Gegenteil: Es läßt sich heute aufgrund der Literatur feststellen, daß viele junge Leute in den Widerstand gegangen sind, daß in diesen Gruppen der Anteil der

Jugendlichen aus allen Arbeiterparteien und den Gewerkschaften überproportional groß war. Die Jugend haben die Nazis erst bekommen, als sie fest im Sattel saßen. Das haben sie erst mit der Hitler-Jugend geschafft, vorher nicht. Es ist überhaupt ein Irrglaube anzunehmen, die Arbeiter hätten die Nazis an die Macht gebracht. Das war nicht der Fall. Das muß ganz deutlich gesagt werden. Wer sich die Wahlergebnisse vom 5. März 1933 ansieht, muß wissen, daß immerhin noch 12 Millionen Wähler die großen Arbeiterparteien gewählt haben. Es ist nicht so gewesen, daß die Arbeiterschaft massenhaft zu den Nazis übergelaufen wäre.

Ernst Leuninger:
Die gewerkschaftliche Jugendarbeit bezog sich meiner Erinnerung nach sehr stark auf die berufliche Fortbildung. In besonderer Weise auch auf die Pflege solidarischer Gesinnung. Über allem stand in den gewerkschaftlichen Jugendgruppen die Schulung im Geiste der Arbeiterbewegung.
In Berlin hat es auch Begegnungen zwischen den freigewerkschaftlichen und christlichen Jugendgruppen gegeben. Die Diskussionen und Gespräche waren meistens sehr heftig und nicht gerade freundlich. Im großen und ganzen war die Jugendarbeit nicht so politisch angesetzt, wie das nach der Neugründung der Gewerkschaften der Fall ist.
Eine Ausnahme bildete meiner Erfahrung nach die politische Jugendarbeit der SAJ in der Weimarer Zeit. Ich weiß mich noch zu erinnern, daß nach der sogenannten »Machtergreifung« die SAJ durchaus bereit war, den Kampf zu wagen. Sie war in Berlin in den Untergrund gegangen und wartete auf das Kommando, das aber kam nicht.
Und es war in der Tat nach dem 30. Januar nichts mehr zu machen, dies gilt wohl auch für den 2. Mai 1933. Inzwischen hatte auch eine Reichstagswahl am 5. März 1933 stattgefunden. Das Ergebnis war, daß Hitler rund 47 Prozent der Stimmen für sich verbuchte und mit den Stimmen der Deutschnationalen, die mit ihm die »Harzburger Front« gebildet hatten, eine »formal legale« Regierung bilden konnte.

Willy Brandt:
Ich kann aus meinem damaligen bescheidenen Erfahrungsbereich bei der sozialistischen Jugendbewegung in Lübeck etwas dazu sagen. Es galt für die SAJ, galt für den Sozialistischen Jugendverband, es galt aber auch – soweit ich das beurteilen kann – für den kommunistischen Jugendverband, daß es von den dort Organisierten fast keine Überläufer gegeben hat. Ich kann mich an einen, schon ein bißchen älter gewordenen aus der SAJ erinnern, der

andere Abzeichen schon unterm Revers hatte. Das gab es hier und da. Daß man sich so jemanden gemerkt hat, zeigt, daß es die extreme Ausnahme war. Wenn ich nun weiter denke an die Monate meiner illegalen Tätigkeit in Berlin, so hatte ich es zu tun mit einigen hundert Leuten in illegalen Gruppen, die fast alle im Alter zwischen 18 und 30 Jahren waren. In beiden Fällen muß man wissen: Die, die organisiert waren, repräsentierten ganz kleine Minderheiten. Dagegen war das Reservoir, aus dem die NSDAP rekrutieren konnte, groß genug. Erst recht waren es Minderheiten, die sich hinterher in illegalen oder halblegalen Gruppen zusammenfanden.

Dieter Schumacher, Industriegewerkschaft Metall:
Ich denke, daß meine Frage nicht ganz richtig angekommen ist. Mir ging es nicht darum, ob Leute aus diesen bestehenden Organisationen abgesprungen sind. Mir ging es vielmehr um das, was Willy Brandt zum Schluß gesagt hat: Warum ist es den politischen Organisationen der Arbeiterbewegung nicht gelungen, aus diesem Reservoir, das vorhanden war, zu schöpfen? Warum ist es den Nazis gelungen und warum diesen Organisationen nicht – oder jedenfalls nicht in dem Ausmaß?

Helga Grebing:
Vielleicht muß man die Fragestellung doch auf das Wählerverhalten am Ende der Weimarer Republik ausdehnen. Soweit wir wissen, haben jugendliche Arbeitslose überwiegend KPD gewählt und dabei sind sie auch geblieben bis zur Wahl am 5. März 1933.
Es gab auch Wählerwanderungen von der SPD zur NSDAP, und zwar bewegten sich offensichtlich diejenigen Wählerschichten, die die SPD aus dem Bereich der Angestellten vor der großen Krise schon einmal geworben hatte. In der Krise gingen diese ins radikalisierte Lager der Nationalsozialisten, waren für deren Propaganda also offensichtlich ansprechbar. Es machte allerdings einen Unterschied, ob es sich um eine Großstadt handelte oder um eine gut organisierte »feste Burg« der Sozialdemokratie wie zum Beispiel Lübeck. Anders sah es etwa in der sozialdemokratischen Provinz aus, die stark protestantisch geprägt und mit einem großen ländlichen Umfeld umgeben war. Hier gab es durchaus regionale Unterschiede und die Reservoire der Nationalsozialisten sind nicht einfach festzumachen. Ich bin überhaupt der Meinung, daß wir ein bißchen vorsichtig sein müssen. Die Vorstellung etwa, die Arbeiter hätten sich massenhaft nach rechts radikalisieren lassen, muß korrigiert und differenziert werden. Die Arbeiter sind überwiegend, das zeigen auch die Wahlergebnisse, ihren alten Organisationen treu geblieben, obwohl diese eine Politik betrieben haben, die die

Massen eigentlich nicht legitimieren konnten, weil die Krise im Grunde seit 1930 auf dem Rücken derjenigen ausgetragen wurde, denen es ohnehin schlecht ging. Und man muß wahrscheinlich, wenn man die Frage stellt: »Wie konnte es geschehen?« wirklich dazu kommen, die Wirtschaftskrise und ihre Auswirkungen schärfer in den Blick zu nehmen.

Manfred Erdenberger:
Wir sollten aber zunächst fragen, ob zum Thema Jugend noch Aspekte offen geblieben sind?

Michael Vassiliadis, Industriegewerkschaft Chemie – Papier – Keramik:
Wie sah überhaupt die Stimmung von Jugendlichen in Anbetracht von Jugendarbeitslosigkeit, von Arbeitslosigkeit insgesamt, und gerade die Stimmung der nicht organisierten Jugendlichen aus. Ein zweiter Punkt: Wie muß man sich das Verhältnis der Jugendlichen zur Republik vorstellen, wenn man bedenkt, daß gerade junge Arbeitslose die KPD gewählt haben, die die Weimarer Republik bekämpfte. Die Stimmung der Jugendlichen und ihr Verhältnis zur Republik würde mich sehr interessieren.

Ernst Leuninger:
Damit ist auch die Frage nach dem heutigen Lehrstellenproblem angesprochen. Dieses Problem war sicherlich in den 30er Jahren nicht leichter als heute. Am schlimmsten war die Situation in den ländlichen Gebieten, eine Lehrstelle war fast kaum zu bekommen. Ich hatte das große Glück, in der schon erwähnten Buchdruckerei in Berlin einen Ausbildungsplatz zu bekommen. Mit 15 Jahren mußte ich mit der Eisenbahn vom Westerwald nach Berlin fahren und dort am 15. März 1930 die Lehrstelle antreten. Die ersten Monate und Jahre in der Weltstadt waren für mich sehr bedrückkend. Der Lohn lag im ersten Lehrjahr bei etwa 4,00 Reichsmark in der Woche. Meine Eltern schickten mir monatlich 50,00 Reichsmark. Ich mußte sehen, wie ich mit diesem Geld zurecht kam.
Daß die jungen Menschen in ihrer ausweglosen Lage kein gutes Verhältnis zur Weimarer Republik hatten, war verständlich. Nicht selten schlossen sie sich den radikalen Parteien und deren Organisationen an, ohne zu wissen, was sich daraus einmal ergeben würde.

Hans-Josef Steinberg:
Ich wollte zu dieser Frage deshalb noch Stellung nehmen, weil ich glaube, daß etwas anderes gemeint war, nämlich: Wie war eigentlich das Verhältnis zwischen den älteren Genossen und Kollegen,

zwischen den Apparaten auf der einen Seite und den jungen Genossen und Kollegen auf der anderen Seite. Ich habe den Eindruck – ich hatte gestern noch Gelegenheit mit einem Veteranen, nämlich Max Diamant, darüber zu sprechen –, daß das kein sehr gutes Verhältnis war. Die Jugendlichen und die jungen Menschen waren in der Sozialdemokratie und in den ADGB-Gewerkschaften überhaupt unterrepräsentiert, wenn man ihren Anteil an der Bevölkerung betrachtet. Gestern wurde mir noch gesagt, daß jede Eigeninitiative, insbesondere die von jungen Leuten, argwöhnisch von den Apparaten beobachtet wurde, und daß das Ganze oft im Sinne der Administration geregelt wurde. Demgegenüber war eben der Nationalsozialismus und in bestimmten Bereichen auch der Kommunismus attraktiver für junge Leute, deren Verhalten sich damals auch sehr stark durch Irrationalismus auszeichnete, der von der alten Generation mit ihrer Disziplin, ihrem Wissenschaftsbegriff und all dem, was dem zugrunde lag, gar nicht richtig begriffen werden konnte. Ich glaube, daß aufgrund solcher Versäumnisse ein gewisses Potential von jungen Menschen zum Nationalsozialismus mit seinen Symbolen und mit seiner Ansprache an die Emotion abgedriftet ist.

Frank Finke, Gewerkschaft Öffentliche Dienste, Transport und Verkehr:
Es ist bisher viel über die Arbeiterbewegung gesprochen worden. Mich interessiert dabei, ob sich etwas in der Jugend der Arbeiterbewegung bewegt hat. Ich habe eine Frage an Sie, Herr Brandt. Hat es eine Bewegung in der Jugend nach der Regierungsübernahme durch die Nationalsozialisten gegeben?

Willy Brandt:
Es hat eine schreckliche Enttäuschung gegeben, daß das nun doch in diese Richtung lief. Es gab wenig Leute, die abgefallen sind, aber viel Ratlosigkeit. Manche haben geglaubt, was angekündigt war, und andere haben sich doch der Hoffnung hingegeben, es würde alles nicht so schlimm. Relativ früh – darauf wurde schon hingewiesen – schon im Februar und März gab es Verhaftungen, was man häufig übersieht, wenn man immer nur die 4000 nach den zentralen Karteien vorgenommenen Verhaftungen nennt. Was lokal und in SA-Kellern im Februar 1933, vor allen Dingen im März vor sich ging, hatte eben auch zur Folge, daß ab März die organisierte Jugendarbeit durchweg entfiel und durch lockere Formen oder auch sehr straffe Formen von nicht mehr legaler, nicht mehr erkennbarer Arbeit ersetzt wurde. Die Arbeit entwickelte sich dann häufig in Vierer-, Fünfer-Gruppen und deren gelegentlicher Zusammenfassung. Übrigens noch mit einer tragischen Begleiter-

scheinung: Die SPD mußte aus ihrer Logik dafür sein, die Legalität – wenn es ging – zu bewahren. Wenn aber zum Beispiel in Berlin die SAJ, die Sozialistische Arbeiterjugend, sich umstellte auf die Illegalität, und deren Vorsitzende dann noch im Februar/März ausgeschlossen wurden, weil sie durch ihr voreiliges Vorgehen die Taktik der Partei hätten in Gefahr bringen können, dann war das sehr tragisch. Davon war zum Beispiel mein späterer Kollege Fritz Erler betroffen, der im frühen Frühjahr 1933 aus seiner Partei ausgeschlossen wurde, weil er sich auf illegale Arbeit einstellte.

Bernhard Berstermann, Schüler:
Mich würde interessieren, wie sich eigentlich die Machtübernahme in den Betrieben vollzogen hat. Es hat doch bestimmt auch Gewerkschaftsmitglieder gegeben, die nicht mit fliegenden Fahnen zu den Nazis überliefen.

Adam Wolfram:
Ich habe bereits erwähnt – ohne eine Bewertung des Verhaltens der Gewerkschaften zum 1. Mai vorzunehmen –, daß es natürlich sehr sehr viele Gewerkschaftsmitglieder gab, die nicht mit der »Machtübernahme« einverstanden waren, die von vornherein Gegner dieses Systems waren und es auch nach dem 2. Mai geblieben sind. Es war nicht so, daß nun mit dem 2. Mai die organisierte Arbeiterschaft massenweise zu den Nazis übergelaufen wäre. Ein Beispiel: Am 5. Mai kam in einen großen Betrieb im Mansfeldschen Kupferbergbau mit 3000 Belegschaftsmitgliedern der NSDAP-Kreisleiter mit umgeschnallter Pistole ins Betriebsratszimmer und erklärte, daß der Betriebsrat gleichgeschaltet werde und daß nur noch das, was der Obmann der NSBO anordne, vom Betriebsrat durchzuführen sei. Daraufhin erklärten drei Funktionäre unserer Organisation: »Das machen wir nicht mit. Wir unterstellen uns dem nicht«. Sie wurden abgesetzt. So wurde auch im Betrieb verfahren – und das war nicht nur in einem Betrieb so, ich könnte Dutzende von Betrieben nennen, in denen auf die gleiche Art und Weise die alten Gewerkschaftsfunktionäre, die noch als Betriebsräte tätig waren, abgesetzt wurden und teilweise sogar auch aus dem Betrieb hinausgeworfen wurden.

Manfred Erdenberger:
Und in welcher Form entwickelte sich Widerstand in dieser Phase?

Adam Wolfram:
Der Widerstand bestand für uns, die wir noch nicht festgenommen waren oder zum Teil schon wieder aus der Schutzhaft entlassen

waren, in erster Linie darin, unsere früheren Funktionäre und Mitglieder zusammenzuhalten, ihre Treue zur Gewerkschaft aufrechtzuerhalten, sie mit ständigen Informationen zu versorgen. Und das haben wir in einem großen Umfang fertiggebracht. Ich war von den Gewerkschaften zum Obmann für Mitteldeutschland ernannt worden, ich habe hunderte von Vertrauensleuten in den Betrieben betreut, die mir ständig Informationen über die Situation im Betrieb, über Löhne, Arbeitszeiten, Produktivität usw. gaben. Ich stand wiederum mit anderen Kollegen, zuerst im Ruhrgebiet, dann später in Berlin, mit Hermann Schlimme und Bernhard Göring in Verbindung und so unterhielten wir einen ständigen Kontakt zwischen den Gewerkschaftsfunktionären, die innerhalb und außerhalb des Betriebs tätig waren. Wir verteilten Flugblätter, wir machten Anschläge, wir schrieben Parolen gegen Hitler, gegen Ley oder gegen die Arbeitsfront an die Hauswände, an die Transportwagen usw. Das haben wir jahrelang bis zu Beginn des Krieges durchgehalten. In der Zwischenzeit sind Verhaftungen über Verhaftungen erfolgt. Als ich das letzte Mal 1939 verhaftet wurde, wurden mit mir zwanzig Funktionäre und Vertrauensleute aus dem Bezirk in Haft genommen.

Manfred Erdenberger:
Herr Mirkes, was können Sie zu den Formen des Widerstandes in jener Zeit aus Ihrer eigenen Erfahrung sagen?

Adolf Mirkes:
Ich gehörte ab dem 5. März 1933 einer illegalen Widerstandsgruppe in meiner Heimatgemeinde an. Wir haben unsere Flugblätter selbst geschrieben, selbst abgezogen und selbst verteilt. Die Verbindungen zu anderen Widerstandsgruppen gingen bis Ende 1935/Anfang 1936, als die Gruppe aufgerollt wurde. Es hat viele Verhaftungen gegeben. Den 2. Mai 1933 habe ich gewissermaßen schon in illegaler Arbeit erlebt.

Manfred Erdenberger:
Herr Leuninger kann sicherlich, aus der schmerzlichen Erfahrung des Schicksals seiner Brüder, zu diesem Punkt einiges sagen.

Ernst Leuninger:
Der Widerstand gegen das Naziregime war in unserer Familie stark verankert. Mein Bruder Franz, Bezirksleiter des Zentralverbandes christlicher Bauarbeiter in Breslau, wurde am 1. März 1945 zusammen mit den Sozialdemokraten Fritz Voigt und Oswald Wiersich in Berlin-Plötzensee hingerichtet.
In der Nazizeit trafen wir uns hin und wieder in Berlin. In den

ersten Jahren meinte er einmal bei einer dieser Begegnungen, daß Hitler nicht auf Dauer an der Macht bleiben würde, Hitler sei eben doch kein Mussolini und besitze nicht die notwendige Intelligenz, einen Staat zu führen. Diese Meinung war übrigens nicht selten auch in anderen Kreisen vorhanden.

Aber der Widerstand erlahmte schließlich, die Gruppen fielen immer mehr auseinander. Erst zu Anfang des Krieges lebte der Widerstand wieder auf, und das unter größten Gefahren.

Willy Brandt:

Ich möchte unsere Aufmerksamkeit auf einen sprachlichen Punkt lenken, der hierbei wichtig ist. Wenn ich es recht sehe, sprechen wir von deutschem Widerstand erst seit Kriegsende. Zu jener Zeit sprachen wir von deutscher Opposition. Die Verwendung des Wortes Widerstand war eine Reaktion auf die Résistance im besetzten Frankreich und entsprechenden Bewegungen in den anderen besetzten Ländern. In den Ländern, die überfallen wurden, verband sich die Wut gegen die Gewaltherrscher mit dem nationalen Protest, mit dem Bemühen um nationale Freiheit. In Deutschland dagegen – da sind wir bei einem der emotionalen Faktoren, von denen wir gesprochen haben – konnte die nationale Karte fast ausschließlich von den Nazis gespielt werden, und zwar auf eine Weise, worüber man heute nur den Kopf schütteln kann. Man fragt sich: Wie konnten Leute darauf hereinfallen? Da sind wir bei einem ganz wichtigen Punkt.

Was heute Widerstandsbewegung genannt wird – damals deutsche Opposition –, hatte viel damit zu tun, einfach zusammenzuhalten, politisch zu überleben, sich auf dem Laufenden zu halten, was man ja aus der offiziellen Presse nicht tun konnte – auch sich Informationen zu beschaffen, sich ein bißchen zu schulen. Schulungsarbeit hat an manchen Orten eine gewaltige Rolle gespielt. Und was noch wichtiger war: einfach zu helfen. Viele dieser sogenannten illegalen Gruppen haben den Zweck gehabt, für die Familien der Kollegen zu sorgen, die eingesperrt waren – auch wenn es nur Pfennigbeträge waren oder Markbeträge. Oder, was noch möglich war in den Jahren bis 1938, einen Rechtsanwalt zu beschaffen für denjenigen, der eingesperrt war und für den die Familie nicht selbst einen Rechtsanwalt bezahlen konnte. Das ist das, was man sich vorstellen muß unter Widerstandsaktivität. Die nach außen gerichteten Aktivitäten mit Flugblättern und ähnlichem – von der KPD zunächst stärker betrieben als von den anderen, aber auch von sozialdemokratischen Aktivistengruppen junger Leute, Roten Stoßtrupps zum Beispiel –, diese Form war im Grunde schon 1934 verebbt, weil sie zu sehr den Zugriff der Organe des Regimes herausforderte.

Ich würde also – um in der Logik meines sprachlichen Hinweises zu bleiben – den Begriff Widerstand anwenden auf das, was es 1932 nicht gegeben hat: Ob es nicht trotzdem eine Pflicht gegeben hätte, gegen den Nationalsozialismus jeden möglichen Widerstand aufzubieten, wenn man der Überzeugung war, Hitler bedeute Krieg. Ich würde den Begriff Widerstand – obgleich das damals noch unter deutsche Opposition lief – in der Tat anwenden auf dieses unglaubliche Zusammenfließen von Strömungen aus der alten Arbeiterbewegung: Wilhelm Leuschner, Jakob Kaiser und andere aus der gewerkschaftlichen Bewegung, Sozialdemokraten wie Leber, Mierendorff mit Konservativen und dann auch mit einem Teil der Militäropposition.

Manfred Erdenberger:
Ich verstehe das Bedürfnis, den Aspekt zu vertiefen, aber wir sollten doch dem Fragebedürfnis der Jugendlichen Rechnung tragen.

Thomas Brandt, Gewerkschaft Öffentliche Dienste, Transport und Verkehr:
Mir ist die Diskussion jetzt eigentlich schon ein bißchen zu weit. Vorhin wurde einmal gesagt, daß bereits vor dem Mai 1933 alles gelaufen sei, weil die Kraft der Gewerkschaften ziemlich am Ende war. Und dann wurde auch gesagt, daß sich seit 1928 die Mitgliederzahl der Gewerkschaften halbiert hatte. Ich stelle meine Frage, weil ich gerade als Beamter auch von einer ähnlichen Politik betroffen bin, die wie ich glaube, schon einmal in der Vergangenheit stattgefunden hat – ich meine die Abkoppelung von der Tarifpolitik und auch die angestrebte Weihnachtsgeldkürzung bei den Beamten. Meine Frage lautet: Ist denn wirklich nur die wirtschaftliche Krise Schuld an dem Mitgliederschwund und dem Kräfteverfall oder hat nicht vielmehr das Verhalten der Gewerkschaften in der Krise maßgeblich dazu beigetragen, daß es eben diesen Mitgliederschwund gegeben hat und daß dann schließlich auch das Vertrauen auf die Kraft der Gewerkschafter darunter gelitten hat?

Helga Grebing:
Man kann ganz einfach auf Ihre Frage antworten: Beides ist der Fall gewesen. Die Anziehungskraft der Gewerkschaften hat nachgelassen, als sie die Tolerierungspolitik mitgetragen haben. Tolerierungspolitik war die Politik der SPD, die gesagt hat: wir unterstützen das mit dem Notverordnungsartikel 48 regierende Kabinett Brüning. Dieses Kabinett aber beschloß eben auch solche Maßnahmen wie zum Beispiel die Lohnraub-Notverordnung. Da

hat natürlich niemand mehr geglaubt, von den Gewerkschaften seien Aktivitäten zu erwarten. Es gingen von den Gewerkschaften keine Impulse mehr aus. Das zweite ist, daß tatsächlich durch die Arbeitslosigkeit – 45,2 Prozent aller in den Freien Gewerkschaften Organisierten waren arbeitslos, im Baugewerksbund waren es sogar 90 Prozent und bei der Metallarbeitergewerkschaft schätzungsweise 50 Prozent – das aktive Potential der Gewerkschaften nicht mehr existent war. Das erklärt eine ganze Menge.

Adam Wolfram:
Ich möchte dazu folgendes ergänzen: Natürlich gab es auch in den Gewerkschaften Differenzen zwischen Mitgliedschaft und Führung, genau wie es in unserer heutigen Einheitsgewerkschaft Mitglieder gibt, die nicht einverstanden sind mit dem, was der Vorstand macht. So war das früher auch. Aber ein großer Unterschied ist doch, daß von 1928 bis 1932 die Gewerkschaftsführung mit ihrem gesamten Funktionärskörper einen ununterbrochenen Kampf gegen die kommunistische Gewerkschaftsorganisation RGO und die NSBO der Nazibewegung geführt hat – mit dem Ergebnis, daß in den Organisationsbereichen der Industriegewerkschaften noch 1932 fast überhaupt keine Nazis zu finden waren. Die Bildung von Betriebsgruppen der Nazis erfolgte erst nach dem Juli 1932 in größerem Umfang. Dabei gestehe ich ein, daß es bei kleineren Gewerkschaften, vor allen Dingen im Handel, im Versicherungsgewerbe und bei den Angestellten schon zu jener Zeit auch NSBO-Betriebsgruppen gegeben hat. Aber für die große Industrie galt das nicht. Aber die Auseinandersetzung hatte Folgen: Der jahrelange Diffamierungsfeldzug von Kommunisten und Nationalsozialisten gegen die Gewerkschaftsführungen, die Verleumdung, die Diskriminierung bewirten, daß das Vertrauen zu den Gewerkschaften in der Arbeitnehmerschaft sank. Und hinzu kam, daß diejenigen, die arbeitslos waren, sagten: »Ja, wenn die Gewerkschaften nicht dafür sorgen können, daß ich wieder Arbeit habe, dann taugen sie auch nichts.« Die Arbeitslosen waren zu einem großen Teil für die Gewerkschaftsorganisation in jener Zeit verloren. Auch so ist der Verfall der Macht der gewerkschaftlichen Organisation in der Zeit von 1932/33 zu verstehen.

Adolf Mirkes:
Wenn man die Frage nach der gewerkschaftlichen Organisation in der Weimarer Republik stellt, dann muß man das meines Erachtens immer in Verbindung mit der jeweils konkreten Situation tun. Nach der sogenannten Revolution von 1918 war die Erwartung der deutschen Arbeiterschaft groß. Man glaubte, daß jetzt der Durchbruch erzielt sei. 1920/21 hatten die Gewerkschaften einen

Höchststand an Mitgliedern erreicht. Dann kamen die fürchterlichen Rückschläge in der Inflationszeit und der mühsame Aufbau. Man muß sich daran erinnern, daß erst 1926 die Lohnhöhe des Jahres 1913 erreicht wurde. Die dann einsetzende kurze Stabilitätsperiode bis zur großen Weltwirtschaftskrise hat gar nicht ausgereicht, um auch wieder eine Stabilität der Organisation herbeizuführen. Und – was ja auch noch bekannt ist – die KPD ist am Ende der Weimarer Republik weitgehend eine Arbeitslosenpartei gewesen. Es muß kritisch angemerkt werden, daß sich – soweit ich das übersehen kann – die Gewerkschaften damals um die Arbeitslosen kaum gekümmert haben. Auch die Sozialdemokratische Partei hat von den Problemen der Arbeitslosen nur wenig Notiz genommen. Der Kräfteschwund der Organisation am Ende der Weimarer Republik erklärt sich auch durch die Zahl der Austritte, wenn man die Vergleichszahlen unmittelbar nach der Revolution zugrundelegt. Ich weiß nicht, ob wir es uns nicht etwas zu leicht machen, wenn wir die Spaltung der deutschen Arbeiterbewegung nur mit den Worten erklären: »Die Kommunisten haben ständig diffamiert.« Man müßte auch untersuchen, warum die Einheit der Arbeiterbewegung zerbrochen ist. Die Arbeiterbewegung ging ja bereits gespalten in die Republik. Die Arbeiterbewegung ist im Ersten Weltkrieg zerbrochen, und ich bin der Auffassung – ich habe das als junger Mensch erlebt –, die beiden großen Parteien, Sozialdemokraten und Kommunisten, haben sich gegenseitig nichts geschenkt. Wir sollten uns davor hüten, einseitig zu sagen, das seien nur die Kommunisten gewesen, und die anderen hätten glauben können, sie gingen den richtigen Weg. Es ist eben die Tragik der deutschen Arbeiterbewegung, daß ihre Spaltung zu Haß und Feindschaft geführt hat. Und was die RGO-Politik nach 1928 angeht: Ich weiß nicht genau, wie viele Mitglieder die RGO höchstens hatte, ich glaube etwa 100 000, also nicht sehr viele. Viele Kommunisten, die zu ihrer Partei standen, haben den Weg zur RGO überhaupt nicht mitgemacht, sie sind in den Freien Gewerkschaften geblieben. Das ist auch eine Tatsache. Das heißt also: Diese unsinnige Politik – etwa die Sozialfaschismus-These – ist von einer großen Zahl von Anhängern der Kommunistischen Partei damals gar nicht mitgetragen worden. Also: Wenn man über die Spaltung in der Arbeiterbewegung redet, dann muß man die Ursachen genauer ansehen.

Frage:
Um noch einmal das Stichwort Widerstand aufzugreifen: Mich würde interessieren, wie konkret im Alltag Widerstandsarbeit aussah, gegen einen solchen autoritären Überwachungsstaat. Was fühlte man als junger Mensch dabei? Hatte man nicht auch Angst,

weil Widerstand mit Risiken verbunden war? Eine solche Arbeit zu machen, war doch schwierig.

Ernst Leuninger:
Nach mehr als 50 Jahren erinnert man sich nicht mehr an all das, was war und geschah. Ich weiß aber soviel, daß auch junge Menschen, die einen Arbeitsplatz hatten, sehr vorsichtig waren, um ihn nicht zu gefährden. Ein freiwilliger Arbeitsplatzwechsel war kaum möglich. Wer aus dem Betrieb heraus war, kam nirgends mehr in einen anderen hinein. Dies ist auch mir so ergangen, und ich zählte mich über Nacht zu dem riesigen Arbeitslosenheer ohne Arbeitslosenunterstützung, weil ich kein Berliner Bürger war. Anmerken will ich noch, daß viele junge Leute aus Angst dem Widerstand fernblieben, weil sie ihre Arbeit verlieren könnten oder auch der Verfolgung ausgesetzt würden.

Manfred Erdenberger:
Noch eine wichtige Frage: Wem konnte man eigentlich noch vertrauen? War das der Kollege, dem man noch anvertrauen konnte, was im Interesse der Opposition oder des Widerstandes nötig war? Die Arbeitskollegen haben sich doch mit verändert. Wir haben ja vorhin von vielen gehört, daß plötzlich Veränderungen am Arbeitsplatz und im weiteren Umfeld der Familie sichtbar wurden, die man nicht für möglich gehalten hatte. Herr Brandt, könnten Sie das in Ihre Antwort miteinbeziehen, und auch die Frage nach dem Zusammenwirken zwischen denen, die im Exil tätig waren, und denen, die in Deutschland Widerstand leisteten.

Willy Brandt:
Ich möchte zunächst gerne auf etwas eingehen, was bisher nicht erwähnt worden ist. Es hat in den Jahren von 1933 bis zum Kriegsausbruch, zum Teil auch während der Kriegsjahre, ein erhebliches Maß an halblegaler Arbeit gegeben. Hier wird bisher nur von sogenannter illegaler Arbeit gesprochen. Es gab aber auch andere Formen. An vielen Orten sind Gesangsvereine genutzt worden, traditionelle Vereine, zum Beispiel Kleingartenvereine, manchmal mit ein bißchen verändertem Vorstand. So makaber sich das anhört: Beerdigungen von bekannten Arbeiterfunktionären sind oft Gelegenheiten gewesen, um Kundgebungen durchzuführen, mit nicht nur hunderten, sondern tausenden von Genossen. Als z. B. Franz Künstler, der langjährige Vorsitzende der Berliner Sozialdemokraten, während des Krieges starb, da ging es wie ein Lauffeuer durch die alte Organisation. Es kamen schließlich ein paar tausend Leute nach Wilmersdorf zum Krematorium. Bei diesen halblegalen Zusammenkünften, bei denen man eigentlich

nicht viel tat, um den Nazis auch keinen Anlaß zu bieten, konnte man doch einander zeigen: Wir sind noch da. Das war von großer Bedeutung. Man muß sich das so vorstellen: Wenn die Partei im Jahr 1936 eine große Stadt mit 300 Leuten zu betreuen hatte, dann waren diese 300 Leute auf etwa 60 Gruppen von je fünf Genossen aufgeteilt. Das war die erste Stufe, damit nicht alle über alles Bescheid wußten. Sie trafen sich im Laufe der Woche am späten Nachmittag oder am Abend, nicht in einer Wohnung, sondern beim Spaziergang unter vielen anderen Menschen, jeden Tag einen Informanten, der weitervermittelte an soundso viele andere. Was sie an Nachrichten, an Hinweisen für die Arbeit geben konnten, war nur in dieser Form möglich. Dieser einzelne wiederum bringt es im Laufe der Woche an je einen von den 60 Gruppen. In dieses Informationssytem hat es fast nie Einbrüche gegeben, auch keine Einbrüche durch Spitzel. Die Einbrüche traten eher dort auf, wo sich ein Kreis in einer Stadt neu zusammenfand, wobei manches von der Gestapo als Provokation aufgezogen wurde – sie hängten sozusagen einen Fliegenfänger auf, um zu sehen, wer daran haften blieb.

Für den Zusammenhang zwischen Exil und Opposition zu Hause hat dieses Informationssystem in den ersten Jahren eine große Rolle gespielt, vor allen Dingen solange die Grenzen zur Tschechoslowakei noch nicht gesperrt waren. Es war leicht, dort über die grüne Grenze zu gehen, nicht nur von Berlin aus, vor allem natürlich von Sachsen und von Schlesien, aber auch von Ostbayern aus. Das ist in starkem Maße genutzt worden, weniger genutzt wurden die Grenzen nach Holland, Belgien oder bis 1935 zum Saarland. Im Norden waren die Eisenbahner und die Seeleute in ähnlicher Weise aktiv. Hans Jahn, der dann nach dem Krieg der Vorsitzende der Gewerkschaft der Eisenbahner wurde, saß in Amsterdam, und dort saß auch Edo Fimmen – er war der Generalsekretär der ITF, der Internationalen Transportarbeiter-Föderation. Jahn war da zum Beispiel mit Walter Auerbach zusammen, der hinterher Staatssekretär für Soziales, erst in Hannover, dann auch noch in Bonn wurde. Diese Leute unterhielten zahlreiche Kontakte mit Hilfe deutscher und ausländischer Eisenbahner, die Informationsmaterial brachten. Es ist auch einiges dabei hochgegangen, verbunden mit schweren Verlusten, dann auch mit Verurteilungen. Einiges entwickelte sich bei den Seeleuten. Die Seeleuteverbindungen kenne ich bis zu der letzten, die von Stockholm aus nach Bremen bis in das Frühjahr 1945 hinein aktiv war. An diesem Beispiel habe ich selbst verfolgen können, wie lebendig die Arbeit war, wie man sogar programmatische Entwürfe für die Nachkriegszeit noch bis zuletzt behandelte.

Noch einmal zurück: Durch die Besetzung der Tschechoslowakei schrumpften die Aktivitäten sehr. Die Möglichkeiten, nach Frankreich Verbindung zu halten, waren begrenzt. Später, nachdem alles andere um Deutschland herum besetzt war, haben Verbindungen von der Schweiz aus während des Krieges noch eine beträchtliche Rolle gespielt. Das alles bezieht sich immer nur auf eine Gruppe von einzelnen. Es gibt keine Gesamtantwort auf die Frage, wie sich das Zusammenspiel zwischen Exil und Opposition in Deutschland abgespielt hat, weil das im Laufe der Jahre wechselte. In den ersten Jahren gab es viele Kontakte. Auch viele, die noch auf legale Weise ins Ausland fahren konnten, waren dabei behilflich. Ich nenne einmal das Beispiel meiner eigenen Mutter, die zwischendurch auch eine Zeitlang eingesperrt war, weil ich weg war. Sie konnte trotzdem auf legale Weise mit dem Schiff nach Kopenhagen fahren. Da gab es solche Wochenendtouren – dann und wann wurde ein bißchen aufgepaßt, aber wenn man das richtig anstellte, konnte man die Teilnehmer an solchen Schiffstouren auch in Kopenhagen treffen. Ähnliches hat es an anderen Stellen auch gegeben.

Adam Wolfram:
Darf ich vielleicht noch ergänzend zwei kleine Beispiele anführen. 1933 gaben einige Genossen in Berlin – Andreas Gayk, August Rathmann – eine Zeitschrift, eine sogenannte »neutrale« Zeitschrift heraus mit dem Titel »Blick in die Zeit«. Diese faßte internationale Veröffentlichungen zusammen und stellte daneben die deutschen Pressenachrichten, so daß der Kontrast zwischen dem, was das Ausland über uns sagte und was die Nazi-Zeitungen über uns sagten, für jeden klar denkenden Menschen erkennbar war. Diese Zeitschrift haben wir verteilt. Ich habe mit Paul Schmidt – das war ein Jugendsekretär der Arbeiterjugend – den ganzen mitteldeutschen Bereich mit Vertrauensleuten und Verteilern aus der Arbeiterjugend überzogen. Es waren alles junge Menschen, die dann allwöchentlich diese Zeitung für zehn Pfennige verkauften. Wir haben einen riesigen Umsatz von Zeitschriften gehabt. Leider war 1935 Schluß: Die Zeitschrift wurde verboten, durfte nicht mehr erscheinen.

Das zweite Beispiel: 1938 kam eines Abends ein Kurier von Berlin zu mir nach Halle und sagte: »Adam, Du mußt sofort nach Magdeburg«. Ich sagte: »Um Himmels willen, ich bin kaum eine Stunde zuhause, ich bin froh, daß Feierabend ist«. Er sagte: »Die Gestapo hat eine große Aktion für den nächsten Tag geplant, Du mußt noch heute nacht nach Magdeburg fahren und einige Genossen warnen, damit die in den Untergrund gehen können.« Ich habe mich in den Wagen gesetzt – und fuhr nach Magdeburg. Um Mitternacht kam ich dort an, suchte den früheren Landrat Runge und den Sekretär des Holzarbeiterverbandes Naumann auf und erzählte ihnen: »Also das und das wird morgen passieren, warnt alle Genossen, die in Gefahr sind, damit sie morgen früh nicht geschnappt werden.« Und auf diese Weise ist eine ganze Anzahl von Genossen am anderen Tag nicht von der Gestapo aufgefunden worden. Das sind nur Kleinigkeiten, aber sie haben Wirkung gehabt, und sie haben die Zusammengehörigkeit der Menschen, die ihrer Auffassung treu geblieben waren, gestärkt.

Manfred Erdenberger:
Angesichts dieses Beispiels muß man den Veranstaltern sagen, daß sie eine glückliche Hand gehabt haben, solche Zeitzeugen zu finden, die die Geschehnisse in dieser eindrucksvollen Form schildern können.

Matthias Otto, Industriegewerkschaft Druck und Papier:
Ich möchte noch einmal zur Arbeitslosigkeit zurückkommen: Ich kann mich nicht damit zufrieden geben, wenn gesagt wird, die KPD sei eine Partei der Arbeitslosen gewesen und die anderen Parteien hätten nicht in dem Maße Arbeitslose integriert. Praktisch muß sich die Arbeitslosigkeit doch so ausgewirkt haben, daß, wenn man im Betrieb war, die Kollegen rausgeflogen sind oder Betriebe ganz geschlossen worden sind. Im Bekanntenkreis, im Freundes- und Kollegenkreis muß es doch eine Menge Leute gegeben haben, die arbeitslos geworden sind oder arbeitslos waren. Ich kann mir nicht vorstellen, daß die Arbeitslosen dann alle zur KPD gegangen sind, z.B. wenn sie vorher Sozialdemokraten waren. Die Kollegen die arbeitslos wurden, fielen einfach aus ihrer Organisation heraus? Hatte man mit denen nichts mehr zu tun, oder hat es nicht auch damals in den Gewerkschaften, in den anderen Organisationen Diskussionen darum gegeben, wie man mit diesen Kollegen in Kontakt bleiben kann? Wie man sie weiter in die Arbeit integrieren kann, was man gemeinsam mit ihnen tun kann?

Adam Wolfram:
Natürlich haben sich die Gewerkschaften um ihre Mitglieder, die arbeitslos waren, gekümmert, denn diese bezogen für zehn bis dreizehn Wochen Arbeitslosenunterstützung von der Gewerkschaft. Es war nicht so, daß in dem Moment, in dem der Kollege aus dem Betrieb flog, sich die Organisation nicht mehr um ihn gekümmert hätte. Aber wenn er ausgesteuert war, und er bekam dann immer noch keine Arbeit, dann hat er natürlich gemurrt und gebrummt: »Wovon soll ich denn nun meine Familie ernähren? Von der Gewerkschaft bekomme ich nichts mehr, also brauche ich auch nicht mehr in der Gewerkschaft zu bleiben.« Mit dem

Austritt haben sie dann den Anspruch auf Hilfe von den Gewerkschaften verloren. Dann kam natürlich die Rote Hilfe. Diese gab Suppen aus und zog so die Arbeitslosen immer mehr in das Lager der kommunistischen Bewegung hinein. Es ist eine Tatsache, die jederzeit nachweisbar ist, daß mit der Dauer der Arbeitslosigkeit die Stärke der kommunistischen Bewegung gewachsen ist.

Manfred Erdenberger:
Sehen Sie das auch so, Herr Professor Steinberg?

Hans-Josef Steinberg:
Ich muß dem Fragesteller recht geben. Es ist verblüffend zu sehen, wie fatalistisch Freie Gewerkschaften und auch die Sozialdemokraten der Massenarbeitslosigkeit gegenübergestanden haben – einer Arbeitslosigkeit, die damals geradezu zum typischen Schicksal der arbeitenden Menschen geworden war. Ernst Breit hat heute nachmittag schon angedeutet, daß das Arbeitsbeschaffungsprogramm des ADGB viel zu spät gekommen ist, und das ist dann vielleicht auch in gewisser Weise mitentscheidend für den weiteren Gang der Geschichte geworden. Schließlich konnte sich 1932 die NSDAP als die eigentliche Arbeitsbeschaffungspartei darbieten – und daneben in kleinerem Maße die KPD mit ihren Erwerbslosenausschüssen. Wenn man Lehren aus der Geschichte ziehen sollte, dann die, daß man heute als Gewerkschaft und als Sozialdemokratie dieses Phänomen sehr ernst nehmen muß und daß man es nicht zu einer Spaltung zwischen Arbeitslosen und Arbeitenden kommen lassen darf, wie es in gewisser Weise für das Ende der Weimarer Republik typisch war.

Willy Brandt:
Ich kann mich dem nur voll anschließen. Ich möchte aber eine Fußnote an die These, daß die KPD mit einer Erwerbslosenpartei gleichzusetzen gewesen sei, anbringen. In dieser These steckt viel Richtiges, aber auch hier ist es wie bei anderen generellen Feststellungen: Man muß sie etwas relativieren. Es gab während der Weimarer Republik einige besonders qualifizierte Berufe, in denen, zum Teil auch aus regionalen Gründen, der kommunistische Teil der Arbeiterbewegung stark verankert war. Das galt zum Beispiel für Teile der Metallindustrie in Württemberg, das galt für einen Teil der Buchdrucker, das galt in Berlin zum Beispiel für die sehr hoch bezahlten Fliesenleger, die bis zuletzt kommunistisch waren. Also ist die These ein bißchen zu relativieren, ohne daß die allgemeine Feststellung dadurch angekratzt wird. Zweitens – um ein Bild davon zu geben, was die Arbeitslosigkeit damals materiell bedeutete: Wenn man 1931/32 in einer Jugendgruppe war, und

eine Wochenendfahrt von Sonnabend auf Sonntag machte, dann kostete das mit der Übernachtung in einer Jugendherberge den bescheidenen Aufwand von 50 Pfennigen. Und dann hatte man in der Gruppe mehrere, die nicht einmal mehr in der Lage gewesen sind, diese 50 Pfennige aufzubringen. Dann mußte man unter den anderen Bereitschaft zur gegenseitigen Hilfe entwickeln. So war das bei uns üblich: Für die, die gar nichts mehr hatten, um noch eine halbe Mark für das Wochenende aufzubringen, wurde mitgesorgt.

Zusammengefaßt: Mit der Hauptthese stimme ich voll überein – ohne alle künstlichen Vergleiche im übrigen. Eine der Lehren muß sein, aktive Beschäftigungspolitik zu fordern und mitzuentwikkeln, weil Massenarbeitslosigkeit auch unter etwas günstigeren ökonomischen Bedingungen ein Nährboden für eine gefährliche politische Entwicklung bleibt.

Manfred Erdenberger:
Wir sollten jetzt noch eine Frage der Jugendlichen mitberücksichtigen.

Michael Wübbels, Gewerkschaft Öffentliche Dienste, Transport und Verkehr:
Meine Frage bezieht sich noch einmal auf den Widerstand bzw. die Opposition vor 1939. Trifft eigentlich die Erklärung zu, daß die innen- und außenpolitischen Erfolge, die der Nationalsozialismus erzielt hat, dazu beigetragen haben, daß sich Widerstand, organisierter Widerstand, eigentlich gar nicht so breit entwickeln konnte, wie das vielleicht von seiten der Gewerkschaften bzw. der Arbeiterparteien gewünscht wurde?

Adam Wolfram:
Selbstverständlich haben diese Erfolge Rückwirkungen auf die Stimmung und auf die Haltung der Arbeiterschaft gehabt.

Willy Brandt:
Demoralisierend haben sie gewirkt.

Adam Wolfram:
Bei Überprüfungen und Untersuchungen stellten wir immer wieder fest: Nach 1935/36 ist die Gruppe derjenigen, die Widerstand leisteten, immer mehr zusammengeschmolzen – schon dadurch, daß ein Großteil der Aktiven verhaftet, verurteilt und in Lagern war, und daß die übrigen noch vorsichtiger als vorher sein mußten und sich zwei- und dreimal ihren Vertrauensmann ansehen mußten. Die Frage war immer wieder: Konnte man dem noch ver-

trauen oder nicht. Insofern ist seit 1935/36 ein Wandel in der Art des Widerstandes eingetreten.

Manfred Erdenberger:
Herr Leuninger, jetzt sind Sie dran.

Ernst Leuninger:
Hitlers »Verdienst« bei der Beseitigung der Arbeitslosigkeit besteht darin, daß er die vorhandenen Pläne für den Autobahnbau, die im Schreibtisch der Minister lagen, aufgegriffen und in die Tat umgesetzt hat. Er hatte auch die Macht, das Geld zur Finanzierung dieser Pläne zu beschaffen, und – was noch entscheidender war – er verpflichtete ein Millionenheer von Arbeitslosen mit einem ganz geringen Lohn für den Bau dieser Bahnen. Wer der Aufforderung zum Autobahnbau nicht folgte, der lief Gefahr, seine Unterstützung zu verlieren. Es gibt keinen Zweifel darüber, daß ihn wegen dieses Bauwerks große Teile der Bevölkerung bewunderten. Es kam hinzu, daß er mit Hilfe der Großindustrie die Rüstungswirtschaft in Gang gesetzt und mit all diesen Maßnahmen Millionen von Arbeitslosen von der Straße geholt hat. In nahezu jeder seiner Reden hat er immer wieder auf diese »großen Taten« hingewiesen und sie weidlich ausgeschlachtet.
Ich will noch ein paar Anmerkungen zum Verhalten der politischen Parteien in ihrer Tagespolitik und im Reichstag machen. Die Parteien waren zum Teil heillos zerstritten, keine Partei fühlte sich verantwortlich für das Ganze. Man konnte keine Koalitionsregierungen mehr bilden und mußte deshalb vielfach mit Notverordnungen arbeiten. Rund 20 Splittergruppen tummelten sich im Reichstag. Hier will ich noch folgendes hinzufügen, und zwar eine kritische Bemerkung zur Rolle der KPD. Die KPD hat meines Wissens in der Weimarer Zeit nicht ein einziges Mal ein Angebot der Sozialdemokraten für eine Regierungsbildung angenommen, nicht selten aber in Sachfragen mit den Nazis gestimmt. Hitler nutzte das natürlich aus, was bei einem nicht kleinen Teil der Bevölkerung Wirkung zeigte und sich auch in den Wahlen niederschlug.
Ich möchte aber noch eine Bemerkung machen zum Stichwort »gewerkschaftliche Einheit«. Wenn es in der Mitte oder Ende der zwanziger Jahre zu einer gewerkschaftlichen Einheit gekommen wäre, dann wäre uns vielleicht vieles erspart geblieben. Mit Hilfe dieser politischen und gewerkschaftlichen Kraft hätte man Adolf Hitler und seine Partei frühzeitig genug mit allen Mitteln bekämpfen und so in die Schranken verweisen können.

Adolf Mirkes:
Ich glaube, wir Deutsche können vor unserer Geschichte nicht

flüchten, indem wir sagen: Auch das Ausland hat nicht wenig dazu beigetragen, daß in den ersten Jahren der Nazizeit sich Enttäuschung und Resignation bei denjenigen breitgemacht haben, die bereit waren, gegen den Faschismus zu kämpfen.

Wir können uns von unserer eigenen Verantwortung nicht freisprechen. Aber es muß auch gesagt werden, daß die Schwäche großer europäischer Staaten auch mit dazu beigetragen hat, daß wir schließlich 1945 bei einem Scherbenhaufen angekommen sind. Das darf man meines Erachtens nicht unterschlagen, wenn man die Geschichte genau untersuchen will. Hitlers Strategie war doch, jeweils ein Stückchen vom Kuchen abzuschneiden und anschließend zu sagen, er habe keine Ansprüche mehr; das wurde ihm zunächst geglaubt. So weitgehend die Deutschen im Inland den Faschismus unterschätzt haben, so ist er auch im Ausland unterschätzt worden, obwohl es schon ein Vorbild gab – den italienischen Faschismus. Ja, ich gehe sogar so weit zu behaupten, daß selbst die Sowjetunion den Faschismus unterschätzt hat.

Aus dieser ganzen furchtbaren Entwicklung sollte man den Schluß ziehen, daß wir alle und besonders die junge Generation aufpassen müssen. Auch heute noch können sich durchaus faschistische Methoden und faschistische Regierungsformen in der Welt etablieren. Der Sinn unserer Diskussion ist es ja auch zu überlegen, ob es überhaupt noch eine latente Gefahr des Faschismus gibt. Darüber wird morgen ausführlicher zu diskutieren sein.

Manfred Erdenberger:
Jetzt sind Fragen aus dem Plenum da.

Gundolf Algermissen, DGB Hannover:
Ich habe mich in letzter Zeit näher mit dem 1. Mai beschäftigt und habe dazu zwei Fragen an den Kollegen Wolfram.
Zum Zeitpunkt der Verabschiedung und Veröffentlichung des Mai-Aufrufes des ADGB am 15. April 1933 waren etwa 10 bis 15 Gewerkschaftshäuser bereits von den Nationalsozialisten besetzt. Meine Fragen sind: Wurde überhaupt über diese Besetzung im Bereich der hauptamtlichen oder ehrenamtlichen Kolleginnen und Kollegen diskutiert, wurde darüber gesprochen? Und zweitens: Gibt es aus Deiner Sicht als damaliger Hauptamtlicher eine Erklärung, warum dies in dem Mai-Aufruf in keiner Form berücksichtigt wurde?

Adam Wolfram:
Ja, es ist richtig, daß bereits im März und April innerhalb des Reiches in einer Anzahl von Städten Gewerkschaftshäuser besetzt waren. Darunter fiel auch meine eigene Organisation; die Hauptverwaltung des Alten Verbandes, der Bergbaugewerkschaft in

Bochum, wurde am 11. März besetzt, alles wurde kaputtgeschlagen, und die führenden Kollegen wurden verhaftet. Natürlich ist darüber diskutiert worden, aber einen direkten Einfluß auf den Aufruf zum 1. Mai hatte das nicht, weil die Gewerkschaftsführung der Auffassung war: Es gilt in dieser schwierigen Situation unter allen Umständen die Organisation als solche zu retten. Selbst wenn hier und da Verluste hingenommen werden müssen, heißt das oberste Prinzip: Rettung der gewerkschaftlichen Einrichtungen. Diesem Prinzip sind alle anderen Entscheidungen untergeordnet worden. Meine persönliche Meinung war damals schon: Das führt zu nichts. Ich bin gegen den Aufruf gewesen, ich bin auch gegen die Maifeier gewesen; wir haben auch protestiert, aber wir waren, wie vorhin so schön gesagt wurde, disziplinierte Mitglieder und wir haben uns den Mehrheitsbeschlüssen der oberen Organe gefügt.

Peter Brück, Deutsche Postgewerkschaft:
Meine Frage ist: Wie hat sich nach Eurem Ermessen die Tatsache, daß es von seiten der Arbeiterbewegung keine Reaktion auf den Preußenschlag, keine Reaktion zum 30. Januar, auch keine nennenswerte Reaktion zum 2. Mai 1933 gab, auf die Organisation des Widerstandes ausgewirkt? Willy Brandt hat vorhin anschaulich erklärt, daß der von uns allen geachtete Fritz Erler aus seiner Partei ausgeschlossen wurde, weil er es gewagt hatte, Untergrundtätigkeiten zu koordinieren bzw. zu organisieren. Hat es eine Auswirkung darauf gehabt, daß die Arbeiterbewegung nach der Zerschlagung am 2. Mai nicht von heute auf morgen fähig war, Widerstand zu leisten.

Willy Brandt:
Ich habe vorhin schon das Wort »demoralisierend« in die Aussprache zu diesem Punkt eingeworfen. Ich bin fest davon überzeugt, daß die kampflose Niederlage einer ursprünglich so machtvollen und – was die Organisation angeht – so beispielhaften Bewegung in Europa tiefe demoralisierende Wirkungen hinterlassen mußte. Jeder von uns könnte sicher über Kollegen berichten, die bitter geweint haben, als sie zur Kenntnis nehmen mußten, wo wir eigentlich standen. Nachdem ich das gesagt habe, will ich die Geschichte mit Fritz Erler noch einmal in einen anderen Zusammenhang setzen. Ich vergleiche – und zwar weder zum Vorteil der einen noch der anderen Seite – die Führung der SPD mit der Führung des ADGB. In der spezifischen Frage des 1. Mai ist der ADGB weiter in der Richtung der Anpassung gegangen als die Partei, und zwar – ich sage es immer wieder – in der Hoffnung, die Organisation über eine bestimmte Zeit hinweg zu retten. Aber man muß auch wissen: Derselbe großartige, mutige Parteivorsit-

zende Otto Wels, der seine berühmte Rede am 23. März vor dem Reichstag gehalten hat, ist anschließend in die Schweiz gefahren. Und Paul Hertz – der Fraktionsgeschäftsführer – fuhr nach Dänemark, und andere noch woanders hin, um in einem gewissen Einvernehmen – zwar nicht mit Adolf Hitler, aber mit Teilen der Regierung – der jeweiligen dortigen sozialdemokratischen Presse zu sagen: »Übertreibt mal nicht, schreit nicht zu laut – das macht das Geschäft für uns zu Hause noch schwieriger.« Das heißt: Es gab bei beiden Organisationen diese Suche nach einer Antwort auf die Frage: »Kommt man nicht doch noch halb durch?« Das muß man einfach wissen, wenn man die Situation erklärt, ohne anzuklagen. Die Folge war, daß die Organisationsstränge auseinanderfielen. Ich habe neulich, als ich aus Anlaß des 23. März zu sprechen hatte, Otto Wels aus einer seiner wenigen persönlichen Niederschriften zitiert; er sagte: »Und plötzlich gibt es für uns niemanden mehr zu sprechen an der Spitze der Gewerkschaften.« Das lag in der Logik einer Strategie, die sich noch in einen politikfreien Raum durchzumogeln versuchte.

Und dann weiter: Die Erfahrungen mit dem 1. und 2. Mai hinderten die Mehrheit der sozialdemokratischen Reichstagsfraktion im Verlaufe des Mai nicht daran, im Reichstag Hitlers Friedensresolution zuzustimmen. Aber man muß dabei erwähnen, daß dies nur noch die Sozialdemokraten waren, die noch nicht verhaftet worden waren und daß es gegen den Rat von Wels und denen geschehen ist, die schon nach Saarbrücken oder ins Ausland gegangen waren. Der Hauptgrund für die Zustimmung war, daß Leute zu Paul Löbe, dem langjährigen Reichstagspräsidenten, gesagt haben: »Wenn Ihr Euch dort vernünftig verhaltet, dann kann vielleicht der ›Vorwärts‹ wieder erscheinen, nicht ganz in der früheren Form, aber so, daß Ihr doch noch ein eigenes Presseorgan habt.« Ich will damit nur sagen: Auch über den 1. Mai hinaus hat es dieses Greifen nach dem Strohhalm der Legalität gegeben – das muß man sich miteinander klarmachen.

Adam Wolfram:
Vielleicht kann man einen Satz hinzufügen: Es hat dem einzelnen durchaus nicht an persönlichem Mut gefehlt. Unter den Reichstagsfraktionsmitgliedern, die am 23. März gegen das Ermächtigungsgesetz stimmten, waren auch zehn oder zwölf Gewerkschaftsführer. Ich bin weit davon entfernt, diesen Kollegen Feigheit zu unterstellen. Das Hauptmotiv für ihr gesamtes Verhalten war so, wie es Willy Brandt gerade gesagt hat: Man wollte im Legalen bleiben und wollte nicht zur Gewalt greifen, weil man fürchtete in dieser Gewalt unterzugehen. Später sind dann wir mit Gewalt untergegangen.

Wolf Tawakol, Schüler:
Ich habe eine Frage an Herrn Leuninger: Sah man in Ihrer Organisation 1933 die NSDAP als einzigen Gegner an oder erkannte man die Großindustrie als einen Faktor, der die politischen Geschicke des Landes mit in diese Richtung beeinflußte?

Ernst Leuninger:
Ja, das letztere wurde gar wohl in den 30er Jahren erkannt. Als sich die NSDAP mit den Deutschnationalen verbündete, haben sie z. B. gleichzeitig die Bitte an Industrielle gerichtet, einen finanziellen Fonds zu bilden, mit dem sie ihre Wahlkämpfe bestreiten wollten. Dies ist dann auch geschehen, und in der Literatur kann man nachlesen, daß sie mindestens zehnmal soviel Wahlpropaganda wie die anderen Parteien gemacht haben.
Es ist auch festzuhalten, daß die Großindustrie und andere Wirtschaftsbereiche sich nach der »Machtübernahme« mit allem, was nun geschah, einverstanden erklärten, zumal es in der Wirtschaft wieder aufwärts ging.

Manfred Erdenberger:
Wir sollten einige Punkte aus der Sicht der Wissenschaftler ergänzen.

Helga Grebing:
Wenn auch kein Widerstand in dem Ausmaß geleistet worden ist, wie wir ihn sicherlich mit Recht im Blick auf die Folgen des nationalsozialistischen Herrschaftsregimes in der ganzen Welt für wünschenswert halten würden, so muß man wohl doch sagen – Kollege Wolfram hat es schon angedeutet –, daß es eine ganze Menge von aktivem Widerstand gegeben hat. Auf der Ebene von Kommunen und Dörfern ist durchaus Widerstand geleistet worden – z. T. unter den Bedingungen von persönlichen Morddrohungen und von bereits erfolgten Folterungen. Gewiß, man hat dieses Widerstehen so vollzogen, wie man es gelernt hatte; man hat eben noch versucht, die Organisation zu erhalten – das gilt auch für die SPD. Man hat also versucht, Flugblätter herzustellen und zu verteilen, und man hat auch noch versucht – so grotesk es vielleicht heute aus der Sicht des Nachbetrachters erscheint –, neue Mitglieder zu werben. Man hat sogar hier und da versucht, sich eine neue Satzung zu geben. Das waren alles Versuche, sich nicht einfach demoralisieren zu lassen, sondern unter diesen schrecklichen Bedingungen nicht schlapp zu machen. Das scheint mir wichtig und erwähnenswert. Denn schließlich fehlten von den SPD-Abgeordneten, als sie am 23. März gegen das Ermächtigungsgesetz stimmten, bereits 25, die nicht kommen konnten, weil sie eingesperrt

waren oder zumindest schon so gefoltert worden waren, daß sie die Reise nicht mehr auf sich nehmen konnten. Ich meine, gerade weil die große Leistung, die wir aus heutiger Sicht der deutschen Arbeiterbewegung abverlangen wollen, nicht erbracht worden ist, scheint es mir die Pflicht des Historikers zu sein, auf dieses gewöhnliche Widerstehen zu verweisen. In dem Zusammenhang scheint es mir auch notwendig zu sein – gerade wenn wir heute nach Vergleichbarem fragen –, nach der Stärke der anderen Seite zu fragen. Ich halte Selbstkritik für sehr notwendig, und dazu sind wir heute auch hier. Aber zuviel Selbstkritik demoralisiert uns auch heute. Es gibt neokonservative Kreise, die eine feine Schuldfrage zurechtbasteln und sagen: Wieso verlangt ihr denn, das deutsche Bürgertum hätte etwas dazu beitragen sollen, die Republik zu retten, wenn noch nicht mal die Arbeiterbewegung dazu in der Lage gewesen ist. Es scheint mir notwendig zu sein, einmal darauf hinzuweisen, wer eigentlich die Weimarer Republik zerstört hat – nämlich ihre konservativen und nationalistischen Gegner – und sich dann zu fragen, wo heute die Gefahren für unsere Republik liegen.

Hans-Josef Steinberg:
Ich halte die Frage, die jetzt schon seit ungefähr 40 Jahren gestellt wird, ob eigentlich Widerstand, bewaffneter Widerstand, energischer Widerstand 1932/33 möglich gewesen war, für verständlich, aber ich halte sie für falsch. Man müßte fragen, wie war es möglich, daß 1932/33 die NSDAP zur stärksten Partei mit der größten Bürgerkriegsarmee aufsteigen konnte? Was ist da vorher gelaufen? Man muß also nach den Anfängen fragen. Es fällt dann auf, daß in der sozialdemokratischen Presse und auch in der Gewerkschaftspresse die NSDAP bis 1933 überhaupt nicht ernst genommen worden ist. Es läßt sich nachweisen, daß vielmehr die Auseinandersetzung mit dem Kommunismus im Vordergrund stand, und umgekehrt bei den Kommunisten die Auseinandersetzung mit der Sozialdemokratie. Die richtige Frage ist – und hierin liegt wieder ein aktueller Bezug – wie man den Anfängen wehren kann und nicht, wie man in einer Situation, in der schon fast alles verloren ist, zu agieren hat.
Meine zweite Bemerkung trifft das Verhältnis der Industrie zur NSDAP: Ich würde das etwas differenzierter sehen. Wenn man die Tagebücher von Goebbels liest, sieht man, daß die Partei im Herbst 1932 ziemlich pleite war und daß eben nicht die Repräsentanten der Großindustrie, wie es vorhin formuliert wurde, die NSDAP in dieser Zeit gefördert haben. Das war ein Prozeß, der mit einigen Ausnahmen – Thyssen z. B. – massiv erst unmittelbar nach dem 31. Januar 1933 einsetzte. Man macht es sich zu einfach,

wenn man den Aufstieg der NSDAP allein auf die Förderung durch die Großindustrie zurückführt; man vergißt dabei, daß die NSDAP eine Massenpartei war. Deshalb muß man fragen, was die Massen bewegt hat, Mitglied zu werden und diese Partei zu wählen.

Schließlich möchte ich auf die neonazistischen Tendenzen in letzter Zeit zu sprechen kommen, die – da sind wir uns wohl einig – eine Gefahr sind. Für mich stellt sich die Frage: Was kann ich machen, um diese Tendenzen zu verhindern? Ich bin der Meinung, daß das bei der Jugendarbeit anfangen müßte. Infolge des Regierungswechsels werden in absehbarer Zeit möglicherweise Mittel für die Jugendarbeit gestrichen. Ich stelle also die Frage, wo Möglichkeiten gesehen werden, die Jugendarbeit finanziell und ideologisch zu unterstützen. Ich halte die finanzielle Seite für ausgesprochen wichtig, weil der Wunsch von Jugendlichen groß ist, sich zu treffen, politisch zu diskutieren, gewerkschaftlich zu arbeiten und etwas zusammen zu machen.

Manfred Erdenberger:
Es ist das Stichwort Neofaschismus gefallen. Könnten Sie, Herr Brandt, es aufnehmen?

Willy Brandt:
Ich wähle ein Beispiel aus der jüngsten Vergangenheit. Ausländerhaß ist sicher eines der Elemente, die zu extremem Nationalismus bis hin zu nazistischen Haltungen gehören. Einiges von dem, was im letzten Jahr im Gange war, was sich zum Beispiel in widerwärtigen Türkenwitzen Luft machte, ist wohl weitgehend dadurch gestoppt worden, daß es genügend vernünftige Leute – auch an den Arbeitsplätzen – gegeben hat, die gesagt haben, daß sie das nicht hören wollen. Ich glaube, da ist tatsächlich – anders als früher – bei einer relativ großen Zahl von Menschen eine innere Abwehrbereitschaft vorhanden. Aber bevor wir darüber reden, wie man das abwehren kann, muß gefragt werden, was man unter Neonazismus versteht. Daß es das gibt, daß es auch lange unterschätzt worden ist, das ist klar. Ich bin noch vor drei, vier Jahren kritisiert worden, weil ich gesagt habe, wir dürfen nicht auf einem Auge blind sein, sondern müssen sehen, daß sich in diesem Spektrum etwas tut.

Wir sollten hart dagegen angehen – gerade gestützt auf ein Argument, das wir früher nicht hatten: Heute muß jedem klar zu machen sein, welche Art von Verbrechen der Nationalsozialismus bedeutet, daß er außerdem auch noch der größte nationale Verrat gewesen ist, den es in der deutschen Geschichte gegeben hat: Er hat das Land in diese Katastrophe hineinlaufen lassen. Gegen extremen Nationalsozialismus und was damit zusammenhängt kann man sehr wohl energisch vorgehen und sollte es tun.

Ich möchte noch einige ergänzende Bemerkungen zu einem anderen Aspekt machen. Natürlich stimmt es, daß Weimar in erster Linie durch die Rechten zugrunde gerichtet worden ist. Bloß, was hilft uns das? Das darzulegen, ist wichtig – nur: Hat jemand erwarten können, daß die Kräfte, die in der Harzburger Front zusammengeschlossen waren, die Republik hätten retten wollen? NSDAP, der Stahlhelm, Papen und Schacht, der zwischendurch schon einmal Reichsbankpräsident gewesen war, und Hugenberg als Führer der Deutschnationalen und eines Medienkonzerns, der vergleichbar ist mit dem heutigen Springer-Konzern, aber gleichzeitig auch die UfA umfaßte – das war schon eine mächtige Zusammenballung. Und man kann doch nicht von einem Ochsen erwarten, daß er Schweinefleisch abliefert. Diese Kräfte waren von vornherein gegen die Republik – es kam also darauf an, was die anderen tun, die für die Republik sind. Insofern sind das zwei Formen der Auseinandersetzung: Das eine ist, geschichtlich zu geißeln, was die deutsche Rechte an der Weimarer Republik und an unserem Volk verbrochen hat, und das andere ist, daß es letztlich auch darauf ankommt, uns selbst zu prüfen. War die Bewegung, der wir angehören, hinreichend auf der Höhe der Aufgaben und wird sie in einer nächsten, ähnlichen Auseinandersetzung auf der Höhe der Aufgaben sein? Die Demokratie ist heute sicher sehr viel besser gefestigt, trotzdem können wir uns auch in Zukunft nicht darauf verlassen, daß alle, die sich mit dem Mundwerk zu ihr bekennen, gleichermaßen entschlossen sind, für sie einzutreten.

Adolf Mirkes:
Eins ist sicherlich richtig: Die Arbeiterbewegung hat die Nazis nicht an die Macht gebracht. Es waren die Rechten, die Konservativen, diejenigen, die in ihrer Macht nach 1918 nicht beschränkt worden sind. Aber wir müssen heute auch sagen: Wir haben es nicht verhindert oder verhindern können. Und da liegt angesichts des Neonazismus der Auftrag: Aufzupassen, die Entwicklung genau zu verfolgen. Ich kann den Langmut der Demokraten, der hier beschworen worden ist, nicht verstehen, ich kann nicht akzeptieren, daß man alles so laufen läßt, wie es läuft.
Wie lange hat es gedauert, bis bei der Hoffmann-Gruppe gehandelt wurde? Jetzt geht der Kühnen in Bergzabern spazieren mit 50 Leuten in SS-ähnlichen Uniformen, und die Polizei guckt zu. Ich frage mich: Wie lange lassen sich Demokraten noch gefallen, was heute an neonazistischem Material, Schallplatten, Büchern und Zeitungen auf dem Markt ist. Man muß ja wohl auch sehen, daß es in einigen Parteien auch Bestrebungen gibt, diese Bewegung zu verharmlosen. Ich will hier keine Namen nennen; jeder, der hier im Saal sitzt, weiß, wer gemeint ist, es geht ja bis in die Justiz

hinein. Wie haben sich die Richter gesperrt, sich selbst mit dem Nazismus auseinanderzusetzen. Das sind doch alles Symptome, die wir aufmerksam verfolgen müssen.

Frage:
Ich habe eine ganz persönliche Frage an die vier Zeitzeugen: Wie denkt Ihr, die ihr den Nationalsozialismus miterlebt habt darüber, daß es heute in der Bundesrepublik Politiker an ziemlich hoher Stelle gibt, die im Nationalsozialismus eine Rolle gespielt haben? Ich werde im Ausland oft gefragt, was das denn soll in Deutschland, und ich schäme mich deswegen und weiß darauf keine Antwort. Ich möchte Euch deshalb bitten, einfach Eure Meinungen dazu auszudrücken.

Willy Brandt:
Das Thema hat sich in hohem Maße schon durch den Zeitablauf erledigt und wird demnächt durch den Zeitablauf ganz erledigt sein. Ich war gegen die Politik, die Adenauer auf diesem Gebiet gemacht hat. Ich will hier nur ein Beispiel nennen: Staatssekretär Globke. Welche Verdienste er auch immer für die katholische Kirche erworben hat – die Entscheidung, daß er als Kommentator der Nürnberger Judengesetze später Chef des Bundeskanzleramtes werden konnte, war falsch, gerade im Hinblick auf die nachwachsende Generation. Nun hat Adenauer, der – man muß das gerechterweise sagen – selbst alles andere als ein Sympathisant der Nazis war, einen Abstand schaffen wollen. Er hat sich gesagt: Mit einem gespaltenen Volk, bei dem grob gesprochen, die Hälfte aus Überzeugung oder gezwungenermaßen bei der NSDAP war und die andere nicht, kann man nicht leben. Also muß versucht werden, einen Abstand dazwischen zu legen, um das nicht zu einer Kluft werden zu lassen.
Wie gesagt: Das Problem erledigt sich durch den Zeitablauf, und wir müssen viel mehr auf das gucken, was nachwächst, als darauf, welche Verantwortungsträger aus der früheren Zeit noch übrig sind.

Adam Wolfram:
Meiner Ansicht nach hat die Tatsache, daß in der frühen Bundesrepublik sehr viele der führenden Nazis in Amt und Würden geblieben sind, unserem Ansehen in der Welt in den ersten Jahrzehnten sehr geschadet. Ich persönlich hätte, wenn ich die Macht dazu gehabt hätte, alle, die früher bei den Nazis in Funktionen waren, zum Teufel gejagt.
Ich war früher in der Ostzone, in der heutigen DDR – dort haben wir nach 1945 in dieser Beziehung aufgeräumt. Wenn ich auch mit

dem, was daraus nachher entstanden ist, nicht einverstanden bin –
das eine haben wir getan: Aus dem ganzen Verwaltungsapparat,
aus den Großbetrieben, aus sonstigen Institutionen wurden alle
führenden Nazis zum Teufel gejagt.

Ernst Leuninger:
Ich schließe mich dem, was Willy Brandt gesagt hat, ohne jede
Einschränkung an. Was Adam Wolfram nur angedeutet hat, sei
hier doch auch einmal deutlich gesagt: Man darf nicht vergessen,
was 1946 bis 1948 in der SBZ mit den Sozialdemokraten gemacht
wurde.

Adolf Mirkes:
Ich glaube, es war Eugen Kogon, der hat gesagt, daß man ein
ganzes Volk, das sich kollektiv schuldig fühlt, aber nicht kollektiv
schuldig ist, nicht entnazifizieren kann. Ich meine das ist ein
richtiges Wort. Man brauchte immer wieder Fachleute. 1918/19
hat man die Fachleute gebraucht – in der Justiz, in der Wirtschaft,
in den Schulen. Nach 1945 hat man auch wieder überall Fachleute
gebraucht. Da waren natürlich die Nationalsozialisten dabei. Die
Entnazifizierung in Deutschland war – wie man heute weiß – eine
Farce. Eine Bekämpfung des Nazismus und des Militarismus im
eigentlichen Sinne hat es nicht gegeben.

Ralf Römermann, Schüler:
Ich habe eine Frage zu einem anderen Themenbereich: Es wurde
schon angesprochen, daß viele Widerstandskämpfer in Konzentrationslager kamen und von der Gestapo gefoltert wurden. Viele
Leute behaupteten hinterher: Wir haben nichts davon gewußt, daß
es Konzentrationslager gab und von dem, was da geschehen ist, die
Judenvergasungen usw. Meine Frage ist: Habt Ihr gewußt, was in
den Konzentrationslagern geschehen ist? Und dann eine spezielle
Frage an Willy Brandt: Habt Ihr im Exil, im Ausland davon gewußt,
daß es diese Menschenvernichtungen in Deutschland gab?

Willy Brandt:
Ich war ja nicht nur im Exil, sondern war zwischendurch auch zu
Hause. Also kann ich von beiden Ausgangspunkten aus versuchen,
die Frage zu beantworten. Man hat die ganze schreckliche Wirklichkeit nicht gekannt, aber man hat mehr gewußt, als man selbst –
auch ich als Anti-Nazi – sich einzugestehen bereit war. Ich habe
vorhin einmal Fritz Tarnow, den Holzarbeiterführer erwähnt. Ich
kann mich erinnern, daß er während des Krieges in Stockholm, als
wir die ersten Meldungen über Auschwitz bekamen, sagte: »Das
kann doch nicht möglich sein. Das machen Deutsche nicht –

andere Menschen wie Ungeziefer an der Wand kaputtdrücken.« Das heißt: Man sträubte sich als Deutscher gegen die Vorstellung, daß Deutsche solche exzessiven Gewalttaten, wie sie stattfanden, begehen könnten.

Eines gehört zu diesem Thema noch dazu: Als ich 1945 nach Lübeck zurückkam, da haben meine Mutter und mein Stiefvater sich zunächst auch instinktiv gegen die alliierte These von der Gesamtschuld gewehrt und sich dadurch selbst weniger eingestehen wollen – auch von dem, was sie selbst erlebt hatten –, als sie es hätten tun müssen. Es hatte das Gefühl um sich gegriffen: Nun wollen sie uns alle in einen Sack stecken, das Etikett »Nazi« daraufkleben und dann auf den Sack schlagen. Diese Verallgemeinerung, bei den Verbrechen nicht mehr vom nationalsozialistischen Regime sondern von den Deutschen zu sprechen, hat aber schon während des Krieges im Ausland begonnen.

Also, ich sage aufgrund meiner Erfahrung: Man hat eine ganze Menge von den millionenfachen Vernichtungen gewußt – bei weitem aber nicht so viel, wie von dem, was vorausgegangen war, und man hat zwischendurch und auch manchmal hinterher gezögert, es sich einzugestehen. Es war ja auch schrecklich viel zu ertragen, wenn man an die Vorstellung dachte, es sollte womöglich für das abgerechnet werden, was da passiert war. Ernst Lemmer, den Ernst Leuninger und ich gut kennen, sagte, als ich ihn das erste Mal nach dem Kriege traf und die Rede von allen möglichen schrecklichen Geschichten war, die durch die Russen bei der Besetzung passiert waren: »Ja, wenn wir jetzt jedenfalls quitt wären, dann kämen wir immer noch ganz gut davon.«

Das war auch eine Widerspiegelung des Gefühls, daß eigentlich mehr geschehen ist, als der einzelne Deutsche hinterher mittragen konnte. Aber gewußt hat man schon eine Menge.

Manfred Erdenberger:
Das Thema dieses Abends lautet: »Wie konnte es geschehen?« Es liegt auf der Hand, daß eine solche Diskussion zum Schluß in die Frage mündet: Wie ist es mit der Vergleichbarkeit? Wie ist es mit den Parallelen zur Gegenwart und ist eine Wiederholung möglich. Was kann man tun, um Ähnliches zu vermeiden? Ich möchte die Vertreter der Wissenschaft bitten, zwei erste Stichworte zu diesem Fragenkomplex zu behandeln.

Helga Grebing:
Das Problem der Vergleichbarkeit haben wir in der Diskussion nur gelegentlich angesprochen. Was man sagen könnte, ist: Die Weltwirtschaftskrise des Jahres 1929 und der folgenden Jahre ist immer noch, bis jetzt jedenfalls, die größte Krise des Kapitalismus gewe-

sen. Wir können sagen, daß heute der soziale Schutz der Arbeitslosen und auch die Solidarität der Gesellschaft, zumindest der Gewerkschaften, mit den Arbeitslosen größer ist. Aber ich persönlich bin nicht ganz sicher, ob sich nicht aus der prognostizierten wachsenden Arbeitslosigkeit soziale Erosionsprozesse ergeben könnten. Ich habe in diesem Zusammenhang einige Befürchtungen.

Zur Wiederholbarkeit des Faschismus, dies ist ja wohl gemeint, würde ich sagen: Auch diejenigen, die damals dem Nationalsozialismus in den Sattel geholfen haben, haben nicht als einzelne, aber als Klasse Lernprozesse durchgemacht. Ich glaube, daß es diesen Faschismus, wie wir ihn als Historiker erforschend nachvollziehen, wahrscheinlich in dieser Form nicht mehr geben wird. Aber, ich würde sagen, man sollte sich auch nicht zu ausschließlich mit dem Neofaschismus befassen. Natürlich muß dieser bekämpft werden, natürlich müssen wir hierauf unsere Aufmerksamkeit richten, aber ebensosehr müssen wir unsere Aufmerksamkeit darauf richten, daß diese Republik, in der wir leben, vielleicht in eine neokonservative Richtung gelenkt wird, die unserem Verständnis von Demokratie nicht mehr entsprechen würde. Hierin sehe ich auch eine große Aufgabe der Gewerkschaften als Einheitsgewerkschaft: Es geht darum, dieses Gut auch in dem Sinne zu benutzen, daß die Gewerkschaften Garanten für die Demokratie sind und bleiben.

Hans-Josef Steinberg:
An sich könnte ich mich ganz dem anschließen, was Frau Grebing gesagt hat. Ich will aber noch etwas hinzufügen. Was die Vergleichbarkeit angeht, so glaube ich, daß es, wenn es um Massenarbeitslosigkeit geht, ganz entscheidend ist, daß damals der Ausgangspunkt der materiellen Lage der Menschen ein absolut anderer war als heute. Das heißt, daß sie schon vorher auf einem Lebensstandard lebten, von dem aus Arbeitslosigkeit und Elend ganz anders trafen, als es heute nach einer langen Phase der wirtschaftlichen Prosperität der Fall ist. Diese Prosperität hat ja auch dazu geführt, daß das viel zitierte, im Moment in Gefahr befindliche soziale Netz geknüpft worden ist. Etwas Ähnliches hat es damals wirklich nicht gegeben. Die Arbeitslosenversicherung zum Beispiel war, was die materielle Leistung angeht, überhaupt nicht vergleichbar mit dem, was heute existiert.

Ich glaube auch, daß nach der Erfahrung mit dem Nationalsozialismus und vor allem nach der totalen Niederlage bis hin zum Ende der nationalen Einheit und allem, was damit verbunden ist, sich ein faschistisches System nicht mehr ohne weiteres etablieren könnte. Ich glaube allerdings, daß konservative und reaktionäre Tendenzen schnell wieder Überwasser gewinnen können.

Zur letzten Frage meine ich: Wir dürfen nicht nur auf uns schauen und vielleicht noch auf Europa, sondern wir müssen auch in die Dritte Welt sehen, etwa nach Südamerika, wo durchaus Systeme existieren, die in gewisser Weise vergleichbar sind mit dem, was in Deutschland in den Jahren von 1933 bis 1945 war. Wir sollten nicht die Augen verschließen vor deren Brutalität und ihrem Bemühen, ganze Bevölkerungsteile auszumerzen. Und in diesem Zusammenhang muß man sich genau ansehen, wen man sich zum Verbündeten nimmt und wen nicht.

Manfred Erdenberger:
Die letzte Frage richtet sich an die Zeitzeugen – aus deren Erfahrung ist sie sicherlich am einfachsten zu beantworten, und die Antwort kann möglicherweise sogar in einen Appell einmünden: Was kann man tun, was muß man tun, um faschistische Entwicklungen von vornherein zu vermeiden?

Ernst Leuninger:
Ich bin der Meinung, daß die heutige Situation und auch die in absehbarer Zukunft mit jener Zeit von 1929 bis 1933 überhaupt nicht vergleichbar ist. Einmal haben die Parteien heute in diesem Staat eine ganz andere Position. Sie werden anerkannt und erfüllen kraftvoll ihre Aufgaben. Sie scheuen nicht die Verantwortung und wirken ungleich stärker bei der politischen Meinungsbildung mit. Es stellt sich auch heute nicht mehr die Frage, ob die Deutschen überhaupt reif seien für die Demokratie.
Ich bin auch sicher, daß die heutigen Gewerkschaften in ihrer Einigkeit eine ganz andere Rolle in diesem Staat einnehmen, als dies in der Weimarer Zeit der Fall sein konnte. Sie tragen diesen Staat mit und fühlen sich verantwortlich für die Fragen und Probleme der Gegenwart und Zukunft.
Wir haben ein Sozialsystem wie in keinem anderen Land. Das zeigt sich gerade auch gegenwärtig in der schwierigen Arbeitsmarktlage. Hier wird die Solidarverpflichtung deutlich. Dies zeigt sich auch in der Stabilität der Altersversorgung trotz aller Schwierigkeiten. Ein letztes noch: Wir verfügen heute über ein wirtschaftspolitisches Instrumentarium, das weit wirksamer ist als früher. Ich bleibe bei meiner Auffassung, daß Bonn und Weimar nicht miteinander vergleichbar sind und sich das nicht wiederholen wird, was in den 30er Jahren geschah.

Adolf Mirkes:
Ich bin nicht ganz so sicher, ob es nicht heute bestimmte Entwicklungen gibt, die wir ähnlich auch in der Zeit vor 1933 vorfinden. Ich glaube, Frau Grebing war es, die von der Krise des Kapitalis-

mus gesprochen hat, der großen Weltwirtschaftskrise vor 1933. Was haben wir heute? Ist die Krise, die die Welt schüttelt, nicht auch wieder eine Krise des Kapitalismus? Gibt es andere Ursachen als damals? Die Frage ist wahrscheinlich schwer zu beantworten, aber eines steht für mich fest: Die Auswirkungen der damaligen Krise, die ja wesentlich mit zum Sieg der Faschisten beigetragen haben und die Auswirkung der heutigen Krise trafen und treffen doch die sogenannten kleinen Leute. Insofern ist meines Erachtens ein Vergleich durchaus angebracht. Man diskutiert ständig, wie man die Arbeitslosenversicherung heute kappen kann – dahinter steckt doch wieder der Versuch, allein der großen Masse der arbeitenden Bevölkerung die Folgen der Krise aufzubürden, ganz abgesehen von den Arbeitslosen. Zwar gibt es nicht jene Verelendung, die vor 1933 in dem großen Arbeitslosenheer festzustellen war. Aber ich glaube, zwei Millionen Arbeitslose heute sind schon schlimm genug.

Ich bin im Grunde immer in meinem Leben ein Optimist gewesen, wie Ernst Leuninger auch. Aber in manchen Dingen bin ich nicht so sicher, ob wir uns zum Beispiel auf alle Politiker in der Bundesrepublik verlassen können. Es gibt doch gar keine Zweifel, daß wir erzkonservative Entwicklungen in unserer Republik haben, daß auf allen Gebieten des kulturellen Lebens zurückgeschraubt wird und konservatives Gedankengut auch in die Schulen gebracht werden soll. Ich denke nur an Baden-Württemberg, wo ich wohne. Hoffentlich geraten wir nicht wieder in eine Entwicklung hinein, zu der wir eines Tages sagen müßten: Haben wir ein weiteres Mal nicht richtig aufgepaßt? Zusammenfassend würde ich also sagen: Aufpassen hat noch nie geschadet. Wir müssen darauf achten, daß sich antidemokratische Tendenzen nicht noch breiter machen, als sie ohnehin schon sind.

Adam Wolfram:
Die gegenwärtige Lage der Bundesrepublik läßt sich mit der Situation 1932/Anfang 1933 nicht vergleichen – das ist für mich selbstverständlich. Aber wer vermag zu sagen, ob diese gegenwärtige Lage so anhält oder ob wir nicht in eine Entwicklung hineinlaufen, die die heutige Zahl der Arbeitslosen verdoppelt? Welche Wirkung würde dann ein solches Heer von Arbeitslosen auf die allgemeine Stimmung der Menschen in der Bundesrepublik haben? Ich glaube, dann würde das soziale Netz, das wir dank unserer gewerkschaftlichen Arbeit in den vergangenen Jahrzehnten aufgebaut haben, nicht mehr halten. Es fängt jetzt schon an zu bröckeln, und es wird jetzt schon durchlöchert. Solange wir das heutige Niveau erhalten können, gibt es keine Vergleichbarkeiten 1932/33.

Würde sich ein solcher Umsturz wie damals wiederholen können? Es braucht ja nicht unbedingt Hitler zu sein, der dann, wenn die Situation gegeben ist, die Führung in die Hand nimmt. Es kann auch ein Strauß sein. Das ist alles im Bereich der Möglichkeiten. Es kommt darauf an, wie stark die demokratischen Kräfte in der Bundesrepublik sind, wenn es darum geht, die Wiederholung einer Entwicklung zu verhindern, in der ein einzelner Mensch in der Lage war, ein ganzes Volk an der Nase herumzuführen. Und darin liegt meiner Ansicht nach die Aufgabe, die uns heute als Gewerkschaftsbewegung gestellt ist: Nicht zuzulassen, daß wir in eine Situation hineingeraten, in der ein Mann das Heft in die Hand nimmt, um ein ganzes Volk selbstherrlich zu regieren.

Willy Brandt:
Erstens: In diesem Jahr 1983 und in den folgenden Jahren ist in der Bundesrepublik Deutschland und in unserem Teil Europas die Gefahr für den Frieden größer als die Gefahr für die Demokratie. Da aber ohne Frieden alles andere nichts ist, müssen wir versuchen – ohne unsere Kräfte zu überschätzen – dazu beizutragen, daß die Gefahren abgewendet werden, die sich aus weiteren Umdrehungen der Rüstungsspirale und der qualitativen Veränderung der Rüstung ergeben – oder auch aus der Gefahr, daß immer mehr computerhaft entschieden wird, ob es einen großen Kladderadatsch gibt oder nicht.
Zweitens: In der konkreten Situation des Jahres 1983 in der Bundesrepublik und in unserem Teil Europas kommt die Gefahr für die Demokratie eher von der wirtschaftlich-sozialen als von der rein politischen Seite. Das wäre dann eine leichte Veränderung gegenüber damals. Ich kann nicht ganz so optimistisch wie der Kollege Leuninger sein, der meint, das Instrumentarium reiche heute aus. Wir glaubten in den 50er und 60er Jahren – dies gehört zu einer neuen Art von Hoffnungen, die wir nach dem letzten Krieg entwickelt haben –, die Wirtschaftspolitik verfüge über ausreichende Einsichten, um solche Wirtschaftskrisen wie damals gar nicht erst entstehen zu lassen; die Darlegungen von Lord Keynes haben dabei eine große Rolle gespielt. In der Zwischenzeit ist aber eine Situation eingetreten, auf die die dort entwickelten Instrumente nur bedingt passen. Ich meine den tatsächlich im Gang befindlichen Zusammenbruch des internationalen Finanz- und Währungssystems. Diese Entwicklung wird durch wirtschaftspolitische Maßnahmen nur hinausgeschoben, aber nicht bewältigt. Dieser Prozeß kann irgendwann zu einem ganz schweren Rückschlag führen.
Es ist wichtig, daß wir vorhandenes Instrumentarium einsetzen – dann wäre schon etwas gewonnen. Aber ich bin ganz sicher, daß

dies allein nicht ausreicht, sondern, daß an einem für diese Art neuer Krise erforderlichen Instrumentarium entschieden gearbeitet werden muß, damit wir für das Handeln in den kommenden Jahren hinreichend gewappnet sind.

Drittens: Ich denke, eine der Lehren aus der damaligen Zeit leitet sich direkt aus unserem Grundgesetz ab, das auch schon erwähnt worden ist. Das Grundgesetz sagt in seinem Artikel 20, daß dies ein demokratischer und sozialer Bundesstaat sei. Damit hat der Verfassungsgeber im Jahre 1948 nicht eine Zustandsbeschreibung vornehmen wollen, er hat auch nicht sagen wollen, das, was sich 1948 und 1949 dann erst als Bundesrepublik zusammenfaßte, sei der demokratische und soziale Bundesstaat, an dem alles zu messen sei, sondern er hat doch wohl sagen wollen, daß hiermit den politischen und gesellschaftlichen Kräften eine permanente politische Aufgabe gestellt ist. Das heißt: unablässig zu arbeiten an der Ausgestaltung des demokratischen und sozialen Bundesstaates. Dabei sind wir dann bei dem, was Gewerkschaften und Parteien gemeinsam oder auf ähnliche Weise in Anspruch nehmen sollten, wenn man nicht der Meinung ist – und das sind wir sicher miteinander nicht –, daß wir Anhänger einer »Fünf-Minuten-alle-zwei-Jahre-Demokratie« sind – das heißt, daß sich Demokratie auf die fünf Minuten beschränkt, die wir alle vier Jahre zur Wahl für Bundestag und Landtag im Wahllokal verbringen. Wir sollten Demokratie als permanente Aufgabe und ständigen Prozeß verstehen. Es war nicht nur eine Flause, als ich seinerzeit von mehr Demokratie gesprochen habe. Das geht nicht in jedem Zeitabschnitt gleich gut. Aber Mitbestimmung bedeutet, diesen demokratischen und sozialen Bundesstaat weiter auszugestalten, auch auf anderen Gebieten.

Und ganz zum Schluß gehe ich noch einmal – nachdem ich vorhin das Mißverständnis nicht habe ausräumen können – auf die Frage ein, die ja eine große Rolle, zum Beispiel auch in Carl Severings Memoiren spielt: Darf jemand in herausgehobener Verantwortung auf Kosten anderer tapfer sein wollen? Ich sage: Das darf er nicht, aber er hat unter Umständen die Pflicht – wenn es dann noch einmal zu einer wirklichen Herausforderung kommt – gestützt auf die Lehre von 1932/33 zu sagen: Es kann eine Situation geben, wo es für die eigene Würde und die Zukunft derer, die nach uns kommen, besser ist, mit der Flagge hoch unterzugehen, als sich einem politischen Verwesungsprozeß auszusetzen.

Manfred Erdenberger:
Herzlichen Dank allen, die mitgewirkt haben.

Arbeitsgruppe 1

Die Niederlage der organisierten Arbeiterschaft im Kampf gegen den deutschen Faschismus

Leitung:
Prof. Dr. *Hans Mommsen,* Bochum

Beiträge:
Prof. Dr. *Helga Grebing,* Göttingen
Prof. Dr. *Arno Klönne,* Paderborn
Dr. *Heinrich Potthoff,* Bonn
Dr. *Henryk Skrzypczak,* Berlin; Berichterstatter

Heinrich Potthoff

Zur Rolle der Gewerkschaften in der Weimarer Republik

In der über hundertjährigen Geschichte der deutschen Gewerkschaften lagen Glanz und Elend niemals so nahe beieinander wie in der Weimarer Republik. Weniger als dreizehn Jahre nach der gewaltigen Machtdemonstration beim Kapp-Putsch von 1920 fanden die Gewerkschaften 1933 ein klägliches Ende. In der gestrigen Diskussion standen die Geschehnisse unmittelbar um den 1./ 2. Mai 1933 und Probleme des Widerstandes im Mittelpunkt. Dabei klang mehrfach an, daß es 1933 für einen erfolgversprechenden Widerstand zu spät war und die Chancen einer Rettungsaktion der Gewerkschaften für die demokratische Republik beim Preußenschlag Papens ebenfalls skeptisch beurteilt wurden. Von der längere Zeit vorherrschenden Fixierung auf die Endphase der Republik wendet sich der Blick stärker dem politischen, ökonomischen und sozialen Geschehen der vorhergehenden Jahre zu. Dabei besteht wohl darin Übereinstimmung, daß es nicht eine, sondern ein ganzes Bündel von Ursachen gab, die die Schwäche der Gewerkschaften in der Weimarer Republik bedingten und dazu führten, daß eine Bewegung, die zu Beginn der Republik ca. zehn Millionen Mitglieder in ihren Reihen hatte, davon allein über acht Millionen bei den Freien Gewerkschaften, am Ende nur noch verzweifelt bemüht war, ihre reduzierten Organisationen zu retten.

Angesprochen wurde schon der traditionelle Legalismus der deutschen Arbeiterbewegung und ihr eher starres Verständnis von Ordnung und Disziplin, die ungenügende Resonanz bei der Jugend und die Belastungen, die aus der Existenz mehrerer, sich heftig befehdender Arbeiterparteien erwuchsen und verhinderten, daß es zu einer gemeinsamen Kampffront für die Republik kam.

Es braucht wohl kaum daran erinnert zu werden, daß auch die Gewerkschaftsbewegung in verschiedene Richtungen gespalten war: Freie Gewerkschaften, Christlich-Nationale, Hirsch-Dunkersche Liberale und – nicht zu vergessen – syndikalistische, unionistische, kommunistische sowie am Ende auch noch nationalsozialistische Organisationen. Für die Durchschlagskraft der Gewerkschaften gegenüber den Unternehmern bedeutete diese Konkurrenz, wie sich an der Zentralarbeitsgemeinschaft, dem Vorläufigen Reichswirtschaftsrat, aber auch in der Tarifpolitik ablesen läßt, ein nicht zu verkennendes Manko. Das gleiche galt für das demokratische Engagement im Staat. Eine gemeinsame, kontinuierliche Kampffront aller Gewerkschaftsrichtungen zur Verteidigung der Republik hat bis 1933 nicht existiert.

Ungleich schwerer als diese organisationsbedingten Handikaps wog die Tatsache, daß es in der Weimarer Republik nie ein der Bundesrepublik vergleichbares Wirtschaftswunder gegeben hat. Die Chance, Verteilungskonflikte dadurch zu entschärfen, daß jeder sich aus einem wachsenden Kuchen ein größeres Stück herausschneiden konnte, bestand nicht. Die kurze Aufschwungphase zu Beginn der Republik war eher eine Scheinblüte. In der sogenannten Phase der Stabilisierung erfolgte zwar ein steiler Anstieg der Reallöhne. Doch lagen auch in den für die Arbeitnehmerschaft besten Jahren die für das verfügbare Einkommen entscheidenden Nettowochenlöhne nur geringfügig über dem Stand von 1913. Die wirtschaftlich-sozialen Krisensymptome waren untergründig schon vorhanden ehe sie in der Weltwirtschaftskrise voll zutage traten.

Diese ungünstigen sozio-ökonomischen Rahmenbedingungen beeinträchtigten zweifellos die Lebensfähigkeit des demokratischen Systems. Doch sie waren nur ein Faktor unter vielen. Das gilt erst recht für die Rolle der Gewerkschaften, die uns auf dieser Konferenz im Zusammenhang mit dem Scheitern der Weimarer Republik beschäftigt. Denn im Kern geht es bei der Frage nach der Stabilität und dem Scheitern eines politischen Systems zunächst doch wohl um dessen eigene Stärken und Schwächen und die Verantwortung der politischen Institutionen und Organisationen, die es trugen und zerstörten.

1. Die Stellung der Gewerkschaften im politischen und wirtschaftlich-sozialen System der Weimarer Republik

In der Weimarer Republik fanden die Gewerkschaften ein staatliches Ordnungssystem vor, das ihnen vielfältige Einwirkungs- und Mitbestimmungsmöglichkeiten eröffnete. Von der Verfassung wurden sie ausdrücklich als gesellschaftliche Institutionen anerkannt und als wirtschaftlich-soziale Vertretung der Arbeitnehmerschaft mit wichtigen Funktionen betraut. So schienen sie zu einer maßgebenden Rolle im wirtschaftlichen und politischen Geschehen der demokratischen Republik berufen zu sein.

Gerade die schon im Kaiserreich dem demokratischen Prinzip

verpflichteten Freien Gewerkschaften verstanden sich in der Mehrheit als eine tragende Säule des neuen Staates und mühten sich nach Kräften um eine Stabilisierung seiner Fundamente im Sinne einer sozialen Demokratie. Dennoch waren weder ihr unzweideutiges Votum für die parlamentarische, noch ihr 1920 verkündetes Bekenntnis zu einer kämpferischen Demokratie, das der Bewahrung der Substanz Vorrang vor der Buchstabentreue gab, jederzeit einlösbare Blankoschecks. Denn maßgebend waren nicht Worte, sondern die Fähigkeit und Entschlossenheit, sich für die parlamentarische Demokratie in die Bresche zu werfen.

Am Beginn der Republik bekannten sich die Freien Gewerkschaftsorganisationen durch Wort und Tat zur parlamenarischen Demokratie. Auch von den Sprechern der Gewerkschaftsopposition, abgesehen von den Verfechtern eines Rätesystems um Richard Müller, wurde sie nicht grundsätzlich in Frage gestellt, sondern nur für ergänzungsbedürftig erachtet. Aber diese grundsätzliche positive Einstellung war mit einer Reihe von Hypotheken belastet: dem traditionellen Legalismus der Arbeiterbewegung, ihrem ausgeprägten Vertrauen auf die Macht von Organisationen und Disziplin und der Enttäuschung und Verbitterung breiter Arbeitnehmerschichten, wie sie in den Massenaktionen und der verbreiteten Kritik an der Noske-Politik zum Ausdruck kamen. Viele der Arbeiter erlebten den jungen Staat nicht als eine freiheitlich-soziale Demokratie, sondern als mit militärischen Zwangsmitteln operierenden »Obrigkeitsstaat«, der Strukturreformen in Staat und Wirtschaft abblockte.

Beim Kapp-Putsch von 1920 machten sich die Freien Gewerkschaften zum Fürsprecher einer sozialen Fundierung der Demokratie und der Absicherung der Republik gegen ihre Feinde von rechts. Durchgesetzt wurde davon praktisch nichts. Der in den Massenbewegungen sichtbar gewordene Unmut über das politisch-soziale System wurde nicht überwunden. Er drückte sich zum einen aus in einer resignierenden, enttäuschten Distanz, zum anderen im radikalen Protest; politisch artikuliert durch die USPD und nach der Spaltung der USPD durch die zur Massenpartei aufsteigenden KPD, gewerkschaftlich durch die syndikalistischen, unionistischen und kommunistischen Gruppierungen. Diese Symptome einer Abwendung vom Weimarer Staat und der von der Führung der Gewerkschaften verfochtenen reformistischen Strategie traten in den großen Krisensituationen voll zutage. Derartige Strömungen und Stimmungen beeinträchtigten beinahe zwangsläufig das Potential der Gewerkschaftsorganisationen als Stütze der Republik. Je mehr sich dabei Politik und Soziales von den in der Arbeitnehmerschaft vorherrschenden Vorstellungen von einer sozialen Demokratie entfernten, um so geringer wurden die Aussichten, diese für die Bewahrung eines – in ihrem Sinne – deformierten Systems zu gewinnen.

Seit dem Kapp-Putsch gehörten die Schlagwörter vom »Gewerkschaftsstaat« und der »gewerkschaftlichen« Nebenregierung zu den Stereotypen der politischen und sozialen Auseinandersetzung. Selbst ihnen früher wohlgesonnene Sozialpolitiker prangerten nun den »verderblichen Einfluß« der Gewerkschaften »auf das gesamte öffentliche Leben des Staates« an und deckten mit ihrer Autorität antigewerkschaftliche Ressentiments und Ausfälle, die letztlich auf die soziale Demokratie zielten.

Doch weder war die Weimarer Republik ein »Gewerkschaftsstaat«, noch etablierte sich jemals eine gewerkschaftliche Nebenregierung. Wie die anderen Interessenverbände nutzten auch sie die Einflußkanäle des politischen Systems, wobei die tatsächlichen Einwirkungsmöglichkeiten nicht nur von der eigenen Stärke und den wirtschaftlichen wie politischen Konstellationen, sondern ebenso von Macht und Geschick ihrer sozialen Kontrahenten abhängig waren. Die bis heute vielbeschworene starke parlamentarische Repräsentation von Gewerkschaftsmitgliedern täuscht ein nicht den Realitäten entsprechendes, aber der Polemik Stoff lieferndes Einflußpotential vor. Für die Einwirkung auf das parlamentarische Geschehen kam es weniger auf die Zahl der Gewerkschafts- oder Unternehmerabgeordneten an, als auf das Gewicht der von ihnen vertretenen Organisationen und die Unterstützung durch Parlament und Parteien.

Auf eine parlamentarische Mehrheit, die sich ihrer Ziele im Reichstag angenommen hätte, konnten die Gewerkschaften nicht bauen. In den bürgerlichen Parteien spielten die den christlichen und liberalen Gewerkschaften nahestehenden Gruppierungen zum Ende der Republik kaum mehr als die Rolle des sozialen Feigenblattes. Die Gräben zur Kommunistischen Partei waren zu tief, als daß sie für die Freien Gewerkschaften als Alliierter in Frage kam. Die Kraft der Sozialdemokratie als parlamentarisch-politische Interessenvertretung aber reichte nicht aus. Überdies gerieten die nie ganz spannungsfreien Beziehungen in den 30er Jahren in eine Krise. Sie resultierte aus sachlichen Kontroversen über den Kurs bei der Arbeitsbeschaffung und dem Wertverlust der Partei als Transmissionsriemen in der Ära der Präsidialkabinette. Überdies hat das Parlament selbst unter günstigen Konstellationen für die Gewerkschaften nie die entscheidende Rolle für die Umsetzung ihrer Ziele und Anliegen gespielt. Das gleiche galt, nur noch stärker, für den Vorläufigen Reichswirtschaftsrat.

Als bevorzugter Ansprechpartner im politischen System fungierte vielmehr die Exekutive (angefangen von der Referentenebene über die höhere Ministerialbürokratie bis hin zu Ministern, Reichskanzler und Reichspräsident). Die mit dem Bismarckschen Regierungssystem begründete Tradition einer über Parlament und Parteien schwebenden, vermeintlich den Staat verkörpernden Exekutive wirkte in der Weimarer Republik weiter. Dieses von den Interessenverbänden, nicht nur den Gewerkschaften, und den staatlichen Exekutivgewalten praktizierte Zusammenspiel trug nun allerdings neben anderen Faktoren zusätzlich zur Aushöhlung der Position des Parlaments als Entscheidungsträger des Volkswillens bei. Es hatte darüber hinaus tendenziell auch zur Folge, daß die Haltung der Gewerkschaften zum Regierungssystem weniger von prinzipiellen, als pragmatischen Erwägungen bestimmt wurde. Insofern besaß es eine gewisse Logik, daß die Gewerkschaften um die Jahreswende 1932/33 öffentlich bekundeten, sie hätten ihre Arbeit unter den jeweils herrschenden ökonomischen und *politischen* Verhältnissen zu tun und müßten mit *jeder* Regierung zusammenarbeiten.

2. Das Generalstreikproblem

Der Gebrauch des schärfsten Kampfmittels, des Generalstreiks, gehörte bekanntlich nicht zum klassischen Repertoire der Gewerkschaften. Sein erstmaliger und scheinbar so erfolgreicher Einsatz beim Kapp-Putsch wird bis heute gern als glanzvoller Höhepunkt des tatkräftigen Engagements der Gewerkschaften für die demokratische Republik gewertet. Im Kern handelte es sich dabei allerdings um eine Kampfaktion der Freien Gewerkschaftsbewegung, die nur partiell und zeitweise Unterstützung aus den anderen Lagern erhielt. Nicht selten wird auch übersehen, daß die Generalstreikbewegung, gemessen an ihren eigenen Zielen, nur Teilerfolge erreichte. Zwar vermochten die Freien Gewerkschaften ein breites Spektrum der politischen Linken hinter sich zu bringen, die Putschisten zum Rückzug zu zwingen und den Regierungsparteien die Zustimmung zu einem weitgehend von ihnen konzipierten Programm abzuringen.
Mit Blick auf die Folgen erwies sich das jedoch als Pyrrhussieg. Das Erlebnis des blutigen Bürgerkriegs weckte lang nachwirkende Ängste; die Spaltung der Arbeiterbewegung schritt fort und die Position der Gewerkschaften wurde geschwächt. Die demokratische Mitte schrumpfte zusammen und es wurden die Kräfte gestärkt, die ihr Ziel in der Zurückdrängung der in der Abwehr des Putsches aktiven Gruppen und Organisationen sahen. Das Endresultat war eher eine Destabilisierung statt der erstrebten Stabilisierung der Republik.
Diese Erfahrung gewann für die Bewertung jeder außerparlamen-

tarischen Massenaktion der Gewerkschaften entscheidende Bedeutung. Nach der vom Gewerkschaftskongreß ausgegebenen offiziellen Version sollte ein Generalstreik nur einem »letzten Verzweiflungskampf des Proletariats« vorbehalten sein, »um entweder dem Hungertod zu entgehen oder den Sieg der erstarkten Reaktion zu verhindern«. Schon darin deutet sich eine gravierende Einschränkung an. Zwar lebte an der Basis der Glaube an die Macht des politischen Generalstreiks weiter, bei den verantwortlichen Führungsgremien wuchs dagegen eher die Skepsis. Die Attacken gegen die »gewerkschaftliche Nebenregierung« und den »Gewerkschaftsstaat« verfehlten nicht ihre Wirkung und förderten einen Trend zum »Trade Unionismus«. Die Furcht vor einem unkontrollierten Ausufern einer solchen Massenbewegung nistete sich ein und förderte innergewerkschaftlich eine Disziplinierungstendenz (u. a. Streikregeln für gemeinnützige Betriebe).

Beim Kapp-Putsch waren die Freien Gewerkschaften zunächst davon überzeugt, daß die überwiegende Mehrheit des Volkes hinter ihnen und dem republikanischen Staat stehe. Schon in den Wahlen von 1920 wurde diese Annahme als Fiktion entlarvt. Danach wurde klar, daß die Freien Gewerkschaften bei außerparlamentarischen Kampfaktionen nur auf die eigenen Scharen und die großenteils mit ihnen identischen der Sozialdemokratie, des Reichsbanners und der Eisernen Front bauen konnten. Zuzug erhielten sie zum Teil aus den Reihen der ungeliebten Kommunisten und von Kollegen aus den Christlichen und Hirsch-Dunckerschen Gewerkschaften, während sich deren Führungen solchen Aktionen verweigerten. Wenn die von den Freien Gewerkschaften dirigierte Republikschutzkampagne des Sommers 1922 dennoch gute Ergebnisse zeitigte, so nur deshalb, weil die Regierung unter Wirth in der Sache weitgehend auf ihrer Seite stand und sich im Parlament unter dem Druck der Massenaktionen eine Mehrheit fand.

Eine solche Konstellation unterschied sich grundsätzlich von der in den 30er Jahren. Weder der Preußenschlag Papens 1932, noch der 30. Januar 1933 trugen den Charakter eines offenen Putsches. Eine demokratisch-republikanische Mehrheit war weder in den Parlamenten noch auf der Straße zu finden, das Kabinett Braun nur eine geschäftsführende Minderheitenregierung, eine Legitimationsbasis wie 1920 nicht mehr zu konstruieren, der Graben zu den Kommunisten zu tief und der Glaube an die Wirkung außerparlamentarischer Mittel längst geschwunden. Umfragen ließen eher ein Desaster befürchten, und auf der Straße warteten die Arbeitslosen, um bei der Parole »Heraus aus den Betrieben« an die freiwerdenden Arbeitsplätze zu stürmen. Die Ängste vor einem blutigen Bürgerkrieg mit einem für die Arbeiterschaft niederschmetternden

Ergebnis waren übermächtig. Unter derartigen Umständen schied für die Führung der Freien Gewerkschaften ein Generalstreik aus.

Ungeachtet der demonstrativen Bekundungen einzelner Gruppen fehlte wohl auch die notwendige Kapazität: sowohl bei der gewerkschaftlichen Basis wie bei den Formationen des Reichsbanners und der Eisernen Front. 1920 existierte ein Millionenheer aktivistischer republikanischer Kräfte – am Ende der Republik verbrauchten sich die Aktiven in den Aufmärschen der Eisernen Front. Ihre Kampfbereitschaft beim Preußenschlag und nach dem Machtantritt Hitlers kann nicht über die Apathie der Millionen hinwegtäuschen, die sich vorrangig um Arbeitsplatz, Wohnung und Brot sorgten. Eine reale Chance, durch eine außerparlamentarische Massenaktion die demokratische Republik noch in letzter Stunde zu retten, hat kaum mehr bestanden.

Gegen eine nicht offen putschistische, sondern durch den Schein der Legalität gedeckte Unterminierung der Demokratie besaßen die Freien Gewerkschaften kein wirklich brauchbares Konzept. Sie verstanden sich als Helfer der Verfassungsorgane in der Not, nicht als Kampftruppe der wahren Demokratie gegen formal legitimierte Repräsentanten der Republik. Schon vor dem 30. Januar 1933 aber brauchten sie selbst Hilfe und appellierten vergebens an den Reichspräsidenten als Hüter der Verfassung und »Schützer der deutschen Arbeiterschaft«. Daß die Institutionen des demokratischen Staates benutzt werden konnten, um Parlament und Demokratie endgültig auszuschalten, ging über ihre Vorstellungskraft.

Der Boden der Legalität, auf dem die Freien Gewerkschaften aus Tradition und innerer Überzeugung standen, versackte unter ihren Füßen, als der Nationalsozialismus willfährige Bundesgenossen fand, die ihm in den Sattel halfen. Gerade weil sie zu einseitig auf die Gefahr eines nationalsozialistischen Rechtsputsches fixiert waren, standen sie der Ausschaltung der parlamentarischen Demokratie und ihrer Ersetzung durch eine zunächst autoritäre, später faschistische Staatsordnung so hilflos gegenüber.

3. Der Staatsinterventionismus und seine Folgen

Die Rolle der Gewerkschaften in der Endphase der Republik und ihre Anpassungs- und Tolerierungspolitik sind allein aus den politischen Konstellationen und der wirtschaftlichen Notlage der Zeit nicht zu erklären. Von entscheidender Bedeutung für ihre Stellung im politischen System wie die ihrer Kontrahenten, der Unternehmerschaft auch, war die Entwicklung der wirtschaftlich-sozialen Beziehungen. Zu Beginn der Republik stand das von den

Gewerkschaftsorganisationen mit der Zentralarbeitsgemeinschaft (November 1918) eingegangene Experiment, die Konflikte zwischen Kapital und Arbeit im Wege eines sozialen Konsenses zu lösen. De facto halfen sie dadurch mit, die ins Wanken geratene Unternehmerschaft zu stützen und das überkommene Wirtschaftssystem vor strukturellen Eingriffen zu schützen, wie sie gerade von den Massenbewegungen gefordert wurden. Gleichzeitig verständigten sie sich mit den Unternehmern auf ein do ut des: Preiserhöhungen gegen Lohnerhöhungen. Beides schlug fehl. Das letztere endete mit einem Fiasko in der Hochinflation, das erstere zerbrach an den mit dem Wiedererstarken der Unternehmer sich verhärtenden Gegensätzen. An die Stelle eines Miteinander und der Konfliktregelung im außerstaatlichen Raum trat ein von verschärften Verteilungskämpfen gekennzeichnetes Gegeneinander, in dem der Staat über das Schlichtungswesen zum Mittler und Mitgestalter der Lohn- und Tarifpolitik avancierte.

Für die Ausgestaltung der wirtschaftlich-sozialen Beziehungen bildete die – auf Grund eines Ermächtigungsgesetzes erlassene – Schlichtungsordnung vom 30. Oktober 1923 eine Zäsur. Frühere Versuche zur Verantwortung einer staatlichen Schlichtung waren an dem vereinten Widerstand der Sozialkontrahenten gescheitert. Sie beharrten auf dem Recht der autonomen »Wirtschaftsorganisationen«, »ihre sozialen Konflikte ohne staatliche Zwangsmaßnahmen [zu] erledigen« und verteidigten ihr System paritätischer Kooperation. Mit aller Schärfe verwahrten sich die nach dem Krieg im ADGB tonangebenden Kräfte gegen eine derartige »Überspannung des staatlichen Autoritätsgedankens« – auch gegenüber ihrem ehemaligen Kollegen Gustav Bauer. Dieser nach den Erfahrungen mit der Kriegswirtschaft, unter dem Druck der Massenstimmung und im Gefühl eigener, vermeintlicher Stärke verfolgte Kurs autonomer Entfaltung geriet mit der Zurückdrängung der Gewerkschaften in die Defensive in eine Krise.

Mit dem sich ab 1922/23 abzeichnenden Ansturm der Unternehmerschaft der Schwerindustrie gegen die geschwächte Arbeiterschaft und ihre Organisationen setzte eine Umorientierung ein. Die Gewerkschaften suchten nun gegenüber der Unternehmeroffensive die Hilfe des Staates. Gerade die weniger gefestigten Organisationen tendierten dahin, die staatlichen Einwirkungsmöglichkeiten im wirtschaftlich-sozialen Sektor zu stärken. Öffentlich und offiziell wurde zwar Kritik an der Schlichtungsordnung geübt, hinter den Kulissen war die Resonanz jedoch eher positiv.

Die gleiche zwiespältige Haltung zeigte sich auch gegenüber der Schlichtungspraxis. Sie schwankte zwischen dem erwünschten Schutz gegen die Unternehmer, wie er in Krisenzeiten, in kränkelnden Branchen und von wenig durchsetzungsfähigen Verbänden gewünscht wurde, und der Respektierung der Tarifhoheit, wie sie im Zeichen von Prosperität organisatorisch wie finanziell kräftige Verbände befürworteten. Angesichts der erstarkten Unternehmerschaft, der Schwäche der eigenen Positionen durch Arbeitslosigkeit und Wirtschaftskrisen und der vermeintlich großen lohnpolitischen Erfolge unter dem Schlichtungswesen dominierte insgesamt eine positive Einstellung zur staatlichen Schlichtung.

Unter rein lohnpolitischen Gesichtspunkten schien dieses Verfahren tatsächlich lange attraktiv. Denn das Eingreifen des Staates als Schlichter bzw. schon allein die Möglichkeit seiner Einschaltung trug maßgeblich zu dem Anstieg der Reallöhne bei, der Ende der 20er Jahre das verfügbare Realeinkommen der Arbeitnehmer über den Vorkriegsstand wachsen ließ. Das damit erreichte Lohnniveau – gemessen an der gesamtwirtschaftlichen Produktivität und der wirtschaftlichen Lastenverteilung – kennzeichnete der Wirtschaftshistoriker Knut Borchardt als überhöht. Angeblich war es die entscheidende Ursache für die Investitionsschwäche und die mangelnde Konkurrenzfähigkeit der deutschen Wirtschaft. Damit werden letztlich die Gewerkschaften und ein ihnen zu weit entgegenkommender Staat für den materiellen und schließlich auch den politischen Niedergang der Republik verantwortlich gemacht.

An diesen Thesen ist zu Recht kritisiert worden, daß hier »Erfahrungen der zweiten Nachkriegszeit« zurückprojiziert und eine funktionierende Marktwirtschaft zum Maßstab der Beurteilung genommen wurde. Von einer solchen konnte jedoch in Weimar nicht die Rede sein. Durch Vertrustung und Kartellierung waren die »wichtigsten Preise« festgeschrieben, und Marktgesetze spielten kaum mehr eine Rolle. Dementsprechend schlugen sich mögliche Veränderungen auf der Lohnseite auch nicht zwangsläufig in den Preisen nieder. Überdies haben andere, von Borchardt kaum berücksichtigte Faktoren, wie die geringe Kapazitätsauslastung und die oftmals drückenden Zinsen die Herstellungskosten ebenso negativ belastet wie die von ihm so harsch kritisierten Löhne. Deren Anteil lag in den gewerblichen Branchen sogar ausgesprochen niedrig. Er betrug nach den Angaben des Instituts für Konjunkturforschung z.B. im Hochofenbetrieb nur ca. 7%, in der Chemie und bei der Lederverarbeitung 10%, in der Textil- und Automobilindustrie um 20%.

Trotz der häufigen Klagen der Unternehmer über ein vorgeblich von den Gewerkschaften durchgesetztes ruinöses Lohnniveau hatten überdies viele Betriebe genügend Luft, um betriebliche Zulagen zu zahlen. Sie benutzten sie als ein Instrument, um die Belegschaften und Betriebsräte den Gewerkschaften zu entfremden. Nicht die Verringerung der Lohnkosten war das vordringliche Ziel maßgeblicher Teile der Unternehmerschaft, sondern die Ausbootung der Gewerkschaften. Die wirtschaftlichen Krisensituationen nutzten sie zu dem Versuch, ihnen lästige soziale »Fesseln« abzustreifen, die Organisationen ihrer Sozialkontrahenten zurückzudrängen und den demokratischen Staat umzuformen, der in seiner Eigenschaft als Sozialstaat und Schlichter in der Tarifpolitik tief in die Verteilungskämpfe involviert war.

Mit der Schlichtungsordnung von 1923 trat an die Stelle eines von den autonomen Sozialkontrahenten getragenen Systems der Konfliktaustragung eine Art wirtschaftliche Zwangsverfassung. Sie rückte den Staat in die Rolle des für die Tarifkonflikte und die Verteilungskämpfe letztlich Verantwortlichen, während die Tarifparteien entlastet wurden. Verstärkt wurde dieser Effekt noch dadurch, daß nach dem Bruch des in Krieg und Revolution etablierten Paktes der Sozialpartner (die Zentralarbeitsgemeinschaft) ein eigenständiges Koordinierungsinstrument nicht mehr zur Verfügung stand. Versuche, sie in der Krise zu Beginn der 30er Jahre wiederzubeleben, scheiterten an Widerständen auf beiden Seiten.

Die negativen Wirkungen des Schlichtungssystems zeigten sich auf verschiedenen Ebenen. Da die Trittbrettfahrer ohnedies in den Genuß verbindlich erklärter Tarife kamen, verloren die gewerkschaftlichen Organisationen an Attraktivität. Darüber hinaus trat ein Verlust an Dynamik ein, weil der Mobilisierungseffekt eigenverantwortlich durchgestandener Kämpfe weithin entfiel. Die stetig wachsende Bedeutung des Staates für die Wirtschaft durch den Auf- und Ausbau eines sozialen Netzes und seine volkswirtschaftliche Regulativfunktion brachten es mit sich, daß Wirtschaftskrisen und verschärfte Verteilungskämpfe voll auf das politische System durchschlugen.

Für die Gewerkschaften – wie in anderer Art für die Unternehmer auch – avancierte der Staat zur zentralen Clearingstelle gesellschaftlicher Konflikte, die die jeweiligen Interessen zu befriedigen hatte. Maßgebende Kreise der Unternehmerschaft gerieten dadurch in eine Gegenposition zu dem als Bastion der Arbeiterschaft und der Gewerkschaften verketzerten demokratischen Staat und setzten auf ein autoritäres System. Die Gewerkschaften vermochten sich der Suggestion des Staates auch dann nicht mehr zu entziehen, als sich die Wirtschaftskrise zur Staatskrise auswuchs und mit dem Übergang zum autoritären Präsidialsystem die demokratische Substanz der Republik unterhöhlt wurde. Auf die Zerstörung der wirtschaftlich-sozialen, auf die Parität der Sozialkontrahenten gegründeten Verfassung in der ersten schweren Wirtschaftskrise der Weimarer Republik von 1923/24 folgte in der zweiten tödlichen Wirtschaftskrise die Zerstörung des politisch-parlamentarischen Systems.

Die Gewerkschaften verfügten weder über taugliche Mittel noch über die nötige Kraft, um den Bedrohungen wirksam zu begegnen. Von einem wirklichen Gleichgewicht der Klassenkräfte konnte in der Weimarer Republik kaum die Rede sein. Das gleiche galt für die These vom Gewerkschaftsstaat. Nur in der revolutionären Umbruchsituation nach dem Sturz des kaiserlichen Deutschland existierte eine Konstellation, in der eine wirkliche Bändigung der Unternehmermacht und eine soziale Verankerung der Demokratie vielleicht möglich gewesen wäre. Die Gewerkschaftsführung begnügte sich damals mit der Erfüllung tradierter Ziele, Anerkennung und Parität, und verprellte durch ihre Allianz mit der Unternehmerschaft Teile der Arbeiterschaft. Erst unter dem Druck der Massenbewegungen und der hochgeschraubten Erwartungen der Basis, beflügelt von einem Gefühl wachsender Stärke und genötigt zur Integration divergierender Strömungen, rangen sich die Freien Gewerkschaften zu einer theoretisch untermauerten Rolle durch, von der sie dann in der Praxis der Weimarer Republik überfordert wurden. Sie wähnten sich mit der Geschichte im Bunde, setzten auf das Prinzip Autonomie und erwarteten sich gerade vom demokratischen Staat die Chance für selbstzugestaltende Lösungen.

Die schweren Wirtschaftskrisen (Inflationszeit und 30er Jahre), die Offensiven des erstarkten Unternehmertums und die eigenen Substanzverluste erschütterten den alten Fortschrittsglauben und erzeugten ein Klima lähmender Resignation. Das Autonomiekonzept erlitt 1923/24 irreparable Schäden. Statt seiner hofften und setzten die Gewerkschaften auf den für- und vorsorgenden Staat. Die kurze Aufschwungphase seit Mitte der 20er Jahre vermochte den Bruch »im Seelenleben der deutschen Arbeiterbewegung« (Tarnow) nur kurzfristig zu übertünchen, ihn aber nicht zu kitten. Der Versuch, mit der Wirtschaftsdemokratie die Massen wieder zu motivieren und der Bewegung neue Perspektiven zu weisen, scheiterte an den wirtschaftlichen und politischen Gegebenheiten. Ein Gefühl eigener Ohnmacht setzte sich fest, das auch durch starke Worte gegen den Lohnabbau und Massenaufmärsche der Eisernen Front nicht kaschiert werden konnte.

Mit der Übernahme staatspolitischer Verantwortung, wie sie sich vor allem die Freien Gewerkschaften in den ersten Jahren der Republik im Dienst an der Nation und am demokratisch-republikanischen Staat aufgebürdet hatten, waren die Gewerkschaften überfordert. Aus für die demokratische Republik engagierten, sendungsbewußten Massenorganisationen hatten sie sich unter dem Eindruck der Krisen zu Interessenverbänden primär sozialpolitischer Dimension gewandelt, die von der Tarifpolitik bis zur Staatspolitik die letzte Verantwortung an den Staat abtraten. Verunsichert durch die Kampagne gegen den Gewerkschaftsstaat, beherrscht von der Furcht vor Bürgerkrieg und Kommunisten, in ihrer Macht geschwächt und im Selbstvertrauen gebrochen, war das kämpferische Element einer auf die eigene Kraft bauenden Organisation verlorengegangen, das die Demokratie von Weimar so dringend benötigt hätte. Das allein aber hätte auch nicht ausgereicht, sie zu bewahren.

Arno Klönne

Fragwürdige Leitbilder der politischen und gewerkschaftlichen Arbeiterbewegung in der Weimarer Republik

Die bereits vorgetragenen Informationen und Analysen zur Lage und zum Verhalten der deutschen Gewerkschaften und der deutschen Arbeiterbewegung insgesamt beim Übergang in den Faschismus möchte ich zunächst um zwei Hinweise ergänzen, die zugleich auf die Fragestellungen hinführen, mit denen ich mich auseinandersetzen will:

Erstens ist daran zu erinnern, daß der NSDAP und ihren Nebenorganisationen zwischen 1930 und 1933 sehr wohl ein erheblicher politischer Einbruch auch in das potentielle Organisations- und Handlungsfeld der Gewerkschaften und der Linksparteien gelungen ist, also in das sozialstrukturelle Terrain der Arbeitnehmerschaft, der Masse der kleinen und mittleren Angestellten und auch der Arbeiterschaft. Die richtige und politisch gewichtige Feststellung, daß die gewerkschaftlich und sozialdemokratisch oder kommunistisch orientierten Teile der Arbeiterschaft – neben der katholisch gebundenen Bauern- und Arbeiterschicht – es waren, die dem expandierenden NS gegenüber weitgehend immun blieben, darf nicht dazu verleiten, die Arbeiterschaftsanteile in der Gefolgschaft oder Wählerschaft der NSDAP zu übersehen, ganz zu schweigen davon, daß ja schließlich auch das Gros der Angestellten unter den Strukturbedingungen der dreißiger Jahre bereits zu den Adressaten von Organisationen und Parteien gehören mußte, die sich – reformerisch oder revolutionär gestimmt – als soziale und politische Vertretung der »Lohnarbeit« verstanden.

Gewiß war das Bewußtsein erheblicher Teile der Angestelltenschaft damals eher »ständisch« als »proletarisch« geprägt, und gewiß waren es sogenannte »untypische« Teile der Arbeiterschaft, die sich als empfänglich für die Agitation des NS erwiesen, aber dies alles ändert nichts an dem Sachverhalt, den man kurz so umreißen kann: Die Niederlage der deutschen Arbeiterbewegung gegenüber dem aufkommenden Faschismus bestand auch darin, daß die Gewerkschaften und die Linksparteien nicht imstande waren, bestimmte Schichten der Arbeitnehmerschaft an sich zu ziehen, die von der Krise politisiert waren.

Zweitens ist zu fragen, woran es gelegen haben kann, daß allem Anschein nach auch aus jenem Potential der Arbeiterschaft, das sich bis 1933 als dem NS gegenüber resistent gezeigt hatte, im Laufe des Dritten Reiches zumindest beträchtliche Teile sich dem deutschen Faschismus innerlich einfügten, also nicht etwa nur durch staatliche Repression unterwürfig gehalten wurden. Ein Grund dafür war sicherlich die wirtschaftliche und soziale »Erfolgsbilanz« des Dritten Reiches, die ja zumindest partiell so etwas wie materielle Realität bedeutete, wenn man die katastrophalen »Nebenwirkungen« und Nachfolgeerscheinungen einmal »beiseitedenkt«; ein anderer Grund für die Integrationsbereitschaft von ehemals gewerkschaftlich-sozialdemokratisch oder auch kommunistisch orientierten Arbeitern im Zuge der Entwicklung des NS-Systems war aber vermutlich auch die kollektive Erfahrung eines »Versagens« der Arbeiterbewegung in der historischen Situation vor und um 1933. Und repräsentierte der etablierte deutsche Faschismus nicht auch politische Ziele, die jedenfalls semantisch manchen Zielformulierungen der früheren Arbeiterorganisationen gar nicht so fernstanden? Der historische Erfolg des deutschen Faschismus war nicht zuletzt darin begründet, daß hier Leitbilder »gebündelt«, also symbolisch zusammengefügt wurden, die unterschiedliche Herkünfte hatten, die vielfach Entgegensetzungen enthielten und von denen manche etwas durchaus anderes meinten, als es dann unter der Herrschaft des Faschismus realisiert wurde. Diese Widersprüchlichkeiten ändern aber nichts an der integrativen Funktion all dieser Leitbilder für die Entwicklung und Sicherung von Massenloyalität im Sinne des NS-Systems. Ich komme darauf noch zurück. Zunächst zu dem Aspekt, dem mein Korreferat, der von uns verabredeten thematischen Arbeitsteilung folgend, gelten soll:

1. Grundlagen der Spaltung der Arbeiterbewegung

Bei der historisch-politischen Beschäftigung mit dem Verhältnis von Arbeiterbewegung und Faschismus in Deutschland existiert weithin Grundeinverständnis in der These, daß die Niederlage der Arbeiterbewegung damals eine wesentliche Bedingung darin gehabt habe, daß die Arbeiterorganisationen aufgrund politischer Differenzen als *gemeinsame* politische Kraft nicht handlungsfähig gewesen seien. Wären sie einig gewesen, so wird vielfach angenommen, dann hätten sie die Weimarer Demokratie retten können. Die Kontroversen der Historiker (und nicht nur der Historiker ...) beginnen zumeist erst bei der Frage, wo denn nun die Gründe oder auch Verantwortlichkeiten für die konstatierte Spaltung oder Verfeindung und damit einhergehende Ohnmacht der deutschen Arbeiterbewegung Anfang der dreißiger Jahre gelegen haben, wie »langfristig« die innere Zerrissenheit der deutschen Arbeiterbewegung angelegt war, ob vielleicht der Weg ins Dritte Reich doch hätte vermieden werden können, wenn die Sozialdemokraten und Freigewerkschafter etwas flexibler mit den Kommunisten oder diese etwas weniger polemisch mit den Sozialdemokraten umgegangen wären usw. usf.

Ich will die Diskussion hierüber nicht für unnütz erklären, will sie aber mit einer sozusagen danebenliegenden Frage irritieren, nämlich: Inwieweit steckte denn überhaupt in den politischen Denkweisen (oder auch in der politischen Gefühlswelt) der verschiedenen Richtungen der deutschen Arbeiterbewegung damals die entschlossene Absicht, die Weimarer Demokratie zu retten? Wäre denn, von den jeweiligen Politikmustern her gedacht, ein gemeinsames politisches Vorgehen zu diesem Zweck überhaupt denkbar gewesen? (Nur wenn man dies voraussetzt, kann ja sinnvollerweise von »strategischen« oder »taktischen Fehlern« der einzelnen Richtungen gesprochen werden, – im anderen Fall wäre es besser, den Begriff »Fehler« auf die politischen Grundorientierungen selbst anzuwenden.)

2. Politische Strategie und Sprache der Politik auf seiten der KPD

Sehen wir uns daraufhin zunächst einmal die Kommunistische Partei Deutschlands an. Eine historische Kritik dieser Partei und ihrer Politik, die mehr oder weniger prinzipiell zum Beispiel das »Sozialfaschismuskonzept« gegenüber der SPD oder die RGO-Linie gegenüber den Gewerkschaften als »Fehlentscheidungen« kenntlich macht, kann leicht von einem Sachverhalt absehen oder ablenken, der mir noch weitaus wichtiger erscheint: Die KPD vertrat damals, jedenfalls dem bei ihr herrschenden Konzept nach, eine eindeutige Antithese zu allen historischen Chancen der demokratischen Republik in Deutschland. Weshalb hätte sie dann über eine Rettung eben dieser Republik, womöglich gemeinsam mit den Sozialdemokraten und Freigewerkschaftern, nachsinnen sollen?

Es schmälert nicht den Respekt vor dem, was Kommunisten vor und nach 1933 im Widerstand gegen den NS geleistet haben, wenn man feststellt: Der KPD ging es überhaupt nicht um die Aufrechterhaltung demokratisch-liberaler Politikverhältnisse und auch nicht um die Bewahrung der politischen Freiheiten für Arbeiterorganisationen unterschiedlicher politischer und gewerkschaftlicher Herkunft und Zielrichtung, sondern ihr ging es um »Sowjetdeutschland«, also um eine ganz andere politische Lösung, als sie die Weimarer Republik darstellen wollte und konnte. Das in der KPD herrschende Politikkonzept hatte auch mit einer »Rettung« der Sozialdemokratie oder der ihnen nahestehenden Gewerkschaften überhaupt nichts im Sinne; daß diese Organisationen zu verschwinden hätten, lag durchaus in der Logik der Konzeption der KPD. Wo sollte angesichts dessen die politische Grundlage für eine »Aktionseinheit« zu finden sein?

Die KPD stellte Anfang der dreißiger Jahre in ihrer Agitation alltäglich die Alternative »Sowjetdeutschland oder Hitlerdeutschland« als einzig konsequente Entscheidungsmöglichkeit heraus, und der politische Untergang der Sozialdemokratie erschien ihr als die beste Voraussetzung dafür, daß sich diese Alternative gewissermaßen »reinlich« herausbilde; selbst der Zustrom für die NSDAP galt sozusagen als historisch-logisch notwendig, als revolutionierender Zwischenakt, dem dann bald der endgültige Umschwung radikalisierter Massen zur KPD hin folgen sollte. Ich denke, daß insofern die kommunistische Politik in Deutschland dazu beigetragen hat, das Dritte Reich herbeizureden. Die von den Nationalsozialisten, aber auch den Deutschnationalen und rechtsbürgerlichen Kräften (bis in die Zentrumspartei hineinreichend) ständig ausgemalte Gefahr einer »bolschewistischen Machtübernahme« in Deutschland bestand nicht in der Wirklichkeit der politischen Kräfteverhältnisse, wohl aber beeinflußte dieses Szenarium die Bewußtseinslage, nachhaltig negativ nämlich, und die KPD war es, die propagandistisch eine Fiktion unter die Leute brachte, von der die NSDAP profitierte.

Die von der KPD und ihrer Vision eines »Sowjetdeutschland« mitproduzierte »Endzeitstimmung« kam per saldo der extremen Rechten zugute; was die kommunistische Führung als zeitweilig-faschistische »Beschleunigung des Klassenkampfes«, als im Effekt »revolutionären Aufschwung« interpretierte, wurde in Wahrheit dann zum Vehikel eines faschistischen Herrschaftszugriffs, dessen blutige Opfer zuerst die Kommunisten waren, – aber selbst im April 1933 verkündeten die kommunistischen Führer noch, die »Errichtung der offenen faschistischen Diktatur« enthalte den Vorzug, daß sie »alle demokratischen Illusionen in den Massen zunichtegemacht und das Tempo der Entwicklung Deutschlands zur proletarischen Revolution beschleunigt« habe.

Im Kontext eines solchen Politikverständnisses war die Klassifizierung der SPD und der Freien Gewerkschaften als »sozialfaschistisch« keine theoretische oder praktische Abirrung, sondern eine konsequente Definition. Konsequent war von diesem Politikmuster her auch die Weigerung der KPD-Führung, die »bürgerliche Herrschaftsform« der Weimarer Republik vergleichsweise eher akzeptabel zu finden als die faschistische Diktatur. Wo hätte demnach eine gemeinsame Perspektive der KPD einerseits, der SPD und der Freien Gewerkschaften andererseits damals liegen können? Sicherlich gab es taktische Variationen der »Einheitsfrontpolitik« der KPD zwischen 1930 und 1933. Aber die Idee einer gemeinsamen Politik mit den Sozialdemokraten und Freigewerkschaftern zum Zwecke der Rettung der Weimarer Republik lag in keinem Augenblick in den gedanklichen Möglichkeiten der KPD-Führung. In einer Formulierung von Willi Münzenberg aus dem Februar 1932: »Ein Block, auch nur ein Bündnis, auch nur ein vorübergehendes gemeinsames Operieren in einzelnen Aktionen zwischen der Kommunistischen Partei und der Sozialdemokratischen Partei in Deutschland gegen den NS würde die Kommunistische Partei für immer unter den breiten Massen der Arbeiter, schaffenden Bauern und Mittelständler kompromittieren und sie in den Niedergang mithineinziehen ...«

Die KPD erhoffte sich vom Niedergang der Weimarer Demokratie den Aufstieg zum »Sowjetdeutschland«. Sicherlich stieß diese Konzeption auch auf Unbehagen oder Vorbehalte an der Basis oder bei unteren Funktionären der KPD, teilweise zumindest. Aber letzten Endes blieb die Parteilinie unangefochten, zumal die innerparteiliche Opposition schon vor 1930 hinausgesäubert war. Andererseits hatte dieses abenteuerliche Politikmuster der KPD historische Erfahrungen als Hintergrund, es kam vermutlich auch durchaus Stimmungen bei vielen Mitgliedern und Wählern entgegen, die von »revolutionärer Ungeduld« geprägt waren, die im politischen Wunderglauben Zuflucht aus ihren sozialen Nöten suchten. Aber auch darauf hat die Politikformulierung der Partei und ihrer Führung wiederum eingewirkt, in einem höchst problematischen Zusammenhang zweifellos mit der engen Einbindung in die Direktiven der Kommunistischen Internationale, deren gedanklicher Horizont auf Interessen der KPdSU beschränkt war.

Im historischen Ergebnis jedenfalls war es gerade der Revolutionswahn der KPD, der der »Konterrevolution« Beihilfe leistete. Nicht weniger katastrophal wirkte sich eine weitere Grundorientierung der KPD und ihrer Führung aus, die – nach einigen vorhergehenden Anläufen – 1930 durchgesetzt worden war, nämlich das Konzept der »nationalen Befreiung«. Bemerkenswerterweise wird hierüber auch im KPD-kritischen Teil der Literatur zur Geschichte der deutschen Arbeiterbewegung fast durchweg nicht oder nur ganz am Rande geschrieben. Blättert man aber beispielsweise die »Rote Fahne« in den Jahrgängen 1930 bis 1933 durch, so erhält man einen sehr anschaulichen Eindruck davon, daß die Kommunisten in Deutschland – jedenfalls in ihrem Zentralorgan, aber nicht nur dort – aufs äußerste bemüht waren, sich gegenüber den Nationalsozialisten als die besseren Nationalisten zu profilieren, – aus »strategischen« Gründen gewiß, aber mit schwerwiegenden politischen Folgen.

Es war kein einmaliger Ausrutscher, daß die KPD 1930 in den Wahlkampf mit einem Programm zog, in dessen Überschrift schon die »nationale Befreiung« vor der »sozialen« rangierte und in dessen Inhalt keine nationalistische Demagogikfigur der Zeit fehlte. Die sozialdemokratischen Führer wurden dort nicht nur als »Henkersknechte der deutschen Bourgeoisie«, sondern auch als »Agenten des französischen und polnischen Imperialismus«, als »Landesverräter« qualifiziert; es wurde aufgerufen zum Kampf gegen den »Versailler Raubfrieden«, der der »Ausgangspunkt (!) der Versklavung aller Werktätigen Deutschlands« sei, ein »Gewaltfrieden«, der zur »territorialen Zerreißung und Ausplünderung Deutschlands« geführt habe. Der zentrale Vorwurf, der in diesem KPD-Programm Hitler und seiner Partei gemacht wurde, lief darauf hinaus, daß diese die Deutschen Südtirols an das faschistische Italien verraten hätten.

Der Leutnant a. D. Richard Scheringer, von der NSDAP zur KPD übergetreten und von dieser zum Symbol ihres »nationalrevolutionären« Kurses erhoben, verkündete in einer kommunistischen Massenbroschüre vom April 1931: »Es gilt, die revolutionären Kräfte des Volkes zu sammeln, die Armee der Arbeiter, Bauern und Soldaten zu formieren und den Befreiungskrieg über die Trümmer der Weimarer Republik nach Westen zu tragen.«

Im Dezember 1932 schrieb die »Rote Fahne«: »Es gibt nur eine Partei, die den Kampf gegen die Tributversklavung, gegen das Versailler System führt: die Kommunisten.«

Noch im August 1933 hieß es in einer Erklärung des Zentralkomitees des illegalen Kommunistischen Jugendverbandes Deutschlands: »Hitler und Göring kriechen vor Versailles zu Kreuze ... Wo ist der Ausweg, wie müssen wir marschieren? Nieder mit dem Versailler Schandpakt! Das ist auch unser Losungswort ...«

Wer solchen Parolen der KPD Glauben schenkte, wurde ideologisch kritiklos gegenüber wesentlichen Programmpunkten des deutschen Faschismus. Wenn wirklich der Versailler Vertrag die Quelle allen sozialen Elends in Deutschland war, – wenn die »nationale Befreiung« die erste Voraussetzung für die Zukunft der Deutschen war, warum sollte man es dann nicht auch mit den Nazis versuchen ... Ich denke, daß die Geschichtsaufarbeitung diese »nationalrevolutionäre« Demagogie der KPD und deren Folgen nicht länger vernachlässigen sollte.

3. Loyalität zu »Nation und Volk« – zur Haltung von SPD und Gewerkschaften

Das »revolutionär« sich gebende, nationalistische Politikmuster der KPD hatte seine »reformistische« Entsprechung, in mancherlei Varianten, bei Strömungen in der deutschen Sozialdemokratie und – vielleicht mehr noch – in den Freien Gewerkschaften, wenngleich sie hier, aufgrund des anderen Organisationsmodells, nicht so zentralistisch-programmatisch auftreten konnten. Ich möchte wenigstens auf einige Symptome aufmerksam machen:

Wenn Teile der SPD-Repräsentanz zwischen März und Mai 1933 bereit waren, der »nationalen Revolution« Hitlers Konzessionen zu machen, was dann auch in der Zustimmung eines Teils der Reichstagsfraktion zur außenpolitischen Erklärung Hitlers zum Ausdruck kam, dann entsprach dies m. E. nicht nur dem Bemühen, der Sozialdemokratie wenigstens eine halbe Legalität zu erkaufen, sondern es stand dahinter auch das Gefühl, man müsse »nationale Loyalität« einhalten, man müsse zumindest den Anspruch der neuen Staatsautorität auf »Rettung der Nation« und auf Lösung von den »Versailler Fesseln« mittragen. Diese Charakteristik gilt gewiß nicht für die Mehrheit der damaligen Führungsgruppe der SPD, aber sie ist wohl nicht unzutreffend für etliche wichtige Repräsentanten, und diese hatten sehr wohl auch eine Basis in der sozialdemokratischen Mitgliederschaft. Zur sozialdemokratischen Tradition in Deutschland gehörte als ein Strang eben auch die »Burgfriedenspolitik«, die ja national motiviert gewesen war. Hatten nicht intellektuelle Sprecher der SPD und Gewerkschaftsführer im Ersten Weltkrieg die »Ideen von 1914« gefeiert, also die deutsch-»volksgemeinschaftliche« Antithese zum »liberalen Westen«? War damals nicht vom »Kriegssozialismus« die Rede gewesen, also von der Hoffnung, im Kampf gegen die Feindmächte und in der Wehrwirtschaft würden die Gegensätzlichkeiten der sozialen Klassen und der »Interessenegoismus« verschwinden und dem »deutschen Sozialismus« Raum geben? Und lagen solche Gefühlswelten nicht in der Nähe der Emotionen der »nationalen Revolution« 1933 – unbeschadet der weiterhin bestehenden Ablehnung anderer Programmpunkte des NS? Wurde der Machtzuwachs eines auf das Recht der Nation sich berufenden Staates nicht in bestimmter Weise auch von vielen Sozialdemokraten als positiv gewertet, – selbst dann, wenn die gesteigerte Staatsautorität den Interessen der eigenen Partei übel mitspielte?

Gerade auch die Verhaltensweisen der ADGB-Führung im Frühjahr 1933 weisen auf die Existenz »kriegssozialistischer«, nationalistisch-»volksgemeinschaftlicher« Strömungen im sozialdemokratisch-freigewerkschaftlichen Terrain hin. Es wäre m. E. zu kurz gegriffen, wollte man freigewerkschaftliche Bereitschaftserklärungen zur loyalen Mitarbeit bei der »Erneuerung der Nation« (so eine Formel der ADGB-»Gewerkschafts-Zeitung«) nur als Bemühen um den Bestandserhalt der Organisation oder gar als persönlichen Opportunismus einiger Gewerkschaftsführer interpretieren. Es gab, jedenfalls bei Teilen der Gewerkschaftsführung, durchaus ideologische »Schnittmengen« mit dem Nationalsozialismus. In der »Gewerkschafts-Zeitung« wurde die politische Lösung, die man sich 1933 vorstellte, ausdrücklich in Parallele gesetzt zur »nationalen Ordnung« des Verhältnisses von Staat und Gewerkschaften nach dem August 1914.

Die politische Verfassung der Weimarer Republik wurde dort (im April 1933) als »kodifizierter Ohnmachtsanfall der Nation« abgewertet, als liberale Verirrung. Im letzten Heft dieses Zentralorgans des ADGB wurde die Erhebung des 1. Mai zum nationalsozialistischen »Feiertag der Arbeit« gefeiert, und in einem der beiden Grundsatzartikel hierzu hieß es: »Vom Nationalsozialismus unterschied uns keine andere Rangordnung der Werte Nation und Sozialismus, sondern lediglich eine andere Prioritätsordnung. Wir wollten erst den Sozialismus, um die Nation zu gestalten. Der Nationalsozialismus forderte und verwirklichte jetzt die Einheit der Nation, um auf diesem breiten und festen Fundament den deutschen Sozialismus aufzubauen.« Solche Sätze waren nicht voraussetzungslos, sie konnten anknüpfen an das längst vor 1933 bei manchen Gewerkschaftsführern gern gebrauchte Bild »Durch Sozialismus zur Nation«, an die Definition von den »Gewerkschaften als Dienst an der Volksgemeinschaft«, auch an konkretere Konzepte einer nationalkorporativen Wirtschafts- und Sozialverfassung zwecks »Überwindung der liberalkapitalistischen Klassengesellschaft«.

4. Zusammenfassende Thesen

Die Niederlage der deutschen Arbeiterbewegung gegenüber dem Faschismus war insofern, so meine ich, nicht nur begründet durch das Defizit an gemeinsamen Handlungsmöglichkeiten, durch die Einschränkung des eigenen Aktionsfeldes, die Wirtschaftskrise und Massenarbeitslosigkeit mit sich brachten, auch nicht nur durch den Mangel an Bündnispartnern außerhalb der eigenen Reihen. Es waren auch nicht allein theoretische Fehleinschätzungen oder praktische Fehlentscheidungen in der Auseinandersetzung mit dem NS, die zur Niederlage der Arbeiterbewegung beitrugen. Die Ohnmacht der Sozialdemokratie und der Gewerkschaften einerseits, der Kommunistischen Partei andererseits im historischen

Prozeß der »Krisenlösung« zugunsten des Faschismus war auch ideologisch begründet, war mitbedingt durch die jeweiligen Politikmuster. Die KPD mit ihrem Leitbild von einem »Sowjetdeutschland« und ihrem »nationalrevolutionären« Programm forcierte die politisch-ideologische Krise der Weimarer Republik und trug bei zu jenem Anti-Versailles-Komplex, der dem NS zugute kam. Politische Strömungen innerhalb der Sozialdemokratie und mehr noch bei den Freien Gewerkschaften (ebenso übrigens bei den Christlichen Gewerkschaften) trugen zur ideologischen Wehrlosigkeit gegenüber dem NS bei durch nationalkorporative, »volksgemeinschaftliche« Leitbilder. Beide Orientierungen trafen sich, bei allen Differenzen anderer Art, in der (hier »revolutionären«, dort eher sozialpartnerschaftlich-ständischen) Sucht nach der »Staatsautorität«, in der Abneigung gegenüber »liberalen«, d. h. freiheitlichen Politik- und Gesellschaftsvorstellungen. In eben diesem Punkt, wie auch in der Legende von der »gefesselten« Nation, trafen sie sich mit ideologischen Stoßrichtungen des deutschen Faschismus.

Sicherlich waren es nicht die Organisationen oder Parteien der deutschen Arbeiterbewegung, die den Ausschlag dafür gaben, daß der Faschismus an die Macht kam oder die ihm, aktiv und interessiert, zur Macht verhalfen. Da sind andere gesellschaftliche Gruppen und Organisationen in den Blick zu nehmen. Aber diese Feststellung kann nicht bedeuten, Politikmuster der Arbeiterbewegung, die auf ihre Weise und ungewollt zum Erfolg des Faschismus beitrugen, einer kritischen Untersuchung vorzuenthalten.

Helga Grebing

Thesen zur Niederlage der organisierten Arbeiterschaft im Kampf gegen den deutschen Faschismus

1. Einleitung

Die These, die ich vertreten möchte, bezieht sich auf die Diskrepanz zwischen der Ankündigung vieler Vertreter der Arbeiterbewegung spätestens seit den Septemberwahlen 1930, das Schwergewicht der wohlorganisierten und disziplinierten Arbeiterbewegung gegen den deutschen Faschismus in die Waagschale zu werfen, und der von Zeitzeugen und Historikern zu treffenden Feststellung, daß kein Widerstand geleistet worden ist. Die These lautet: Widerstand der Arbeiterbewegung – wenn man darunter Generalstreik und/oder bürgerkriegsähnliche Handlungen versteht – für die Rettung der Republik oder doch wenigstens zur Verhinderung der Machtübergabe an Hitler war gewiß geboten, aber nicht uneingeschränkt zu jedem Zeitpunkt, schon gar nicht mit Aussicht auf Erfolg möglich. Diese Aussage gilt für den 20. Juli 1932 und die Zeit danach, für den 30. Januar 1933 und die Wochen danach bis zur Ausschaltung der Gewerkschaften am 2. Mai 1933. Diese These steht in Widerspruch zu den Auffassungen vieler Zeitzeugen und Historiker, insbesondere derjenigen, die der Arbeiterbewegung heute dabei helfen wollen, sich ihrer Geschichte zu stellen; sie sagen: Widerstand war nicht nur geboten, sondern auch möglich – und sei es zuletzt nur noch durch das Setzen eines »heroischen Signals« mit dem Ergebnis einer »ehrenvollen Niederlage«.

Mein Widerspruch gegen die uneingeschränkte Geltung dieser Auffassung hat seinen Grund in folgenden Feststellungen:

1. Die Ergebnisse lokal- und regionalgeschichtlicher Forschung passen zunehmend nicht mehr in das herrschende Deutungsmuster mit seinem Anspruch auf allgemeine Geltung.

2. Je mehr man sich nicht auf eine in die Geschichte zurückgetragene normative Kritik beschränkt, sondern umfassende Erklärungsleistungen zu erbringen versucht, desto weniger Alternativen fallen einem ein.

3. Einzelzeugnisse und Einzelfälle ergeben noch lange keine Repräsentativität, solange man sie in der Weise bündelt, daß man einfach behauptet, »viele« seien zum Widerstand bereit gewesen

oder sogar »große Teile« der Arbeiterbewegung; auf die gleiche Weise ließe sich das Umgekehrte »beweisen«.

4. Zeitzeugen-Wahrheit ist als subjektive Wahrheit der Betroffenen unanfechtbar; ein Historiker darf sie jedoch nur mit äußerster Zurückhaltung als verallgemeinerungsfähig ansehen und muß versuchen, sich aus der Zeitzeugen-Betroffenheit zu lösen und so viele Perspektiven miteinander zu verknüpfen wie nur möglich. Dies ergibt nicht etwa eine alternative Historiker-Wahrheit, sondern im besten Fall ein vielschichtiges, mehrdimensionales Deutungsangebot.

5. Unter »Widerstand« wird von Historikern der Arbeiterbewegung häufig eine Art abstrakter Lehrbuchdefinition verstanden, die keine Varianten kennt und keinen Bedingungsrahmen hat. Wiederum durch Lokal- und Regionalstudien veranlaßt, erscheint es mir höchste Zeit, jenen gewöhnlichen Heroismus der kleinen Leute aus der Arbeiterbewegung auch als eine Variante des Widerstandes zur Kenntnis zu nehmen und nicht unbeachtet hochmütig als »lähmende Passivität« einzuordnen; höchste Zeit deshalb, um die noch lebenden Zeitzeugen dieses »gewöhnlichen« Widerstandes von der Last ihres vermeintlichen Versagens zu befreien.

Damit ist die Motivation für die nun folgende inhaltliche Ausfüllung der Eingangsthese klargestellt: Es sollen nicht »die Führer« gerechtfertigt werden, es soll nicht den Zeitzeugen ihre subjektive Wahrheit gestohlen werden, schon gar nicht soll konstatiert werden, daß es eben so kommen mußte, wie es kam, sondern: es soll versucht werden, zu erklären und verstehen zu lernen, warum seinerzeit anders gehandelt wurde, als es wünschenswert gewesen wäre.

2. Herbst 1931 bis Juli 1932

1. Die Bedeutung der Arbeitslosigkeit als Folge der Weltwirtschaftskrise für das Verhalten der Arbeiterbewegung am Ende der Weimarer Republik wird immer noch weit unterschätzt. Um sich die reale Lage der Arbeiterschaft unter den Bedingungen der Weltwirtschaftskrise zu vergegenwärtigen, wird man nicht auf quantitative Daten allein zurückgreifen können; aber auch sie könnten über die bekannten Feststellungen über das Ausmaß der Arbeitslosigkeit hinaus erheblich verfeinert werden, wenn man die Einzelgewerkschaften betrachtet und auf die regionale und die lokale Ebene heruntergeht; so wird man feststellen, daß im Baugewerksbund im Januar 1933 90,5% der Mitglieder ohne Arbeit waren, daß in Bremerhaven bei einer sich schon 1927 erhöht bemerkbar machenden Arbeitslosigkeit die Werftindustrie 1932/33

völlig stillag, daß in Braunschweig die Arbeiterbewegung bei einer Arbeitslosenquote von 27% (1932) bereits 1931 fast alle ihre Schlachten verloren hatte.

Fragt man nach den Erfolgsaussichten eines Generalstreiks, so wird man bedenken müssen, daß die freien Gewerkschaften in den für einen solchen Streik unentbehrlichen Bereichen Bahn, Post, Wasser-, Gas- und Elektrizitätswerke, und hier insbesondere bei den Beamten und Angestellten, kaum Einfluß besaßen. Auch wäre eine gewisse Schichtenspezifik bei der Arbeitslosigkeit zu beachten und der hohe Grad der Betroffenheit von Jugendlichen, ledigen Frauen und Angestellten einzuordnen: in diesen Schichten sind offensichtlich erst auf dem Höhepunkt der Krise die überrepräsentativen Optionen für den Nationalsozialismus erfolgt.

Mögen solche Feststellungen ihre unmittelbare Aussagekraft besitzen, sie informieren nur über die Oberfläche der Krisenfolgen. Die kollektivpsychologische Bedeutung des Kriseneinbruchs fördert noch Gravierenderes zutage: Nach zehn Jahren Krieg, Revolution und Inflation begann seit 1924 eine hoffnungsfroh machende Normalität in den Alltag einzuziehen, und auch der Proletarier schien Aussicht auf einen berechenbar werdenden Lebensablauf zu haben. Dieser relativen Normalität folgte nach wenigen Jahren der Absturz in eine Katastrophe, die das Elend frühindustrieller Reservearmeen reproduzierte. Peter Brückner spricht von der Weltwirtschaftskrise als von einer »sozialpathologischen Situation«, in der überlieferte seelische Haltungen zusammenbrachen. Der kürzlich verstorbene Gewerkschaftsführer Wilhelm Gefeller hat uns eine Spur von diesen seelischen Zusammenbrüchen vermittelt, als er über diese Zeit, seine Zeit als seit 1928 Arbeitsloser, berichtete.

Mit diesen unsystematischen Hinweisen will ich folgendes als belegbar andeuten: Die Folgen der Weltwirtschaftskrise haben eine Demoralisierung der Arbeiterschaft hervorgerufen und zu einer Zermürbung der Arbeiterorganisationen geführt, aus der Handlungslähmungen und Führungsverluste am Ende der Republik mit erklärt werden können; sie erklären Lagerwechsel ebenso wie Lagerresistenz. Es gibt inzwischen genügend Hinweise darauf, daß seit 1930 das Hineingeborensein in das »proletarische Lager« oder die gewählte Zugehörigkeit zu ihm nicht automatisch gegenüber dem Nationalsozialismus resistenzfähig gemacht hat; es müßte ja auch erklärt werden, warum bis zu einem Drittel aller Arbeiter für die »herrschende Klasse« und gegen das eigene Lager votiert hat. Auch die Bindung der Arbeiter an ihre alten Organisationen erklärt sich aus der regressiven Situation, die veranlaßte, bewährte Schutzräume zu erhalten und dies, obwohl doch SPD und Gewerkschaften in der Krise eine Politik tolerierten, für die sie eigentlich keine Massenlegitimation hätten erwarten können.

2. Aber nicht allein die Weltwirtschaftskrise, auch die bürgerkriegsartigen Zustände seit 1931 produzierten die Belastungsfaktoren für die Arbeiterbewegung. Erst diese Doppelbelastung von Wirtschaftskrise und Bürgerkrieg bildete den ganzen negativ determinierend sich auswirkenden Handlungsrahmen für die Arbeiterbewegung. In der Tat war nun die Republik nicht mehr viel. Das Angebot, das ihre Verfassung enthalten hatte, aus der liberalen Demokratie einen sozialen Volksstaat machen zu können, war in den wenigen relativ ruhigen Jahren der Republik genutzt worden und hatte in großen Teilen der Arbeiterschaft Identifikationsgefühle mit der Republik gestiftet. Dieser Identifizierungsprozeß war in der sozialdemokratischen Provinz noch dadurch verstärkt worden, daß hier die Republik erstmals die Voraussetzungen für eine diskriminierungsfreie politische Aktivität der Arbeiter geschaffen und deren gesellschaftliche Ächtung wenn nicht aufgehoben, so doch erheblich heruntergeschraubt hatte. Diese positive Identifikation kehrte sich jedoch am Ende der Republik in ihr Gegenteil um: nicht nur wegen des alltäglichen Bürgerkrieges, sondern auch angesichts der Wiederherstellung der arbeiter- und sozialistenfeindlichen Umwelt, die sich politisch in den immer häufiger werdenden bürgerlich-nationalsozialistischen Koalitionen auf kommunaler und Länderebene ausdrückte. So erhielt in der täglichen Anschauung für die Mitglieder der Arbeiterbewegung die neue Republik sehr rasch wieder das Gesicht des alten Klassenstaates. Also blieb der Sozialismus das Ziel?

3. Die Antwort auf diese Frage ist keinesfalls ein eindeutiges »Ja«, weil es »den« Sozialismus nicht mehr gab; der gemeinsame Nenner im fragmentierten, zweigespaltenen sozialistisch-proletarischen Lager war allenfalls noch die oft genug diffuse Vorstellung von der gesellschaftlichen Transformation des Kapitalismus. Aber wohin, wozu sollte diese Transformation führen? Das war schon umstritten und für viele, mitten in der größten Krise des Kapitalismus, nicht mehr unzweideutig vorstellbar, nachdem sich die Erkenntnis durchzusetzen begann, daß die Durchführung des Transformationsprozesses in Rußland die Idee des demokratischen Sozialismus diskreditiert haben könnte. In der Zeit von 1930 bis 1932/33 sind aus den angesprochenen Gründen die fragmentierenden Risse in der deutschen Arbeiterbewegung vertieft worden, und die Spaltung der Arbeiterbewegung in einen sozialistisch-sozialdemokratischen und einen kommunistischen Teil erschien irreparabel. Es gab nunmehr zwei Arbeiterbewegungen marxistischen Ursprungs mit entgegengesetzten Vorstellungen über das Ziel des Sozialismus und über die Wege zu ihm, mit unterschiedlichen Organisations- und Führungsstrukturen und auch unterschiedlichen Mentalitäts- und Milieuausprägungen.

Die SPD war nicht nur gleichzeitig eine halbe Regierungs- und eine halbe Oppositionspartei, gleichgültig, wo sie sich gerade befand: in der Regierung oder in der Opposition. Sie war auch gleichzeitig – programmatisch und sozialstrukturell – immer noch eine Klassenpartei und doch schon auf dem Weg zur Volkspartei. In der Krise befestigte sie sich als eine Partei von Facharbeitern der mittleren und der älteren Generation mit der Tendenz zur Erhaltung selbsterworbener Besitzstände, zur Ausgrenzung der jüngeren radikaleren, sozialistisch gestimmten Generation und zur aggressiven Ablehnung der kommunistisch votierenden Arbeiter als Lumpenproletariat.

Die KPD war ein Doppelwesen geworden: einer dogmatisch sich verengenden, auf die blindwütige Vertretung der Sozialfaschismus-Doktrin fixierten Führungsgruppe und einem Kern vom im Klassenkampf gestählten Betriebsarbeitern stand eine fluktuierende Mitgliedschaft gegenüber, die sich zu einem großen Teil aus jüngeren Erwerbslosen zusammensetzte, die kadermäßig nicht mehr erfaßbar waren und zu extremen Ausschlägen nach rechts und links im gesamtpolitischen Spektrum neigten.

Zwischen SPD und KPD standen mit weitgehend zutreffenden Analysen der Situation und unorthodoxen Handlungsvorstellungen, aber letztlich resonanzlos die Linkssozialisten und die in der Tradition Rosa Luxemburgs stehenden Alt-Kommunisten.

Auch die Gewerkschaften blieben nicht nur fragmentiert, sondern in der Krise begann sich auch noch das historische Bündnis zwischen freien Gewerkschaften und SPD zu lockern. Die Gewerkschaften, die nach der Weigerung der SPD, die gewerkschaftlichen Krisenmilderungsvorschläge in eine handlungsrelevante politische Taktik umzusetzen, ohne Transmissionsriemen ihrer Vorstellungen in die Politik blieben, stiegen nun aus dem Bündnis aus und schlugen einen Kurs der parteipolitischen Neutralisierung ein.

Spaltungen und Fragmentierungen haben dennoch nicht das Potential der gegen den Nationalsozialismus Kampfbereiten in der Arbeiterbewegung dezimieren können. Daß es Kampfbereitschaft gegeben hat, wird niemand bestreiten können. Doch dieses Potential ist nicht mehr exakt quantifizierbar. Es spricht viel dafür, daß es überwiegend aus den jüngeren, ohnehin risikobereiteren Mitgliedern bestanden hat, die uns heute noch als Zeitzeugen zur Verfügung stehen können. Es gibt auch Zeugnisse dafür, die vorerst recht zögernd überliefert werden, daß ganze Betriebsbelegschaften, z. B. die Junkerswerke in Dessau, Betriebe in Augsburg und örtliche Reichsbanner- und Gewerkschaftsführungen z. B. am 20. Juli 1932 nicht nur kein Signal für die Kampfbereitschaft gesetzt, sondern genau das Gegenteil signalisiert haben.

Diese Feststellungen würden mit jenen desillusionierenden Befunden korrespondieren, zu denen der Sozialpsychologe Erich Fromm aufgrund von Befragungen organisierter Arbeiter vor der Krise gelangt ist: nur 15% bildeten aufgrund ihrer Persönlichkeitsstruktur den festen Kern krisenunanfälliger, zu optimalem Einsatz bereiter Anhänger, 25% konnten als verläßliche, aber nicht mehr glühende Anhänger gelten, und die Mehrheit von 60% besaß in ihren Einstellungen Ambivalenzen bzw. Inkonsistenzen, durch die ihre linke Außenseite ins Gegenteil verkehrt werden konnte. Gemessen auch an der in der Krise sich manifestierenden überwiegenden Bindung der organisierten Arbeiter an ihre alten Organisationen und am Wahlverhalten erscheinen Fromms Befunde etwas überdeterminiert, aber sie erlauben doch, hinter die etwaige Behauptung einer durchgängigen Kampfbereitschaft ein Fragezeichen zu setzen. Darüber hinaus wird man unterscheiden müssen zwischen akuter Kampfbereitschaft und langfristiger Kampffähigkeit, wobei aus meiner Sicht unter Kampffähigkeit nicht nur im verengten technischen Sinne die Ausrüstung und Bewaffnung für eine bürgerkriegsartige Auseinandersetzung zu verstehen ist. Kampffähigkeit im weiteren Sinne bedeutete in der damaligen Situation strategisches Können, taktische Gewandtheit und den langen Atem rational kalkulierbaren Standhaltens und eben keine aus einer miserablen Lage sich ergebende emotional explosive Radikalisierung oder Wut auf einen gemessen an der stolzen Arbeiterbewegung doch so elend mediokren Gegner.

Gewichtet man alle diese Momente, so wird man wahrscheinlich schon – ohne bereits mit der Stärke des gegnerischen Lagers zu argumentieren – mit Rudolf Herbig davon sprechen müssen, daß die Annahme eines Generalstreiks bereits am 20. Juli 1932 und erst recht danach »unrealistisch«, »wenig überzeugend« ist. Es fällt bei der Durchmusterung der Situation auf lokaler Ebene auf, daß häufig dieser 20. Juli im bürgerkriegsartigen Alltag für die Betroffenen kein besonderes Datum mehr gewesen ist und kaum jene fast magische Bedeutung gehabt haben kann, wie mancher Zeitzeuge und mancher Historiker es annehmen. So ist und bleibt es rein hypothetisch, den Generalstreik am 20. Juli 1932 als die letzte Chance – ja: wofür? – zu betrachten. Max Diamant sagt: »Um nicht kampflos unterzugehen«, also nicht mehr: die letzte Chance für die Rettung der Republik oder auch nur die Verhinderung der Machtübergabe an Hitler.

Auf diese Version von der »letzten Chance« kann man sich wahrscheinlich einigen: Es bestand am 20. Juli 1932 die letzte und wahrscheinlich beste Chance für eine ehrenvolle Niederlage, die möglicherweise eine die Richtung der geschichtlichen Entwicklung beeinflussende Wirkung gehabt haben könnte.

Bei den Erklärungen, warum diese Chance nicht genutzt wurde, spielen spiegelbildlich einander gegenübergestellt »Führerhörigkeit« der Massen und Massen»verrat« der Führer immer noch eine herausragende Rolle. Meine Erklärung fällt etwas umständlicher aus.

Ich würde von einem Führer-Massen-Mißverständnis mit der Folge einer gegenseitigen handlungshemmenden Blockierung sprechen wollen. Während die Anhänger auf das »Signal von oben« warteten, erhoffte sich die Führung ein »Signal von unten«, nicht weil sie nun ihrerseits massengläubig gewesen oder geworden wäre, sondern um die Verantwortung in dieser schwierigen Situation teilen zu können. Daß die Anhänger auf das Zeichen der Führung warteten, hatte nichts mit einem Mangel an Spontaneität zu tun, allenfalls mit der in vielen Klassenkämpfen eingeübten Disziplin, vor allem aber damit, daß man zwar in den konkreten Erfahrungsräumen vor Ort den geforderten Beitrag glaubte leisten zu können – je schärfer sich die Krisenlage zuspitzte, desto unsicherer wurde man allerdings darin –, aber erwarten konnte, daß die Führung die großen Linien für die umfassende Auseinandersetzung angab. Weder das eine noch das andere Signal wurde gegeben. Die tiefere Begründung dafür war wohl auf beiden Seiten die gleiche: die Unsicherheit darüber, welches noch der Kampfboden sein konnte, und die Befürchtung, angesichts der Stärke der Gegner könnte der selbstgesuchte oder provokatorisch vom Gegner aufgezwungene Kampf als eine negative Probe auf die Existenz der Organisation ausfallen. Der Rest waren dann Durchhalteparolen »von oben« – wider besseres Wissen, die »von unten« als solche akzeptiert wurden – auch wider besseres Wissen.

Die Niederlage der organisierten Arbeiterschaft im Kampf gegen den deutschen Faschismus wird nicht verständlich ohne die soziale und die politische Moral der Arbeiterbewegung. Karl Anders hat dies kürzlich an einer Episode verdeutlichen können: »Einige Tage vor der Novemberwahl 1932 hatten wir Plakate geklebt. Nachher saßen wir in unserer Kneipe, als einer hereinstürzte: ›Die SA klebt, etwa fünf Mann. Sie reißen unsere Plakate runter!‹ Wir stürzten heraus, etwa zwanzig Leute und erwischten einen jungen SA-Mann, die anderen entkamen. Er wurde geschlagen, stürzte zu Boden und einer von uns trat ihm heftig in die Seite. Später, in der Kneipe, wurde der Fußtritt leidenschaftlich diskutiert und verurteilt. Auf dem Heimweg sagte der Genosse, der mich begleitete: ›Seit heute weiß ich, wir werden nicht gewinnen.‹« Anders kommentiert diese Haltung: »Wir waren und blieben Aufklärer.« Das hieß: entsprechend den Traditionen der Arbeiterbewegung keine Gewalt anzuwenden und sich auch nicht in die von den eigenen Prinzipien her gesehen unwürdige Lage zu bringen, sich mit

Gewalt die Mittel des Gegners – Terror, lügnerische Propaganda und ideologische Manipulation – zum Kampf gegen ihn aufdrängen zu lassen. Ähnlich verhielt es sich mit dem in diesem Zusammenhang viel kritisierten Festhalten am Prinzip der Legalität: seine Durchsetzung gegenüber dem Gewaltmonopol des Staates, die friedliche Organisierung und Demonstration, also die Wahrnehmung des Rechtes auf die Straße, die Arbeitsverweigerung, dies alles hatte die Arbeiterbewegung im Kaiserreich großgemacht. Eine solche Erfahrung war nicht so leicht, so schnell, so gründlich, wie es die Krisensituation erfordert hätte, abzustreifen nach mehr als 40 Jahren Tätigkeit unter legalen Bedingungen und unter Anwendung dieses Prinzips der Legalität.

Ansätze zur kritischen Reflexion dieser beiden dominanten sozialmoralischen Grundwerte gab es wohl, aber zu ihrer Revision war die Zeit zu knapp und zu hektisch und die Menschen psychisch zu belastet, um eingeübtes und verinnerlichtes Verhalten grundumstürzend verändern zu können. Es muß aber auch erlaubt sein, die Frage zu stellen, ob es überhaupt wünschenswert gewesen wäre, diese Grundsätze der Gewaltlosigkeit und Legalität auch nur zeitweise aufzugeben – ja, wenn man gewiß hätte sein können, daß die Millionen Opfer des Nationalsozialismus damit hätten verhindert werden können! Die sozialmoralischen Grundwerte der Arbeiterbewegung machten diese zu einem ungleichen und benachteiligten Gegner des Nationalsozialismus. Aber daß humane Prinzipien und auf ihnen ruhende soziale Bewegungen in bestimmten historischen Lagen nicht erfolgreich sein können, macht sie nicht zu falschen Prinzipien.

In diesem Zusammenhang sei nur angemerkt, daß über die Niederlage der Arbeiterbewegung noch viel zu binnenbezogen diskutiert wird. Es wird weder die Kampfkraft und die Kampffähigkeit der anderen Seite ausreichend in die Argumentation einbezogen – und diese nahm zu, je stärker die der Arbeiterbewegung abnahm; noch wird analysiert, ob und wie lange als republikanisch reklamierte Institutionen und Organisationen noch als solche zu betrachten waren oder doch – wie die preußische Regierung schon vor dem 20. Juli – kein demokratisches Bollwerk mehr sein konnten. Es wird aber auch in einer Art autistischer Selbstbeschränkung nicht hart genug die Verantwortung der bürgerlich-konservativen Einheitsfront für die Machtübergabe an Hitler diskutiert, ja zugelassen, daß neokonservative Kreise heute die Schuld am Untergang der Weimarer Republik jenen geben, die schließlich als die einzige republikanische Kraft dagestanden haben: die SPD und – teilweise bloß noch – die freien Gewerkschaften.

An diesem Punkt angekommen, wird die Frage unabweisbar, ob nicht doch der Versuch einer antifaschistischen Einheitsfront zwischen den feindlichen Geschwistern um fast jeden Preis hätte gemacht werden müssen. Die antifaschistische Einheitsfront ließ sich seit spätestens Herbst 1931, folgt man den Untersuchungsergebnissen von Hermann Weber, nicht mehr realisieren. Die KPD-Führung hat bis zuletzt immer nur die »Einheitsfront von unten« den Mitgliedern von SPD und Gewerkschaften angeboten. Die SPD-Führung, obwohl in bestimmten Situationen dem rationalen Kalkül der Notwendigkeit einer Einheitsfront sich nicht entziehend, hat in dieser Haltung der KPD ein billiges Alibi dafür finden können, ihre Bemühungen nicht weiter verfolgen zu müssen. Vor Ort gab es häufig Zusammenarbeit zwischen Sozialdemokraten und Kommunisten. Sie war moralisch wichtig, strategisch aber unbedeutend. In Abweichung des bisher Überlieferten hat zu dieser Zusammenarbeit öfter, als bisher vermutet, die SPD den ersten Schritt getan, sogar die kommunistenfürchtigen Gewerkschaften übersprangen gelegentlich ihren Schatten (so in Kassel). Meist schwieg sich dann die KPD aus oder sagte nach einer Intervention von oben wieder ab. Gerade weil die Einheitsfront immer noch retrospektiv als eine Art Rettungsanker diskutiert wird, muß die Frage gestellt werden, wie denn eigentlich konkret, handfest eine solche Einheitsfront hätte aussehen können, welche Handlungsmuster sie hätte haben können, welche neuen Aussichten für eine erhöhte Kampffähigkeit der Arbeiterbewegung sie eigentlich geboten hätte, wo wir doch z. B. wissen, daß Ende 1932 nur 11% der KPD-Mitglieder Betriebsarbeiter, 10% gleichzeitig Mitglieder einer ADGB-Gewerkschaft waren und nach KPD-eigenen Angaben die Fluktuation im Jahre 1932 54% betrug.

3. Juli 1932 bis Mai 1933

1. Überwiegend wird unter Zeitzeugen und Historikern davon ausgegangen, daß nach dem Verzicht auf die Ausrufung des Generalstreiks am 20. Juli 1932 die Arbeiterschaft – organisiert oder nicht organisiert – vollkommen gelähmt gewesen sei, sich mehr oder weniger selbst zur Passivität verdammt habe. Eine solche Interpretation hängt mit dem herausgehobenen Stellenwert zusammen, den man dem 20. Juli 1932 beimißt. Meines Erachtens gab es nach diesem Datum keine abstumpfende Resignation, keine totale Handlungslähmung und auch keine Flucht vor Hitler, keine Scheinaktivität und keinen Scheinradikalismus. Es gab vielmehr ein tägliches, alltägliches Widerstehen gegen den sich beschleunigenden Prozeß der Auflösung der Republik und der Zerstörung der Arbeiterbewegung. Es war gewiß kein heroischer Widerstand nach großen historischen Vorbildern, aber eine achtunggebietende Lei-

stung, was nach dem 30. Januar 1933 unter den sich massiv häufenden Zeichen erbarmungslosen Terrors an Nicht-Anpassung aufgebracht worden ist.

Man tut gewiß gut daran, daraus keine neue Legende der massenhaften Opposition zu formen, aus den Massen war offenbar kein Funken mehr zu schlagen. Vom September bis November 1932 gab es zwar im Anschluß an die Papensche Lohnabbau-Notverordnung zahlreiche kleinere Streiks, meist von den Kommunisten initiiert, aber mit einer äußerst geringen Zahl von Beteiligten, vor allem in kleinen und mittleren Betrieben, nie lokal oder regional generalstreikförmig sich ausweitend oder mit Branchenschwerpunkten. Die Kommunistische Internationale zählte 655 Streiks, hunderttausend Beteiligte bei 6,8 Millionen beschäftigten Industriearbeitern. Nirgendwo schlugen diese Streiks in eine situationsgemäße politische Qualität um.

Wenn hier von »Widerstehen« – im Unterschied zum »Widerstand« im Sinne größerer umfassender Aktionen – geredet und damit »Anpassung« oder gar »Flucht« als die überwiegende Haltung als nicht treffend bezeichnet wird, so heißt das konkret: ein Widerstehen in den Formen, die man noch beherrschte, immer beherrscht hatte. Man zeigte täglich die eigene Flagge, wörtlich und übertragen durch die Präsenz auf der Straße, man führte, solange dies noch möglich war, Massenkundgebungen mit Spitzenrednern in der Provinz durch, man konzentrierte sich auf die Abwehr von Überfällen der SA, man nahm das Recht auf die Mitwirkung in den gerade noch bestehenden demokratischen Institutionen wahr, man versuchte, die Organisation zusammenzuhalten, man verteilte Flugblätter ... »Mehr ist nicht mehr geschehen«, sagt bescheiden Josef Felder für die Zeit nach dem Ermächtigungsgesetz: Es war viel unter den Bedingungen der zunehmenden Illegalisierung, unter persönlichen Morddrohungen, nach den ersten Verhaftungen und Folterungen und wissend, daß nunmehr Gewalt und Terror in ungekannter Maßlosigkeit ausbrechen würden. Wer dieses Widerstehen nach wie vor für Scheinaktivität hält, sollte sich erst einmal prüfen, ob er nicht zu denen gehört, die alles für möglich halten, solange sie nichts tun müssen.

Ebensowenig treffend scheint es mir zu sein, von verbalem Scheinradikalismus zu sprechen, wo man auf eine unverwechselbare Mischung aus Hoffnung, Selbstmutmachen (wer konnte schon wissen, ob er ein Held sein würde) und Resignation trifft: z. B. jener Aufruf von Otto Wels am 7. Februar 1932 vor 200 000 Teilnehmern im Berliner Lustgarten: »Berlin bleibt rot.« Natürlich hatte diese verbale Radikalität eine Entlastungsfunktion in einer unerträglich gespannten Situation und war gesteuert von dem Bedürfnis, Hoffnungen, für viele bereits Überlebenshoffnungen, aufrechtzuerhalten gegen alle Aussichtslosigkeit. Natürlich gab es auch Angst, Angst vor Verletzungen physischer und psychischer Art. Die Unempfindlichkeit ihnen gegenüber mußte erst im Widerstand eingeübt werden. Und natürlich gab es auch ein »Sich in die Kurve legen« aus Sorge um den Verlust des so mühsam Errungenen, der Stellung, des vom Munde abgesparten Eigentums, was manchmal schon ein Häuschen war. Natürlich hat diese Besitzstandswahrungsmentalität auch entsensibilisiert gegenüber den Gefahren, die vom Nationalsozialismus drohten.

Es zerrt an unseren Nerven, warum dennoch von der Arbeiterbewegung kein letztes heroisches Signal gesetzt worden ist wie in Österreich. Da ich an anderer Stelle ausführlich darauf eingegangen bin, will ich hier nur feststellen: ein heroisches Signal hätte die deutsche Arbeiterbewegung noch unverwechselbarer gemacht mit dem deutschen Bürgertum, als es ohnehin durch das Nein zum Ermächtigungsgesetz belegbar ist. Aber vielleicht darf man auch die Erwägung nicht unterdrücken, ob nicht ein aussichtsloser Widerstand nach dem 30. Januar 1933 den Nationalsozialisten einen willkommenen Vorwand für die Legitimierung ihrer scheinlegalen, in Wirklichkeit terroristischen Machtbefestigungspolitik gegeben hätte. Mit diesem heroischen Signal wäre unter diesen Umständen nichts von dem verhindert worden, was folgte. Man sagt so leicht dahin, dann hätte die deutsche Arbeiterbewegung nach 1945 einen besseren Anfang haben können, ohne Verdrängungen und traumatische Verletzungen, aber vielleicht wäre sie auch mit einer verkehrten Dolchstoßlegende konfrontiert worden, mit der, andere angeblich daran gehindert zu haben, das Schlimmste zu verhüten.

Es zerrt noch mehr an unseren Nerven, daß auch über Anpassung, Anbiederung und Mitlaufen nicht geschwiegen werden kann, wenn von der Niederlage der deutschen Arbeiterbewegung im Kampf gegen den Nationalsozialismus die Rede ist. Wir wissen, daß für die Gewerkschaftsspitze die oberste Priorität die Erhaltung der Organisationen war und warum diese Priorität zu einer Entfremdung zwischen den klassischen Bündnispartnern SPD und freie Gewerkschaften veranlaßte. Doch wird die professionelle Erklärungsbereitschaft eines Historikers auf eine harte Probe gestellt, wenn er auf befremdende Legitimationsbemühungen für die Abwendung von bisher dominanten Orientierungsmustern stößt: auf kriegssozialistische Reminiszenzen, auf korporativistische Vorstellungshorizonte aus der Zeit der ZAG, auf Hinweise auf den Ständestaat der italienischen Faschisten. Gleichzeitig auch diesen Berufungen scheint die Neigung zu autoritären Lösungen mit der Krise gewachsen zu sein. Die illusionäre Hoffnung, die Organisationen unter dem neuen Staatsregime funktionsfähig zu erhalten und damit auch die bereits verfolgten oder von der Verfolgung bedrohten Mitglieder schützen zu können, hat schließlich eine Anpassungspolitik motiviert, die jene schon angesprochene legendäre Unverwechselbarkeit der Arbeiterbewegung mit dem Bürgertum jedenfalls nicht mehr generell gültig sein läßt.

Dabei wird man nachvollziehen können, daß die Intensität illusionärer Hoffnungen bereits vorhandene klare Erkenntnisse über den Charakter des zu erwartenden Terrorregimes wieder verblassen ließ. Auch in der Sozialdemokratie im Wartestand bis zum Verbot der Partei gab es Hinweise auf solche Vorgänge. Aber, daß es auch und nicht wenige Zeichen für Kapitulation gegeben hat, ist kaum noch erklärbar. Es war ja nicht die ADGB-Führung in Berlin allein, die den Anpassungskurs eingeschlagen hat. Einzelverbände wie der Fabrikarbeiterverband in Hannover zeigten Entgegenkommen, und was wir bisher aus der noch äußerst lückenhaften Lokalgeschichte wissen, wird hoffentlich nicht die Spitze eines Eisberges sein, der ein manchen Führungen spiegelbildliches Verhalten ihrer Anhänger zeigt: z. B. in Kassel die Eisenbahner, in Hamburg sogar AfA-Leute, dann wieder in Bremerhaven Funktionäre vom Metallarbeiterverband, Kollegen vom Arbeitsamt, von der Ortskrankenkasse oder den Konsumvereinen, die »schlappgemacht« haben. Man versteht, daß in dieser deprimierenden Situation Freitod kein Einzelfall blieb. Mit solchen Feststellungen konfrontiert, erscheint es mir dennoch wenig Sinn zu ergeben, Schuldvorwürfe zu erheben. Es ist vielmehr unsere Aufgabe zu erklären, wodurch Menschen derart demoralisiert werden können, daß über Generationen gewachsene Verhaltensmuster wie Kartenhäuser zusammenbrechen und moralische Werte ins Schleudern kommen konnten, die als unaufgebbar galten.

4. Schluß

Zum Schluß wird noch zu erklären sein, ob es denn für die Republik überhaupt keine Chance mehr gegeben hat und für die Arbeiterbewegung keine Aussicht auf eine erfolgreiche Bekämpfung des Nationalsozialismus? Eine solche Frage verweist in das Jahr 1931 zurück. Arno Klönne hat den Anstoß zu ihrer Beantwortung gegeben: Erst das verbissene Durchhalten der Tolerierungspolitik durch die SPD, erst die Zerstörung des fragilen Konsenses zwischen Mehrheit und oppositioneller Minderheit in der SPD, erst die Entfremdung von SPD und freien Gewerkschaften über die Krisenbewältigungspolitik, erst das Verschütten der letzten Möglichkeit einer Einheitsfront von den Kommunisten bis zu den christlich-katholischen Demokraten hat die letzten konzeptionellen Handlungsmöglichkeiten für die Arbeiterbewegung in der umfassenden Staats- und Gesellschaftskrise nach 1930 zerstört. Der Wendepunkt lag möglicherweise im Sommer/Herbst 1931, als vielleicht noch bedeutende Teile der deutschen Unternehmer keine Krisenlösung durch eine autoritäre Staatsordnung und den Preis der Machtübergabe an Hitler wollten, als noch eine respektable demokratische Presse vorhanden war und bedeutende Intellektuelle, Künstler und Wissenschaftler für diese Einheitsfront engagierbar gewesen wären. Das letzte Wort im Konjunktiv? Auch der analysierende Historiker kann nicht ohne Hoffnung leben.

Henryk Skrzypczak
Bericht der Arbeitsgruppe 1*

Unter der Leitung von *Hans Mommsen* versuchte die Arbeitsgruppe mit den Podiumsreferaten und zahlreichen Diskussionsbeiträgen aus dem Plenum, den Fragenkomplex »Ursachen der Niederlage der deutschen Arbeiterbewegung am Ende der Weimarer Republik« und die damit verknüpften Problemzusammenhänge aufzuschlüsseln und zu analysieren.

Es bestand Übereinstimmung darüber, daß in dem Versagen und/oder den strategischen Fehlern der demokratischen Gewerkschaftsbewegung keinesfalls eine wesentliche Ursache für die Zerschlagung der parlamentarischen Demokratie und der schließlichen Etablierung der faschistischen Diktatur zu sehen ist, wie dies von konservativer Seite immer wieder in die wissenschaftliche und politische Diskussion gebracht wird. Ferner bestand Einigkeit darüber, daß eine Antwort auf die Frage nach der Niederlage der gewerkschaftlichen und politischen Arbeiterbewegung in Deutschland nicht eindimensional ausfallen dürfe, sondern in einem Ursachenbündel zu suchen sei, das die gesamte Entwicklung der Weimarer Republik in den Blick rückt. Dieses Ursachenbündel gelte es weiter aufzuschlüsseln.

In den drei einleitenden Statements von *Heinrich Potthoff, Helga Grebing* und *Arno Klönne* wurden unterschiedliche Aspekte des Themenkomplexes angesteuert und aufgefächert.

Heinrich Potthoff ordnete die schließliche Schwäche der Gewerkschaftsbewegung in den sozialen, ökonomischen und politischen Entwicklungsverlauf der Weimarer Republik ein. Er lenkte den Blick dabei vor allem auf die Bedingungen und Folgen der organisatorischen Spaltung der Gewerkschaften und die komplizierten Handlungsbedingungen in einem krisenhaft sich vollziehenden wirtschaftlichen Prozeß. Nur die kurze Phase nach 1924 – zwischen Inflation und Weltwirtschaftskrise – hatte eine relative materielle Absicherung der Arbeiter erbracht. *Potthoff* verwies auf die eigene Dynamik der Rolle des Staates bei der Gestaltung der wirtschaftlichen und sozialen Beziehungen zwischen Unternehmertum und Gewerkschaften und stellte fest, daß in keiner Phase auch nur annähernd eine Parität der Klassenkräfte bestanden habe.

In bezug auf das Kampfmittel des Generalstreiks verdeutlichte *Potthoff* am Beispiel des Generalstreiks zur Abwehr des Kapp-Putsches, daß seine langfristigen Wirkungen, trotz kurzfristiger Erfolge, eher zur Destabilisierung des politischen und ökonomischen Systems der Weimarer Republik beigetragen hätten. Er machte dies an der Polarisierung der politischen Potentiale fest, an der danach einsetzenden Unternehmerkampagne gegen den vermeintlichen Gewerkschaftsstaat und an den langfristig nachwirkenden Ängsten in der Arbeiterschaft vor einem blutigen Bürgerkrieg. Dies alles zusammen bedingte in der Endphase der Republik 1932/33 unter nun geänderten ökonomischen Vorzeichen und angesichts der sich weiter vertiefenden Spaltung der politischen und gewerkschaftlichen Arbeiterbewegung, daß ein Generalstreik wohl kaum ernsthaft als praktische Handlungsalternative zur Anpassungspolitik in Erwägung gezogen wurde.

Helga Grebing betonte in ihren Thesen besonders die demoralisierenden Folgen von Krise und Arbeitslosigkeit für das Verhalten der Arbeiterbewegung auf der einen Seite und der Arbeiter auf der anderen Seite. Sie stellte fest, daß den Folgen der Krise in ihren quantitativen und qualitativen Aspekten und in ihrer Bedeutung für die Handlungslähmungen der Arbeiterschaft sowie den Führungsverlusten der organisierten Arbeiterbewegung noch zu wenig Aufmerksamkeit gewidmet worden sei.

Als Rahmenbedingungen für die Handlungslähmung und die blockierenden Faktoren in der Endphase der Weimarer Republik stellte sie neben die Weltwirtschaftskrise und die Bürgerkriegssituation die sich lösende Identifikation der Arbeiterschaft mit dem politischen und sozialen System der Weimarer Republik, die am Ende wieder das Gesicht des alten Klassenstaates gezeigt habe.

Den Spaltungs- und Fraktionierungsprozessen am Ende der Weimarer Republik maß *Helga Grebing* eine besondere Bedeutung zu: Die sich vertiefenden Spaltungstendenzen zwischen dem sozialistisch-sozialdemokratischen und dem kommunistischen Teil der Arbeiterbewegung hätten einer Einheitsfront im Wege gestanden und überdies habe sich das Handlungsbündnis zwischen freien Gewerkschaften und SPD allmählich aufgelöst. Dies habe die Gewerkschaften schließlich auf einen Kurs der parteipolitischen Neutralität geführt und sie dazu veranlaßt, das Wagnis einer Kooperation mit der Exekutive einzugehen.

Bezüglich der Möglichkeit eines Generalstreiks beim Preußenschlag oder in den Januartagen 1933 zur Abwendung des Faschismus, der aus bisheriger Sicht entweder an der Führerlosigkeit der Massen oder am Verrat der Massen durch die Führung scheiterte, schlug *Helga Grebing* vor, von einer gegenseitigen handlungshemmenden Blockierung zu sprechen. Die Führungen seien von ihrem traditionellen Legalismus, ihrer Staatsfixierung und ihrer Skepsis gegenüber Massenmobilisierung geprägt gewesen. Bei den Massen, die wohl nicht minder skeptisch gegenüber den Erfolgsaussichten eines Generalstreiks gewesen seien, hätte ein aktiv widerständiges Verhalten immerhin die Bereitschaft zur Gewalt und zur Gefährdung des eigenen Lebens zur Voraussetzung gehabt.

Resümierend stellte *Helga Grebing* fest, die Niederlage der deutschen Arbeiterbewegung werde noch zu binnenbezogen diskutiert. Die Niederlage sei aber ohne die Einbeziehung der massenwirksamen Strategie des nationalsozialistisch-konservativen Blocks nicht schlüssig zu erklären. Auf der anderen Seite gehe es darum, das tatsächliche Aktionspotential zur Abwehr des Faschismus innerhalb der Arbeiterschaft weiter zu erhellen. Lokalstudien zeigten schon heute, daß von Lähmungen und Resignation *allein* nicht gesprochen werden könne.

Arno Klönne beschäftigte sich in seinem Beitrag hauptsächlich mit den Politik- und Deutungsmustern innerhalb des sozialdemokratisch und kommunistisch beeinflußten Teils der Arbeiterbewegung und den ihnen zugrundeliegenden theoretischen und ideologischen Auffassungen. Er machte einleitend darauf aufmerksam, daß ein gewichtiger Faktor der Niederlage gegenüber dem Faschismus auch in der mangelnden Attraktivität der Arbeiterbewegung für die durch den sozialökonomischen Prozeß mobilisierten und durch die Krise politisierten Teile der Angestellten-Schichten zu suchen sei.

Zu den ideologischen und strategischen Grundmustern der Politik der Arbeiter- und Gewerkschaftsbewegung in der Weimarer Republik stellte Klönne die These auf, daß die kommunistische, die sozialdemokratische und auch die gewerkschaftliche Seite auf je unterschiedliche Weise ideologische Schnittmengen mit der faschistischen Ideologie produziert habe, und damit zur mangelnden Resistenz gegenüber dem Nationalsozialismus beigetragen hätten.

Anhand der KPD-Politik mit ihrem Grundkonzept eines Sowjet-Deutschlands qua Revolution verdeutlichte er die prinzipielle Ablehnung des bürgerlich-demokratischen Systems. Das habe einerseits ein Bündnis mit der SPD verhindert und andererseits der antibolschewistischen Kampagne des nationalsozialistisch-konservativen Blocks Vorschub geleistet. Mit ihrem Programm zur »sozialen und nationalen Befreiung« habe die KPD schließlich, wenn auch taktisch bedingt, den Anti-Versailles-Komplex verstärkt.

Die SPD und mehr noch der freigewerkschaftliche und christliche Teil der Arbeiterbewegung hätten, so Klönnes Analyse, gleichermaßen zur ideologischen Wehrlosigkeit gegenüber Teilen der NS-Ideologie beigetragen. Im Unterschied zur KPD habe man nationalkorporatistische verbändestaatliche Modelle entwickelt und der Verbreitung volksgemeinschaftlicher Ideologiemuster Vorschub geleistet. Dies sei als ein Grund dafür anzusehen, daß die Gewerkschaften schließlich der autoritären Lösung der Krise keine wirksame Alternative entgegenzusetzen hatten. Bei dieser Fehleranalyse der Politik der Arbeiterbewegung könne es allerdings nicht darum gehen, den Anteil des nationalsozialistischen und bürgerlich-konservativen Blocks an der Zerschlagung der parlamentarischen Demokratie zu verkleinern. Es komme darauf an, mit einem kritischen Blick die Frage nach den strategischen und taktischen Handlungsbedingungen der Arbeiterbewegung am Ende der Weimarer Republik schärfer zu stellen.

Die anschließende Diskussion mit ihren zahlreichen Beiträgen aus dem Plenum erbrachte Vertiefungen in einzelnen Aspekten, neue Fragestellungen, eine Reihe neuer Blickwinkel, sowie eine Vielzahl von interessanten Anregungen und Fragen zum diskutierten Problemkomplex.

Henry Skrzypczak vertiefte noch einmal die Frage nach den Abwehrkräften im gewerkschaftlichen Lager und stellte fest, im Spannungsfeld zwischen RGO, unionistischen, syndikalistischen, freien und christlichen Gewerkschaften habe es wohl kaum die realistische Chance gegeben, das Kampffeld Straße erfolgreich zu erobern und zu verteidigen.

Henryk Skrzypczak warnte davor, der organisatorischen Zerklüftung in konkurrierende Gewerkschaftslager für die Endphase von Weimar ein überhöhtes Gewicht beizumessen. So negativ sich diese Zerrissenheit ausgewirkt habe, sei sie doch kein aktionsentscheidender Faktor gewesen. Zu den schichtenspezifischen Schwachstellen der Abwehrfront hätten auch die Beamten gehört, und zwar einschließlich der freigewerkschaftlich organisierten. Der Scheu vor außerparlamentarischen Massenaktionen habe bei den Führungsspitzen teils die Gefahr einer radikalen Überflügelung zugrunde gelegen, in der Hauptsache jedoch der Aspekt machtpolitischer Unterlegenheit. Die Beurteilung des Nationalsozialismus als eines instabilen Krisenphänomens ohne jede Perspektive von längerer Dauer wirkte ebenfalls dem Gedanken an die Auslösung von Verzweiflungskämpfen entgegen. Werde nach Inkongruenzen zwischen Weimar und Bonn gefragt, dann empfählen sich die Problemkreise Staatsverschuldung und inflationistische Konzepte als diskussionswürdige Themen.

Klaus Schönhoven stellte auch im Ergebnis der Podiumsreferate einen Perspektivenwechsel der Forschung und Fragestellungen fest, die sich allmählich von der Betrachtung der Endphase der

Republik wegbewegten, hin zu einer Sichtweise, die den gesamten Entwicklungsverlauf der Weimarer Republik mit ihren sozialen, politischen und ökonomischen Determinanten berücksichtigt. Dadurch kämen die längerfristigen Entwicklungstrends in den Blick, etwa die Grundlagen für die Handlungsblockierung zwischen Basis und Führung, die Fragen der Sozialismuskonzeption, die Rolle der partnerschaftlichen Modelle des nationalen Ausgleichs, sowie die Handlungshemmung auf seiten der Massen durch die soziale Not und die lebensperspektivische Ziellosigkeit.

Volker Bahl erweiterte die Argumentation Arno Klönnes insofern, als er feststellte, daß erst mit der vertiefenden Sicht auf die ideologische Bedingtheit der Politikkonzeptionen die wesentlichen Unterscheidungspunkte zur aktuellen Situation in der Bundesrepublik auszumachen seien. Er verwies jedoch darauf, daß von konservativer Seite zur Krisenlösung ähnliche Lösungsmuster vorgeschlagen würden wie in der Weimarer Republik, nämlich: die Entstaatlichung der Arbeitsmärkte, die Entkoppelung von SPD und Gewerkschaften und nicht zuletzt die Angriffe auf den Sozialstaat insgesamt.

Hinrich Oetjen verdeutlichte die Tendenz zur Überschätzung der eigenen Kraft seitens Gewerkschaften und der Arbeiterparteien, den Mythos der Macht, die jedoch vielfach nicht als Kampffähigkeit, sondern als Anpassungsfähigkeit definiert sei. Er lenkte dabei den Blick auf einen Topos der Arbeiterbewegung, die im Zusammenbruch der alten Klassengesellschaft immer auch die Möglichkeit gesehen habe, sie zu beerben. Vielleicht habe sie auch deshalb konstruktive Lösungsmöglichkeiten aus dem Blick verloren. Er machte deutlich, daß es den Gewerkschaften an einem analytischen und praktischen Krisenbegriff sowie an therapeutischer Kompetenz gemangelt habe. Seit Beginn des Jahrhunderts seien die Gewerkschaften eher »Schön-Wetter-Organisationen« gewesen, die bei guter Konjunktur zwar Erfolge erreicht hatten, aber in ökonomischen Krisenlagen fast notwendig Schiffbruch erleiden mußten. Er verwies auch auf das fehlende Verhältnis der Gewerkschaften zu den Arbeitslosenbewegungen und machte darauf aufmerksam, daß hier ein aktueller Bezug sich aufdränge.

Max Faulhaber, ein Veteran aus der Mannheimer Arbeiterbewegung, erläuterte anhand seiner eigenen Erinnerungen, daß in seiner Heimat schon Anfang 1932 Arbeitslosen-Ausschüsse existiert hätten. Es sei eine Versammlung mit 21 Organisationen aus dem Spektrum der Arbeiterbewegung zustande gekommen, die schließlich eine große antifaschistische Demonstration auf die Beine gebracht habe, an der auch die Belegschaften der Großbetriebe des Raumes teilgenommen hätten. Er verdeutlichte an diesem lokalen Beispiel die Lücken in der Forschung: Aus der engen Sicht der

Vorstandsprotokolle sei das breite antifaschistische Potential innerhalb der Arbeiterbewegung nicht sichtbar zu machen. Eine Verlängerung der Politikkonzepte der Führung in die Köpfe der Basis reiche als Analyse nicht aus. Er selbst zum Beispiel sei KPD-Mitglied gewesen, habe aber die RGO-Politik nicht mitgemacht und das Wort »Sozialfaschismus« nicht in den Mund genommen. Er regte an, die Politik der Arbeiterparteien auch in ihrer regionalen Differenziertheit zu untersuchen.

Hans Mommsen und *Helga Grebing* unterstrichen mit Belegen aus Lokalstudien, daß in vielen Teilen des Reiches Massenaktionen, die vom Potential her durchaus den nationalsozialistischen ebenbürtig waren, stattgefunden haben; sie hätten aber keine strategische Bedeutung erlangen können, weil Ansätze einheitlicher Aktionen über den regionalen Bereich hinaus von den Parteispitzen abgeblockt worden seien.

Peter Daschner meinte, daß das Bild einer zermürbten und resignativen Arbeiterschaft allein als Erklärungsmodell nicht ausreiche. Es habe eine Reihe von Streiks und Massenaktionen gegeben, nicht nur den vielzitierten BVG-Streik in Berlin, und es sei dringend notwendig, die Potentiale dieser Bewegungen zu untersuchen. Er warf anschließend die Frage nach der Tragfähigkeit der Bemühungen Schleichers um die sogenannte Verbände-Achse als Alternative zur Zerschlagung des parlamentarischen Systems auf.

Hans Mommsen erläuterte, daß das Schleichersche Konzept Elemente kriegswirtschaftlicher Mittel enthielt. Politisch sei es als ein korporatistisches Modell unter Ausschaltung von Parteien und Parlament einzustufen, es hätte damit die Preisgabe von Essentials der demokratischen Arbeiterbewegung zur Voraussetzung gehabt. Mit seinen Plänen habe Schleicher Hitler gewinnen wollen und nicht den ADGB. Bei der Bewertung von Schleichers Aktivitäten sei nicht zu vergessen, daß in dieser Phase kaum noch breite Kräfte des liberalen und konservativen Lagers auszumachen gewesen seien, die eine Möglichkeit zur Rückkehr und zur Erhaltung des parlamentarischen Systems geboten hätten. Er persönlich sei gegenüber der Realisierbarkeit dieser Variante äußerst skeptisch.

Willi Ginghold, ein Veteran der Gewerkschaftsbewegung aus Hamburg, erläuterte anhand seiner Erfahrungen, warum auch er als 18jähriger die Politik der Arbeiterbewegung am Ende der Weimarer Republik als Verrat empfunden habe. Aus heutiger Sicht der Forschung, aber auch aus eigener Distanz und aufgrund eines differenzierten Blicks auf das Ursachenbündel, sei er nun der Meinung, daß man von Unzulänglichkeiten, Fehleinschätzungen und mangelnder Zivilcourage anstatt von Verrat sprechen müsse. Heute sehe auch er deutlicher die Unterschiede zwischen den Gewerkschaften in der Weimarer Republik und der Bundesrepublik. Er unterstrich mit einer Vielzahl von Beispielen, daß Bonn eben nicht Weimar sei, und warnte vor vorschnellen Aktualisierungen.

Gerd Botterweck kritisierte, daß ausschließlich staatspolitische und organisationspolitische Bedingungen in die Diskussion eingegangen, sozial-psychologische dagegen vernachlässigt worden seien. Er warf die Frage nach den emanzipatorischen Inhalten und Potenzen der Arbeiterbewegung in dieser Phase auf, z. B. nach dem Verhältnis der Arbeiterbewegung zum Pazifismus, zum Antisemitismus, zum Fremdenhaß im allgemeinen, zur damaligen Frauenbewegung, zu den Intellektuellen, zur Jugendfrage und damit nach den Erziehungskonzeptionen der Arbeiterbewegung zwischen emanzipatorischen und autoritären Inhalten. Er stellte die These auf, daß aufgrund von Defiziten in diesen Bereichen die Möglichkeit bestanden habe, daß bestimmte Themen und Bedürfnisstrukturen von der NS-Ideologie negativ besetzt wurden.

Siegfried Bahne erläuterte die Hintergründe der KPD-Politik in dieser Phase. Er hob hervor, daß es sich bei der KPD um eine Sektion der Internationale gehandelt habe, die in ihrer Politikformulierung und Politikkonzeption keineswegs unabhängig gewesen sei. Er erläuterte schließlich das »Programm zur nationalen und sozialen Befreiung« von 1930, das die programmatische Antwort auf den Nationalsozialismus darstellen sollte. Dieses Programm habe die Parteizentrale der KPD selbst als unzulänglich eingeschätzt, jedoch erst 1933/34 in der Illegalität ausdifferenziert, so daß es keinen propagandistischen Nutzen nach sich zog.

Arno Klönne griff mit dem Hinweis in die Diskussion ein, daß nicht nur in der KPD die offizielle Politikformulierung zu einem Teil an den Mitgliedermassen vorbei geführt worden sei. Er stellte fest, daß sich die Auseinandersetzungen um die Politikformulierung in den Arbeiterparteien nach einem organisatorischen Strukturmuster vollzogen hätten, das von der Organisationsdisziplin geprägt worden sei. Abweichende Meinungen seien als Disziplinverstoß angesehen und organisatorisch durch Ausschlußverfahren behandelt worden, wie dies im Fall der KPO und der SAP deutlich zu machen sei. Die vielzitierte organisatorische Stärke der deutschen Arbeiterbewegung könne aus diesem Blickwinkel in dieser Phase auch als eine spezifische Schwäche der Arbeiterbewegung angesehen werden. Klönne betonte, daß seine Fragestellung nach den ideologischen Schnittflächen keinesfalls totalitarismustheoretisch zu deuten sei, es ginge vielmehr darum, von einem kritischen Standpunkt die strategischen Fehler der Arbeiterbewegung zu durchleuchten.

Hans-Gerd Schumann kritisierte aus anderer Sicht ebenfalls, daß sich die Diskussion um die Frage nach einer Entwicklungsalternative in der Endphase der Weimarer Republik an organisations- und ereignisgeschichtlichen Schwerpunkten orientiere. Er stellte die Frage nach den semantischen Bedeutungen der Politikmuster und den persönlich politischen Verhaltensmustern der handelnden Generation in den Mittelpunkt. Man müsse die Frage stellen, aus welchen Gründen die Beteiligten so dachten und welche Lebensverhältnisse, welche Erfahrungsverarbeitungen und welche lebensgeschichtlichen Perspektiven dahintergestanden hätten. Er argumentierte, daß sich die Arbeiterbewegung eben nicht nur als revolutionäre Bewegung verstanden habe, sondern ein wichtiges Ziel ihres emanzipatorischen Kampfes und Aufstiegs auch in der bürgerlichen Anerkennung zu sehen sei.

Ursula Büttner erläuterte den Abkoppelungs- und Differenzierungsprozeß zwischen ADGB und SPD anhand des Verlustes von Listenplätzen von führenden Gewerkschaftsvertretern für die parlamentarischen Vertretungen der Landtage und des Reichstages. Im Gegensatz zu Hans Mommsen vertrat sie die Ansicht, daß die Politik des Defizitspendings eine wirtschaftspolitische Alternative gewesen wäre, um die sich eine breite gewerkschaftliche Achse hätte bilden können, die vom Deutschnationalen Handlungsgehilfen-Verband, einigen Angestelltenverbänden, der Gewerkschaft der Metaller bis hin zum Straßerflügel der NSDAP und auch zu Teilen des Reichsverbandes der Deutschen Industrie und des DIHT gereicht hätte. Dieser Entwicklungsvariante sei bisher zu wenig Aufmerksamkeit gewidmet worden, obwohl hiermit doch ureigenste gewerkschaftliche Interessen nach Abbau der Arbeitslosigkeit formuliert worden seien.

Wilhelm Kappelmann nahm Bezug auf die einleitenden Gedanken von Heinrich Potthoff und unterstrich noch einmal die langfristig destabilisierende Wirkung des Generalstreiks gegen den Kapp-Putsch. Er stellte fest, daß eine Repräsentation der Gewerkschaften im Parlament allein – ohne den Einsatz des politischen Drucks der Organisationen – nicht ausgereicht habe, um gewerkschaftliche Vorstellungen zu verwirklichen. Er hob den massiven Druck der Kapitalseite nach der Inflationsphase hervor, der darauf abzielte, die sozialen und politischen Errungenschaften der November-Revolution zurückzudrängen. Mit der staatlichen Schlichtungspolitik habe die Staatsmacht schließlich mit verhängnisvollen Folgen selbst in die Verteilungskämpfe eingegriffen. Eine autonome Politik-Entwicklung auf seiten der Gewerkschaften sei dadurch verhindert worden. In bezug auf die wirtschaftspolitischen Diskussionen Anfang der 30er Jahre wies er darauf hin, man dürfe die in allen Teilen der Bevölkerung weit verbreiteten massiven Inflationsängste nicht übersehen, wenn man die Chancen des WTB-Planes diskutiere.

Udo Wichert ging auf die Arbeiterjugend-Politik der Gewerkschaften in der Zeit der Weimarer Republik ein. Für deren Endphase formulierte er zugespitzt die These, daß dieser Zeitraum mit den Worten »Jugend ohne Gewerkschaft und Gewerkschaft ohne Jugend« charakterisiert werden könne. Dies sei gerade deshalb verhängnisvoll gewesen, weil es der NSDAP gelang, große Teile der Jugend zu mobilisieren und schließlich in der Phase der faschistischen Herrschaft auch an das System zu binden. Die Jugendarbeit der Gewerkschaften sei mehr Jugendpflege als Vermittlung emanzipatorischer Inhalte gewesen.

Den Fragen des Ausbildungsmarktes und der Lehrstellen habe man zu wenig Aufmerksamkeit gewidmet, und auch organisatorisch sei keine autonome Jugendpolitik möglich gewesen.

Als letzter Diskussionsredner bemängelte *Manfred Scharrer,* daß es im Ergebnis der Diskussion so scheine, als seien alle Faktoren aufgereiht, die objektiv eine alternative Entwicklungs-Variante verhindert hätten. Er vertrat die Ansicht, daß das Aufstellen von objektiven Faktoren den Blick für das Handlungspotential in der Arbeiterbewegung verstelle und daß dies eben nicht ausreiche, um zu erklären, warum die Anpassung schließlich soweit gegangen sei, daß im Mai 1933 die Gewerkschaftskassen mit sauber geführten Belegzetteln den Nationalsozialisten übergeben worden sind.

In den Schlußstatements der Podiumsteilnehmer betonte *Heinrich Potthoff* noch einmal die ungünstigen Rahmenbedingungen für die Gewerkschaften in der Weimarer Republik. Seiner Meinung nach habe aufgrund einer Vielfalt von Ursachen keine Chance für eine dauerhafte Sicherung der Demokratie bestanden. Entscheidend seien für ihn die Strukturen, die sich als Ergebnis der November-Revolution ergeben haben. Festzuhalten sei, daß die Gewerkschaften zwar die im Kaiserreich entwickelten Forderungen durchsetzen konnten; der Dynamik der Massen- und Rätebewegungen im Anschluß an die November-Revolution sowie den sich entwikkelnden Formen der Unternehmermacht in der Weimarer Republik waren sie aber politisch nicht gewachsen.

Helga Grebing betonte, daß es bei der Diskussion der Ursachen der Niederlage nicht um individuelle Schuldzuweisungen gehen dürfe. Sie stellte ebenfalls fest, daß es eben nicht nur Resignation und Anpassung gegeben habe und damit auch moralisch eine Alternative sichtbar bleibe.

Arno Klönne erklärte, daß die Fehleinschätzungen der Gewerkschaften letztlich darauf beruhten, daß die Lösung der sozialen Konflikte in der Hinwendung zu bürokratischen und etatistischen Systemen gesucht wurde und damit einer liberal-demokratischen Entwicklungsvariante der Weg versperrt geblieben sei.

Hans Mommsen verwies in seinem kurzen Schlußwort darauf, daß die letzten Jahre der Weimarer Republik eine Phase der Geschichte der Gewerkschaften bilden, die aus inneren und äußeren Gründen nicht als glücklich zu bezeichnen sei. Er betonte, daß auf der anderen Seite auch im internationalen Vergleich die deutsche Arbeiterbewegung im besonderen auf einen breiten Leistungskatalog zurückblicken könne. Bei einer umfassenden Bilanz dürfe man die lohn- und sozialpolitischen Erfolge in der Weimarer Republik nicht beiseite lassen. Der Anpassungsprozeß sei schließlich das Produkt einer autoritären Lösung der Krise mit dem Ziel einer im Prinzip konfliktfrei gedachten Sozialordnung.

Die Diskussion fächerte das Ursachenbündel, das schließlich die Niederlage der deutschen Arbeiterbewegung bedingte, sehr breit auf, wobei soziale, ökonomische, organisationspolitische, wie staatspolitische und ideologische Gesichtspunkte zur Sprache kamen. Sie verdeutlichte nachdrücklich, daß vorschnelle, reduktionistische und eindimensionale Antworten dem Problemkomplex nicht gerecht werden. Als Defizite in der Forschung bleiben weiterhin zu nennen: die Probleme der Jugendforschung, die Probleme der sozial-ökonomischen Mobilisierungsprozesse und ihre sozialpsychologischen Folgen sowie ferner nicht weniger wichtig, die lebensgeschichtlichen Hintergründe für das Verhalten der organisierten Arbeiterbewegung und das der Arbeiterschaft selbst.

Anmerkung

* Für den erkrankten Berichterstatter wurde dieser Bericht von Holger Mollenhauer anhand der Tonbandaufzeichnungen neu erarbeitet.

Arbeitsgruppe 2

Arbeitslosigkeit – Sozialabbau – Demokratieverlust
Gewerkschaftliche Handlungsspielräume in der Krise

Leitung:
Prof. Dr. Hans-Hermann Hartwich, Hamburg

Beiträge:
Prof. Dr. Carl-Ludwig Holtfrerich, Frankfurt/Main
Prof. Dr. Dietmar Petzina, Bochum
Dr. Bernd Weisbrod, Bochum
Dr. Michael Schneider, Bonn; Berichterstatter

Carl-Ludwig Holtfrerich

Arbeitslosigkeit – Sozialabbau – Demokratieverlust. Ergebnis zu hoher Löhne in der Weimarer Republik?

Wir sind zusammengekommen, um über ein trauriges Kapitel der deutschen Geschichte zu diskutieren, eine Tragödie im wirtschaftlichen, sozialen, politischen und kulturellen Sinn. Wie konnte ein Kulturvolk, das die Welt mit Spitzenleistungen im geistigen, künstlerischen und wissenschaftlichen Bereich versorgt hatte, sich selbst und einen großen Teil der Welt über Jahre hin der gewachsenen institutionellen Errungenschaften, der Humanität, des Glaubens an Gerechtigkeit und zwischenmenschliche Solidarität berauben und auf die Kulturstufe primitiver Tötungs-, Unterjochungs- oder Überlebensinstinkte zurückführen? Diese Frage hat wegen der Ungeheuerlichkeit und der Unvorhersehbarkeit des Geschehenen nicht nur Historiker, sondern auch Sozial- und Politikwissenschaftler, Philosophen und Literaten wie ein Magnet angezogen. Das Dritte Reich und seine Vorgeschichte ist in den USA und den meisten Ländern außerhalb Deutschlands noch immer die Epoche der deutschen Geschichte, über die am meisten geforscht und publiziert wird.

Die Forschung über diese Periode kann man geradezu in zwei Lager einteilen: das eine, das die »proximate causes«, die naheliegenden Ursachen, also die der sog. Machtergreifung unmittelbar vorausgehenden Geschehnisse während der Weimarer Republik und allenfalls noch im Ersten Weltkrieg, untersucht[1]; das andere, das die »remote causes«, also die tieferen Ursachen aufzufinden versucht, das Dritte Reich sozusagen als die Fernwirkung intellektueller Traditionen[2], gesellschaftlicher Sonderentwicklungen[3] und politischer Gewohnheiten und Stilelemente[4] in Deutschland ansieht. Ich erwähne dies, damit die Aspekte, die wir in dieser Sektion aus dem wirtschaftshistorischen Bereich zur Ursachenforschung beitragen können oder werden, in der ihnen gebührenden Perspektive gesehen werden. Es ist wahrscheinlich richtig, daß die Machtergreifung (und die Zerschlagung der Gewerkschaften ausgerechnet in Deutschland, das die Arbeiterbewegung der Welt zuvor fast ein Jahrhundert lang mit Ideen, Hoffnung und Fortschrittsglauben versorgt hatte und dessen Gewerkschaften im System von Weimar besser organisiert und fester verankert waren als je zuvor in der deutschen Geschichte und als in irgendeinem anderen Land und ausgerechnet zu einem Zeitpunkt, als z. B. in den USA die Gewerkschaften und die Tarifpolitik als stabilisierende Faktoren für Wirtschaft und Gesellschaft erkannt und staatlicherseits entsprechend aufgewertet wurden) nicht hätte stattfinden können, wenn es die Weltwirtschaftskrise nicht gegeben hätte oder wenn sie durch eine andere Wirtschaftspolitik gemildert worden wäre. Sie war insofern aber nur eine notwendige, nicht eine hinreichende Bedingung für den Machtzuwachs der Nationalsozialisten. Auch andere Länder steckten ähnlich tief in der Krise, ohne daß sie sich einem Nationalsozialismus oder Faschismus anderer Art auslieferten.

Im ökonomischen Bereich nach den Ursachen zu forschen, bedeutet wohl in erster Linie, nach den »proximate causes« zu suchen. Das entspricht auch der Themenstellung dieser Veranstaltung. Nur marxistische Ideologen sehen Arbeitslosigkeit, Sozialabbau und Demokratieverlust bis hin zum Faschismus als Endergebnis eines langfristig wirkenden Prozesses, der mit den Anfängen des Industriekapitalismus irgendwann im 18. Jahrhundert (in England) oder im 19. (in Deutschland und anderen Staaten) begann.

Herbert Giersch hat einmal treffend folgendes festgestellt: Wenn wir nach den Ursachen ökonomischer Prozesse (das gilt aber auch für alle anderen Entwicklungen) suchen, müssen wir wie ein Detektiv zunächst einmal alles sammeln, was uns als Ursache verdächtig erscheint. Mehrere mögliche wirtschaftliche Ursachen kommen für das Scheitern der Weimarer Republik in Frage und sind in der Literatur diskutiert worden, z. B. die wirtschaftlichen Belastungen aufgrund des Versailler Vertrages; die große Inflation bis 1923, die den deutschen Mittelstand als staatstragende Schicht zerstört haben soll (»Hitler is the foster child of the inflation«, Lionel Robbins[5]); die sich seit 1925 verschärfende weltweite Agrardepression, die während der Weltwirtschaftskrise besonders die ländliche Bevölkerung in die Reihen der Nationalsozialisten trieb; die Weltwirtschaftskrise selbst mit ihrer extremen Arbeitslosigkeit.

In jüngster Zeit ist ein neues Argument hinzugekommen. Knut Borchardt brachte 1979 die These in die Diskussion, es habe während der Weltwirtschaftskrise für die deutsche Wirtschaftspolitik, die vor Borchardt in keynesianischer Tradition für die Schärfe der Depression in diesem Lande verantwortlich gemacht worden war, wenig Handlungsspielraum für eine antizyklische Konjunkturpolitik gegeben[6]. Das Argument ruht einerseits auf der Behauptung, daß es nicht nur außenpolitische Restriktionen für die Gestaltung der deutschen Wirtschaftspolitik aufgrund des Versailler

Vertrages sowie des Dawes- und Youngplans gab, sondern auch bis zum Frühjahr 1932, als u. a. der ADGB Arbeitsbeschaffungsmaßnahmen forderte, keine politische Kraft in Deutschland gegeben habe, die einer alternativen Wirtschaftspolitik zum Durchbruch hätte verhelfen können[7]. Es basiert andererseits auf einer Bestandsaufnahme der wirtschaftlichen Situation der Weimarer Republik vor Ausbruch der Weltwirtschaftskrise. Damit begründet Borchardt, »warum es damals [während der Weltwirtschaftskrise, C.-L. H.] vermutlich auch gar keine Lösung in dem Sinne geben konnte, in dem man heute von einer Lösung einer konjunkturpolitischen Aufgabe spricht«. Für die zweite Hälfte der zwanziger Jahre, die »goldenen« der Weimarer Republik, diagnostiziert er eine »Krankheit« der Wirtschaft und begründet dies mehrfach:

1. Das Nettosozialprodukt pro Kopf der Bevölkerung während der Weimarer Zeit lag stets unterhalb einer Trendlinie, die sich aus einer Extrapolation der durchschnittlichen Wachstumsraten in der Periode 1850–1913 konstruieren läßt.

2. Auch ging dem tiefen Einbruch der Wirtschaftsaktivität in der Krise von 1929–32 keine anhaltend starke Wachstumsbewegung voraus. Das reale Investitionsvolumen je Einwohner lag in den Jahren 1925–29 absolut weit unter dem Niveau der Vorkriegszeit. Relativ betrachtet war die durchschnittliche Investitionsquote von 16% 1910–13 auf 10,5% 1925–29 zurückgefallen. Demgegenüber lag der private Verbrauch 1928 um 16% und der staatliche sogar um 34% höher als 1913.

3. Die Arbeitslosenquoten lagen schon 1924–29 auf einer im langfristigen Vergleich ungewöhnlichen Höhe.

Die Investitionsschwäche, aus der die anderen Krisensymptome, Wachstumsschwäche und Arbeitslosigkeit, folgten, führt Borchardt auf die Verteilungskämpfe dieser Periode zurück, insbesondere auf die Schere zwischen Lohnkostenanstieg einerseits und Produktivitätsentwicklung andererseits. Als Beleg dafür führt er an, daß die durchschnittlichen realen Stundenlöhne »schon bald nach 1924 deutlich über denen vor 1914« lagen, während die Arbeitsproduktivität während der zwanziger Jahre nicht einmal das Vorkriegsniveau erreicht habe. Auch die Tatsache, daß die beschäftigungsstrukturbereinigte Lohnquote 1925–29 um etwa 10 Prozentpunkte über derjenigen von 1950–70 lag, führt Borchardt als Begründung für seine Behauptung an, die »Krankheit« der deutschen Wirtschaft schon vor der Weltwirtschaftskrise sei durch zu hohe Löhne verursacht worden. Die Ursachen für die zu hohen Lohnsteigerungen wiederum findet Borchardt im politischen Bereich. »Hierfür gibt es keine rein wirtschaftliche Erklärung.« Nach dem Ende der »konzertierten Aktion« in der sog. Zentralarbeitsgemeinschaft der Unternehmer und Gewerkschaften von 1918–23 sei es vor allem die seit 1923 gesetzlich vorgesehene staatliche Zwangs-schlichtung gewesen, die die Tariflöhne in immer weitere Höhen trieb, als die Tarifparteien sich immer weniger selbst einigten und die staatlichen Zwangsschlichter vor allem aus innenpolitischen Erwägungen den Unternehmern Tariflohnsätze aufzwangen, die diese mehr und mehr als »Lohndiktat« empfanden, d. h. als außerhalb dessen, was der Arbeitsmarkt an Lohnerhöhungen ohne staatliche Interventionen hergegeben hätte.

Da durch dieses Ergebnis der Borchardtschen Untersuchung den deutschen Gewerkschaften und ihren Verbündeten in der Reichs-regierung ein großer Teil der Verantwortung für das Scheitern der Weimarer Republik aufgebürdet wird, verdient es gerade zum heutigen Anlaß eine kritische Diskussion. Die Borchardt-These ist gleich an mehreren Stellen angreifbar. Ich kann hier nur in Stich-worten Gegenargumente vortragen. Sie können in der anschließen-den Diskussion vertieft werden.

1. Borchardts Behauptung, daß es keine wirtschaftliche Erklärung für die Lohnentwicklung in der Periode 1924–29 gibt, ist kürzlich in einem Aufsatz des englischen Wirtschaftshistorikers Theo Balderston in Frage gestellt worden[8]. Auch er meint zwar, der Anstieg der Löhne in Deutschland in jener Periode sei im Vergleich zu dem in andern Ländern zu hoch gewesen. Er kommt jedoch zu dem Schluß, daß dies nicht das Ergebnis der »Macht« der Gewerkschaf-ten oder des »Lohndiktats« des Staates gewesen sei, sondern daß es eine rein wirtschaftliche Erklärung gibt. Nach der Inflationserfah-rung bis Ende 1923 seien nämlich die Tarifpartner noch für einige Jahre mit positiven Inflationserwartungen aufgeladen gewesen, als noch nicht sicher war, daß die Inflation nicht wieder aufleben würde. Auf Grund dieser Tatsache sei die sog. Phillipskurve, der Trade-off zwischen Lohnsteigerungen und Arbeitslosigkeit, nach außen verschoben gewesen. Einer politischen Erklärung der Lohn-entwicklung bedürfe es daher gar nicht.

2. Borchardt begründet seine Behauptung, die Lohnentwicklung habe die Produktivitätsentwicklung gesprengt u. a. damit, daß er die Produktivitätsentwicklung *je Beschäftigten* mit der Entwick-lung der realen *Stunden*löhne vergleicht. In der Tat lag die Arbeits-produktivität je Beschäftigten erst ab 1927 und dann auch nur geringfügig höher als in der Vorkriegszeit, während die realen Bruttostundenlöhne schon 1925 über denen der Vorkriegszeit lagen. Dieser Vergleich ist unzulässig, da er die drastisch gesun-kene Arbeitszeit gegenüber der Vorkriegszeit nicht berücksichtigt. Für einen Test der Borchardt-These ist ein Vergleich der Arbeits-produktivität *pro Arbeitsstunde* mit den Stundenlöhnen nötig. Die Produktivität pro Arbeitsstunde lag aber schon 1925 – das erste Nachkriegsjahr, für das die Berechnung durchgeführt werden

kann – um fast 6% über dem Niveau von 1913, während die realen Bruttostundenverdienste in der Industrie nur um 3% darüber lagen[9]. In den Jahren 1925–32 nahm die gesamtwirtschaftliche Arbeitsstundenproduktivität mit einer durchschnittlichen jährlichen Wachstumsrate von 3,9% zu. Das liegt näher bei der entsprechenden Wachstumsrate in der Bundesrepublik 1950–59 (4,7%) als bei der im Deutschen Reich 1850–1913 (1,8%).

Der Index für die realen industriellen Bruttostundenverdienste lag nur in den Jahren 1926 und 1928 um jeweils ca. 3% über dem Index für die gesamtwirtschaftliche Produktivität pro Arbeitsstunde (jeweils 1913 = 100), in den restlichen Jahren der Periode 1925–32 darunter. Dieser Befund widerlegt Borchardts Behauptung, »die Lohnentwicklung damals in Deutschland [habe] den durch die Produktivitätsentwicklung gezogenen Rahmen gesprengt«. Würden die anderen Faktoren, die der Sachverständigenrat neben der Arbeitsproduktivitätsentwicklung für die Beurteilung der Kostenniveauneutralität der Lohnentwicklung genannt hat – der Terms-of-Trade-Effekt und die Entwicklung der Kapitalkosten –, in die Ermittlung des Verteilungsspielraums miteinbezogen, so ergäbe sich ein noch günstigeres Bild, so daß auch der Anstieg der Lohnnebenkosten (Arbeitgeberbeiträge zu den Sozialversicherungen) die Kostenniveauneutralität der Lohnentwicklung kaum verletzt haben dürfte.

3. Borchardt führt die relativ hohe Lohnquote der Weimarer Zeit als Beleg dafür an, daß die Löhne zu hoch gewesen seien. Die Lohnquote ist jedoch vielmehr ein Symptom der Wirtschaftslage als deren Ursache. Durch die ganze deutsche Wirtschaftsgeschichte seit 1850 ist vielfach beobachtet worden, daß die höchsten Lohnquoten in Zeiten der Wirtschaftsflaute und die niedrigsten in Zeiten des Wirtschaftsaufschwungs entstanden. Die Erklärung dafür liegt darin, daß die Schwankungen der Konjunktur oder eine Strukturkrise der Wirtschaft sich stärker in der Höhe der residualbestimmten Gewinneinkommen der Unternehmer und in der gesamtwirtschaftlichen Investitionstätigkeit, von denen jene abhängen, niederschlagen als in der Höhe der kontraktbestimmten Arbeitseinkommen. Mit der Marktmacht der Gewerkschaften hat die Bewegung der Lohnquote weniger zu tun als mit der Investitionstätigkeit der Unternehmen selbst. Auf diese hat zwar auch die Lohnhöhe einen Einfluß, aber ebenso die Absatzerwartungen sowie die Kapital- und sonstigen Kosten der Produktion.

Die relativ hohe Lohnquote in der Weimarer Republik schon vor dem Ausbruch der Weltwirtschaftskrise kann somit allenfalls als ein Symptom dessen gesehen werden, was Borchardt als »kranke« Wirtschaft bezeichnet, das Spiegelbild zu den hohen Arbeitslosenquoten und zu der relativen Investitionsschwäche schon 1924–29.

Die Ursachen dafür liegen m. E. in anderen Bereichen als dem Arbeitsmarkt, vor allem im hohen Zinsniveau, das die Investitionstätigkeit hemmte, und in den ausländischen Handelsschranken, die das Wachstum der deutschen Exporte behinderten. Dies sind die beiden Faktoren, in denen sich die relativ stagnierende Weimarer Wirtschaft nach 1924 viel stärker von der stark wachsenden Wirtschaft der Bundesrepublik in den 1950er Jahren unterschied als in der Lohnentwicklung.

Gegen die These, daß zu hohe Lohnkosten Ursache der Investitionsschwäche der Weimarer Wirtschaft waren, spricht auch die Struktur des Rückgangs der Investitionstätigkeit. Im Durchschnitt der Jahre 1924 bis 1928 war zwar die private Investitionstätigkeit in den Bereichen Landwirtschaft sowie nicht-landwirtschaftlicher Wohnungsbau gegenüber dem Durchschnitt der Periode 1910 bis 1913 gefallen, im Bereich Gewerbe jedoch lag sie höher, im Jahr 1924 sogar auf einem Rekordniveau[10]. Wären zu hohe Löhne die Ursache gewesen, hätte diese auffallende Strukturverschiebung nicht eintreten können. Die Ursache dürfte für den Bereich der Landwirtschaft vor allem in der seit 1925 virulenten weltweiten Agrardepression liegen, für den Bereich des nicht-landwirtschaftlichen Wohnungsbaus, der bekanntermaßen besonders zinselastisch ist, im hohen Zinsniveau seit der Stabilisierung der deutschen Währung.

Nun bleibt noch die Frage zu erörtern, wie es zu der relativ hohen Lohnquote, auch der beschäftigungsstrukturbereinigten, in der zweiten Hälfte der 1920er Jahre kommen konnte, obwohl die durchschnittlichen Reallohnsteigerungen in der Industrie kaum über die durchschnittlichen Produktivitätssteigerungen der Wirtschaft hinausgingen, insofern also eher kostenniveauneutral waren. Definitionsgemäß kann die beschäftigungsstrukturbereinigte Lohnquote nur steigen, wenn die Entwicklung der durchschnittlichen Arbeitseinkommen *nicht* kostenniveauneutral im Sinne des Konzepts des Sachverständigenrats (ohne Berücksichtigung des sog. Terms-of-Trade-Effekts) ist. Da die hohe Lohnquote der Weimarer Republik im Widerspruch zu den oben berichteten Ergebnissen steht, muß sie sich aus anderen Faktoren als der Entwicklung der durchschnittlichen Industriearbeiterverdienste ergeben haben. Die Veränderung der Beschäftigungsstruktur innerhalb der Gruppe der abhängig Beschäftigten dürfte in erster Linie geeignet sein, den Widerspruch aufzuklären. Der Anteil der Angestellten und Beamten an der Gesamtzahl der Erwerbspersonen war nämlich von 10,3% 1907 auf 17,3% 1925 gestiegen. Demgegenüber war der Anteil der Arbeiter von 54,9% 1907 auf 49,2% 1925 zurückgegangen. Das Verhältnis von Gehaltsempfängern zu Lohnempfängern hatte sich also sprunghaft von 1:5,3

(1907) auf 1:2,8 (1925) verändert. Da Gehaltsempfänger im Durchschnitt mehr verdienen als Arbeiter, resultiert aus einer solchen Strukturverschiebung eine Steigerungsrate der durchschnittlichen Arbeitseinkommen, die über derjenigen der durchschnittlichen Arbeiterverdienste (oder auch der durchschnittlichen Gehälter) liegt. Insoweit die relativ hohe Lohnquote der Weimarer Republik Ergebnis dieses Effekts war, kann sie *nicht* als Begründung für die Behauptung dienen, die Löhne der Arbeiter seien zu hoch gewesen. Sie sagt lediglich aus, daß die annähernde Verdoppelung der Zahl der Gehaltsempfänger von 1907 auf 1925 bei ungefähr gleichbleibender Zahl der Arbeiter zu einer Verletzung der Kostenniveauneutralität der durchschnittlichen Arbeitseinkommensentwicklung führte. Die staatliche Zwangsschlichtung, die Borchardt ähnlich wie die damaligen Sprecher der Industrie für die Lage verantwortlich macht, kann zu diesem Tatbestand keinen Beitrag geleistet haben.

Nun bleibt aber noch die Frage, ob die erhöhte Lohnquote der Weimarer Zeit gleichbedeutend ist mit einem gesunkenen Anteil des Einkommens aus Unternehmertätigkeit am Volkseinkommen. Denn nur dann wäre die Behauptung haltbar, daß zu hohe Löhne (und Gehälter) den Investitionsspielraum der Unternehmer eingeschränkt hätten. Dazu ist es nützlich, die Verteilung des deutschen Volkseinkommens vor und nach der Inflation 1914–23 zu betrachten. Im Jahr 1913 waren 14,5% des deutschen Volkseinkommens Einkommen aus Vermögen, vor allem Zinseinkommen, d. h. arbeitsloses Einkommen, typisch für die sog. Rentiers. Mit der Vernichtung der Geldvermögen durch die Inflation versiegte diese Einkommensquelle weitgehend. 1925 waren nur noch 2,9% des deutschen Volkseinkommens Einkommen aus Vermögen. Die unbereinigte Lohnquote war 1925 gegenüber 1913 um rund 12 Prozentpunkte angestiegen, während der Anteil der Einkommen aus Vermögen um eben diese Punktzahl zurückgegangen war. Rentiers, die vor 1914 aus Vermögenseinkommen gelebt hatten, waren nach der Inflation z. T. gezwungen, eine Berufstätigkeit aufzunehmen. Das erklärt z. T. den Anstieg der Erwerbsquote, die 1925 um rund 11% höher lag als in der Vorkriegszeit. Was die Wirtschaft (einschließlich Staat) vorher an Vermögenseinkommen ausgezahlt hatte, zahlte sie nun zusätzlich an Arbeitseinkommen aus. Dadurch mußte und konnte die Lohnquote steigen, ohne daß dies zu Lasten des Anteils der Einkommen aus Unternehmertätigkeit gehen mußte. In der Tat lag der Anteil des Einkommens aus Unternehmertätigkeit am Volkseinkommen im sekundären und tertiären Bereich der Wirtschaft in der zweiten Hälfte der 1920er Jahre nur wenig unter dem Anteil von 1913 (im landwirtschaftlichen Bereich auf Grund der Agrardepression seit 1925 allerdings deutlich darunter).

Hätte die Lohnquote in der Weimarer Zeit *nicht* über derjenigen von 1913 gelegen, so wäre der Anteil des Volkseinkommens, der 1913 Einkommen aus Vermögen und insofern auch für den produzierenden Bereich der Wirtschaft Kapital*kosten* darstellte, nach der Inflation dem Unternehmerlager zugefallen, d. h. der Anteil des Einkommens aus Unternehmertätigkeit wäre entsprechend höher ausgefallen. Dies hätte die Selbstfinanzierungsmöglichkeiten für unternehmerische Investitionen erweitert und insofern ein Beitrag zur Überwindung der erwähnten Investitionsschwäche der Weimarer Wirtschaft sein können. Aber ob dies, nämlich ein Einkommensvorsprung einseitig zugunsten der Unternehmer, das »nicht funktionsfähige(s) wirtschaftliche System in einem kaum noch funktionsfähigen politischen System« (Borchardt) auf Dauer hätte sanieren können, wird man sowohl unter dem Gesichtspunkt des sozialen Friedens als auch der sozialen Gerechtigkeit in der Einkommens- und Vermögensverteilung wohl bezweifeln können.

Die Arbeitnehmer bezogen in der Weimarer Republik Volkseinkommensbestandteile, die sie auf Grund der Verteilungswirkungen der Inflation primär von den Geldvermögensbesitzern in der Vorkriegszeit abgezogen hatten. Jene stellten vor 1914 aber die wichtigste kapitalbildende Schicht der Volkswirtschaft dar. Der weitaus größte Teil des Einkommens aus Vermögen wurde investiert, das Arbeitseinkommen dagegen fast gänzlich für Konsumzwecke ausgegeben. Die geänderte Verteilung des Volkseinkommens nach der Inflation gegenüber 1913 erklärt deswegen zugleich die erhöhte Verbrauchsquote, die verminderte inländische Ersparnis- und Kapitalbildung, die höheren Zinsen auf dem Kapitalmarkt und die niedrigere gesamtwirtschaftliche Investitionsquote trotz des nur wenig geschmälerten Anteils des Unternehmereinkommens am Volkseinkommen in der zweiten Hälfte der 1920er Jahre. Ein Ausweg aus dem wirtschaftlichen Dilemma der Weimarer Zeit hätte nach meiner Ansicht darin bestanden, daß das Arbeitnehmerlager zusammen mit den Volkseinkommensanteilen, die es von der Schicht der Geldvermögensbesitzer seit 1913 übernommen hatte, auch die ökonomische Funktion jener Schicht hätte mitübernehmen müssen, nämlich zur gesamtwirtschaftlichen Kapitalbildung beizutragen. Nicht die Reduzierung angeblich überhöhter Löhne, sondern Kapitalbildung in Arbeitnehmerhand wäre meines Erachtens das Gebot der Stunde gewesen, nicht nur als Beitrag zur Demokratisierung der Wirtschaft, sondern vor allem zur Wiederherstellung der Funktionsfähigkeit des wirtschaftlichen Systems und damit auch zur Stabilisierung des politischen Systems der ersten deutschen Republik.

Anmerkungen

1 Z. B. Karl Dietrich Bracher, Die Auflösung der Weimarer Republik, Villingen 1960.

2 Z. B. George L. Mosse, The Crisis of German Ideology: Intellectual Origins of the Third Reich, London 1966. Hubert Kiesewetter, Von Hegel zu Hitler, Hamburg 1974.

3 David Blackbourn und Geoff Eley, Mythen deutscher Geschichtsschreibung. Die gescheiterte bürgerliche Revolution von 1848, Berlin 1980.

4 Samuel D. Stirk, The Prussian Spirit. A Survey of German Literature and Politics 1914–1940, Port Washington, N. Y. 1969 (First edition 1941). Vgl. auch: E. J. Carsten, Die historischen Wurzeln des Nationalsozialismus, in: Edgar J. Feuchtwanger (Hrsg.), Deutschland – Wandel und Bestand. Eine Bilanz nach hundert Jahren, München 1976.

5 Im Vorwort zu Costantino Bresciani-Turroni, The Economics of Inflation. A Study of Currency Depreciation in Post-War Germany, London 1937.

6 Knut Borchardt, Zwangslagen und Handlungsspielräume in der großen Wirtschaftskrise der frühen dreißiger Jahre. Zur Revision des überlieferten Geschichtsbildes, in: Jahrbuch der Bayerischen Akademie der Wissenschaften, 1979, S. 85–132. Wiederabgedruckt in: K. Borchardt, Wachstum, Krisen, Handlungsspielräume der Wirtschaftspolitik, Göttingen 1982. Diesem Aufsatz sind die Borchardt-Zitate im Text entnommen. Ähnliche Argumente präsentiert Borchardt in seinen Aufsätzen »Wirtschaftliche Ursachen des Scheiterns der Weimarer Republik,« in: Karl D. Erdmann und Hagen Schulze (Hrsg.), Weimar – Selbstpreisgabe einer Demokratie. Eine Bilanz heute, Düsseldorf 1980, S. 211–249, und »Die deutsche Katastrophe. Wirtschaftshistorische Anmerkungen zum 30. Januar 1933«, in: Frankfurter Allgemeine Zeitung, 29. Januar 1983, S. 13.

7 Kritisch dazu: Carl-Ludwig Holtfrerich, Alternativen zu Brünings Wirtschaftspolitik in der Weltwirtschaftskrise (= Frankfurter Historische Vorträge, Heft 9), Wiesbaden 1982.

8 Theo Balderston, The Origins of Economic Instability in Germany 1924–1930. Market Forces versus Economic Policy, in: Vierteljahrschrift für Sozial- und Wirtschaftsgeschichte, Bd. 69 (1982), S. 488–514.

9 Die folgende Argumentation habe ich im einzelnen belegt in meinem ausführlicheren Aufsatz »Zu hohe Löhne in der Weimarer Republik? Bemerkungen zur Borchardt-These,« in: Geschichte und Gesellschaft, 10. Jg. 1984, S. 122–141.

10 Vgl. die Zahlen in: Walther G. Hoffmann, Das Wachstum der deutschen Wirtschaft seit der Mitte des 19. Jahrhunderts, Berlin 1965, S. 258.

Dietmar Petzina

Merkmale der Weltwirtschaftskrise in Deutschland

Die zentrale Frage dieser Arbeitsgruppe zielt auf die möglichen Handlungsspielräume der Gewerkschaften in der Weltwirtschaftskrise der 1930er Jahre. Es bedarf keiner näheren Begründung, welche aktuelle Bedeutung dieses Problem angesichts des Millionenheeres von Arbeitslosen in den kapitalistischen Industrieländern des Westens 50 Jahre nach diesem dramatischen Niedergang der Wirtschaft besitzt. Die Krise der dreißiger Jahre ist nicht zuletzt deshalb erneut Gegenstand wissenschaftlichen und politischen Interesses, da der Optimismus der Wachstumsperiode der fünfziger und sechziger Jahre verflogen ist, Krisen in marktwirtschaftlich organisierten Industrieländern seien beherrschbar oder gar vermeidbar. Abgeschwächt hat sich auch die Forderung, im Falle einer Krise sei es die Aufgabe des Staates, den Nachfrageausfall innerhalb der Wirtschaft zu kompensieren. Die Erfahrung umfänglicher Arbeitsbeschaffungsprogramme nach 1975 hat weit verbreitete Skepsis erzeugt und die finanziellen Spielräume staatlicher Politik verringert. Die Erfahrung geht Hand in Hand mit dem Vordringen monetaristischer und neoliberaler Rezepte in der Wirtschafts- und Sozialpolitik, deren Ergebnisse, wie die Erfahrungen Großbritanniens und der USA belegen, sicherlich nicht ermutigender sind.

Im folgenden soll keine Analyse des Verlaufs der Weltwirtschaftskrise bzw. der zeitgenössischen Wirtschaftspolitik erfolgen. Skizziert seien einige Merkmale der Krise, wobei zwei Fragen den Rahmen der Erörterung abstecken und eine dritte am Ende aufgeworfen wird:

E r s t e n s : Welche wirtschaftlichen und sozialen Sonderfaktoren haben die Krise der 1930er Jahre in Deutschland bestimmt?

Z w e i t e n s : Was bedeutete die Wirtschaftspolitik der Regierungen der Krise für den Krisenverlauf in Deutschland?

Und schließlich

d r i t t e n s : Hätte es hierzu realistische Alternativen gegeben?

Am Ende soll auch die damit verknüpfte Frage nach gewerkschaftlichen Möglichkeiten und Handlungsspielräumen aufgegriffen werden:

1. Sonderfaktoren in Deutschland

Die Probleme der Weltwirtschaftskrise, ihr Verlauf ebenso wie die Möglichkeiten einer erfolgreichen wirtschaftspolitischen Strategie, lassen sich nicht isoliert aus den Bedingungen eines Landes verstehen. Die Gleichzeitigkeit und Internationalität der Krise sowie die weltweite Veränderung des industriellen Kapitalismus während und nach dem Ersten Weltkrieg bildeten den begrenzenden Rahmen jedweder nationalen Krisenstrategie. So hatten sich die Chancen einer an den Erfahrungen der Vorkriegszeit orientierten Wirtschaftspolitik schon in den 20er Jahren drastisch verringert, zumal als Folge des Weltkrieges ein fortschreitender Verfall des Welthandels- und Währungssystems eingetreten war. Diese Veränderungen des weltwirtschaftlichen Systems weg von Freihandel und dem freien Fluß von Kapital wurde zu einem eigenen Krisenfaktor, da sie die Erholung über eine Stärkung des internationalen Handels unmöglich machten.

Die neue Konstellation der Weltwirtschaftskrise gegenüber den klassischen Krisen des 19. Jahrhunderts ergab sich einmal aus langfristig angelegten Strukturveränderungen, die durch den Ersten Weltkrieg nur noch eine besondere Beschleunigung erfahren haben: Verstärkter staatlicher Eingriff in die Wirtschaft, Vermachtung einer bis Ende des 19. Jahrhunderts im wesentlichen konkurrenzwirtschaftlich orientierten Wirtschaft, zum anderen war sie direkte Folge des Krieges.

Ich nenne fünf Punkte:

1. Die Kartellierung und Konzentration der deutschen Wirtschaft besaß zumindest dem Umfang nach keine Parallele in anderen Industrieländern, wenn auch anderswo ähnliche Tendenzen zur Herausbildung von Großunternehmen und zur Kontrolle der Märkte sichtbar waren.

2. Die Beweglichkeit eines ursprünglich konkurrenzwirtschaftlichen Systems verringerte sich in jenem Maße, wie die Erstarrung des Lohn- und Preisgefüges durch administrative Eingriffe voranschritt und sich die m o n o p o l i t i s c h e K o n t r o l l e der Märkte verfestigte.

3. Die Inflation von 1914 bis 1923 bedeutete die Vernichtung des deutschen Kapitalmarktes und förderte seit 1924 die Aufnahme von Auslandskapital, dessen Größenordnung und Bedingungen die Möglichkeiten einer eigenständigen deutschen Krisenpolitik drastisch eingeschränkt haben.

4. Die in Deutschland nächst den Vereinigten Staaten am nachdrücklichsten betriebene Rationalisierung hat zumindest in den zwanziger Jahren das Ungleichgewicht zwischen kaufkräftiger Nachfrage und industriellen Produktionsmöglichkeiten sowie die

Unterschiede zwischen den Branchen verschärft. Zur konjunkturellen Arbeitslosigkeit trat damit seit 1924 ein strukturelles Potential hinzu, das auch durch wachsende staatliche Eingriffe nur wenig verändert werden konnte. So lag die durchschnittliche Arbeitslosigkeit zwischen 1924 und 1929 bei etwa 10%. Von den Gewerkschaftsmitgliedern waren 1924 13%, 1926 18% und 1929 wiederum 13% ohne Arbeit, nur 1925, 1927 und 1928 lag ihr Anteil unter 10%.
5. Die wirtschaftliche Rolle des Staates hatte sich während des Weltkrieges und in den folgenden Jahren quantitativ vergrößert und qualitativ verändert. Der Anteil der öffentlichen Ausgaben am Sozialprodukt stieg von 15% 1913 auf 31% 1929 an. Der öffentlichen Hand war damit auf allen Ebenen eine Schlüsselrolle zugewachsen, die sie sowohl positiv zur Anregung als auch negativ zur Restriktion wirtschaftlicher Aktivitäten nutzen konnte. Die wirtschaftsliberale Vorstellung vom ökonomisch-neutralen Staat war fiktiv geworden.
Bereits 1928 hatte die gesamtwirtschaftliche Leistung ihren Höhepunkt überschritten. Investitionen und industrielle Produktion lagen 1929 unter dem Stand des Vorjahres, und bis 1932 sank das Volkseinkommen um nicht weniger als 43% gegenüber 1929 ab. Die Daten der einzelnen Wirtschaftsbereiche bestätigen in wechselnder Stärke die Entwicklung dieses volkswirtschaftlichen Gesamtergebnisses. Der Produktionsindex der Industrie war am Höhepunkt der Weltwirtschaftskrise auf die Hälfte des Standes von 1928 abgesunken, im Teilbereich der besonders krisenempfindlichen Investitionsgüter-Industrie auf ein Drittel. In allen Bereichen zeigt sich das Bild einer Krise, die in der Geschichte des industriellen Kapitalismus ohne Vorbild war. Ihr extremster Ausdruck war das Hochschnellen der Arbeitslosigkeit auf mehr als 6 Millionen oder etwa 30%. Tatsächlich dürfte die Zahl sogar noch höher gelegen haben, da viele Erwerbslose nach einer Übergangsfrist keine öffentliche Unterstützung erhielten, infolgedessen in der Statistik unberücksichtigt bleiben.
Ähnlich wie in den USA erreichte die Krise eine besondere Intensität durch das Zusammentreffen sich verstärkender weltwirtschaftlicher und nationaler Faktoren. Zum konjunkturellen Zyklus traten nach dem Ersten Weltkrieg die erwähnten strukturellen Veränderungen des Wirtschaftssystems. Aggressiver Nationalismus und wachsender Protektionismus haben zudem das Funktionieren der Weltwirtschaft mehr und mehr eingeschränkt, so daß die wohlstandsfördernden Impulse internationaler Arbeitsteilung sehr viel geringer waren als vor dem Ersten Weltkrieg.
Über diese generell wirksamen Tendenzen hinaus bestanden in Deutschland Sonderbedingungen, die die Anfälligkeit des Wirt-

schaftssystems weiter erhöhten. Sie hatten ihre Ursache im Krieg und seinen unmittelbaren Folgen:

Einmal erschwerten die Reparationszahlungen eine eigenständige Politik der Krisenbekämpfung, hätten sie allerdings nicht verhindern müssen, wie es tatsächlich geschah; zum anderen vernichtete die Inflation die Fähigkeit und den Willen zum Sparen und damit zur heimischen Kapitalbildung und verschärfte auf diese Weise den in Deutschland vorhandenen Kapitalmangel. So ist es nicht überraschend, daß die öffentliche und die private Wirtschaft nach 1924 immer stärker auf bereitwillig angebotenes ausländisches Kapital zurückgriffen, nachdem der Dawesplan die notwendigen politischen Voraussetzungen geschaffen hatte. Diese Entwicklung führte in Deutschland 1931 zur Sonderkrise des Bankenapparates, die in ihrem Ausmaß im Ausland keine Parallele besaß und zum Krisenherd für andere Länder werden sollte. Dabei war nicht so sehr das Volumen dieser Kapitaleinfuhr seit 1929 ein erheblicher Krisenfaktor, als vielmehr die Bedingungen, zu denen dieses Kapital gewährt wurde. Etwa die Hälfte des nach Deutschland transferierten Kapitals von insgesamt 20,5 Mrd. Mark war nur kurzfristig von privaten, meist amerikanischen Geldanlegern zur Verfügung gestellt, von den Banken jedoch langfristig verliehen worden. Solange der Trend der Konjunktur nach oben ging, schien diese Geschäftspolitik nicht bedenklich. Sobald die ausländischen Kapitalgeber jedoch anderswo eine rentierlichere Anlage fanden oder das Vertrauen in die deutsche Wirtschaft erschüttert wurde, mußten sich gefährliche Folgen einstellen. Mit dem »schwarzen Freitag« der New Yorker Börse versiegte der Kapitalstrom, begannen die Kündigungen des vorher gewährten Kapitals. Als in den Septemberwahlen 1930 die Stimmen der Nationalsozialisten beinahe auf das Zehnfache anstiegen, erfolgte die zweite große Welle der Kapitalkündigungen, die im Sommer 1931 in die Bankkrise einmündete.

Es kam zu einer verhängnisvollen Wechselwirkung von Kreditkrise und allgemeiner Krise. Modellhaft zeigt diese Sonderkrise die Verknüpfung von Inflation, Reparations- und Anleihepolitik mit der Weltwirtschaftskrise. Diese Überlagerung mehrerer Krisenschichten zählt insoweit zu den wichtigsten Merkmalen der deutschen Entwicklung.

Ein vergleichbares Gewicht für den Verlauf der Krise besaß die Sonderkrise der Landwirtschaft. Auch hier war die nationale Krise Teil einer weltweiten Krise, deren Ursachen in der Intensivierung der Agrarerzeugung während des Ersten Weltkrieges zu suchen sind. Die Disparität zwischen Angebot und kaufkräftiger Nachfrage führte in den zwanziger Jahren zu einem nachhaltigen Sinken der Agrarpreise. 1930/33 lagen die deutschen Erzeugerpreise für

Weizen um 10% unter dem Stand von 1925/28, jene für Roggen um 25%. Zugleich fielen die Erlöse der Landwirtschaft bis 1932/33 auf 62% des Standes von 1928. Dieser Verfall der Erlöse war ebensowenig eine Besonderheit der deutschen Entwicklung wie die unbefriedigende Betriebsgrößenstruktur. Ähnliches fand sich auch in anderen Ländern. Der Unterschied lag im gesellschaftlichen Gewicht der Hauptbetroffenen, der ostelbischen Großgrundbesitzer. Wegen ihres politisch großen Einflusses setzte sich die wirtschaftliche Gefährdung der deutschen Landwirtschaft in politische Gefährdung der Weimarer Republik um.

2. Krisenverlauf und Wirtschaftspolitik

Ich komme zum Zusammenhang von Krisenverlauf und Wirtschaftspolitik. Bestimmend für das zeitgenössische Verständnis von Möglichkeiten und Zielen einer erfolgreichen Krisenpolitik war nicht so sehr die Auseinandersetzung mit den vorfindbaren strukturellen und konjunkturellen Problemen als vielmehr ein idealisiertes Leitbild wirtschaftlicher Dauerprosperität der Vorkriegszeit, sodann die Veränderung während und nach dem Krieg und schließlich ein besonderes monetäres Stabilitätsbewußtsein als Ergebnis der Inflation. Es überrascht deshalb nicht, daß beim Ausbruch der Weltwirtschaftskrise die traditionellen Maximen der Wirtschafts- und Finanzpolitik bei der Mehrheit der Politiker und Parteien noch immer Gültigkeit beanspruchten, obwohl sich die Strukturbedingungen der deutschen Volkswirtschaft und der Weltwirtschaft grundlegend verändert hatten. Die verbreitete Fehlinterpretation der Weltwirtschaftskrise entweder im Sinne der wohlvertrauten Zyklen des industriellen Kapitalismus der Vorkriegszeit oder als bloßes Ergebnis politischer Instabilität nach 1919 wurde zu einem eigenen gewichtigen Krisenfaktor, der die Durchsetzung alternativer wirtschaftspolitischer Strategien erschwert hat.

Folgerichtig war es deshalb, daß die Krisenregierungen der Haushaltssanierung den Rang einer höchsten wirtschaftspolitischen Zielsetzung zumaßen. Die restriktive Finanzpolitik als Kernstück des wirtschaftspolitischen Programms Brünings liest sich wie ein Katalog zur Einlösung politischer Verpflichtungen gegenüber Großlandwirtschaft und Industrie:

– Heraufsetzung der Zölle für landwirtschaftliche Produkte sowohl zur Einnahmesteigerung als auch vor allem zum Schutz der Agrarier

– Abbau sozialer Leistungen in den öffentlichen Haushalten und Einführung hoher Massenkonsumsteuern, die die bedeutsamste Leistung der Republik, ihre Sozialpolitik, in Frage stellten

– steuerliche Entlastung der Industrie und Förderung des Exports.

Diese Maßnahmen entsprachen durchaus dem weitverbreiteten konservativen Verständnis von Wirtschaftspolitik. Ergänzt wurde diese Politik durch einen in sich folgerichtigen Versuch der Deflation, d. h. der staatlich verordneten Senkung von Preisen und Löhnen, um auf diese Weise die Voraussetzungen eines liberalen Wirtschaftssystems zu simulieren, dessen zentrale Mechanismen – bewegliche Löhne und Preise, freier internationaler Handels- und Kapitalverkehr – längst außer Kraft gesetzt waren. Mit Marktwirtschaft hatte diese Politik wenig zu tun, da sie eine staatliche Interventionsautomatik in Gang setzte, die zu Lasten der sozial Schwächeren ging und zur Privilegierung von Landwirtschaft und Industrie beitrug, ohne den Verfall wirtschaftlicher Leistungen wirklich abbremsen zu können. Entgegen den sozialpolitischen Sanierungsmaßnahmen wurden die Hilfen für die Landwirtschaft nach 1930 ständig vergrößert, ihr Volumen stieg von 500 Millionen 1927 auf mehr als 2 Mrd. 1930/32. Das Ergebnis war eine tiefgreifende Umschichtung des Reichshaushalts zugunsten der Agrarier und zu Lasten der sozialpolitisch bedeutsamen Ausgaben. Das Volumen direkter staatlicher Stützungspolitik auf Reichsebene (Reichsdarlehen aus Haushaltsmitteln) erhöhte sich von weniger als 1% des Sozialprodukts (1927) auf annähernd 4% 1932. Absolut dürfte ihr Volumen 1932 bei annähernd 3 Mrd. Mark gelegen haben. Diese Größenordnung ist in Relation zu den staatlichen Aufwendungen zur Bekämpfung der Arbeitslosigkeit zu sehen, die bis zum Herbst 1932 weniger als eine halbe Milliarde Mark betrug. So wird deutlich, daß Richtung und Spielraum der Politik von einer gesellschaftlichen Machtkonstellation vorgegeben waren, die den Durchbruch zu einer der Krise adäquaten Wirtschafts- und Finanzpolitik verhinderte.

3. Alternativen und Handlungsspielräume

Ich komme abschließend zur Frage nach bestehenden Alternativen und nach Handlungsspielräumen von Gewerkschaften und Wirtschaftspolitik. Darüber hat es in den vergangenen Jahren eine große Diskussion gegeben, die von Knut Borchardt mit seinem Hinweis auf die Zwangslagen der Brüningschen Politik verstärkt wurde. Richtig ist, daß es Patentrezepte für eine nationale Lösung der Krise 1932 ebensowenig gegeben hat wie in der Krise der achtziger Jahre. Richtig ist aber auch, daß die Verbindung von Deflation und einseitiger Subventionspolitik die wirtschaftlichen Probleme des Deutschen Reiches in der Zeit der Präsidialkabinette verschärft hat, anders gesagt, daß staatliche Wirtschaftspolitik zu einem eigenständigen Faktor der Destabilisierung wurde.

Die Gewerkschaften haben mit einem eigenständigen Arbeitsbeschaffungsprogramm versucht, den verhängnisvollen Zirkel von wirtschaftlicher Schrumpfung, Nachfrageausfall und staatlicher Politik zu durchbrechen. Der Plan von Baade, Woytinsky und Tarnow war ein wichtiger Beitrag zur zeitgenössischen »alternativen« Diskussion. Eine wirklich radikale Alternative stellte er freilich ebensowenig dar wie die Vorschläge der Brauns-Kommission aus dem Jahre 1931. Die Frage bleibt: Läßt sich aus heutiger Sicht der Politik der Haushaltssanierung und des sozialpolitischen Abbaus die Forderung nach einem Milliarden-Arbeitslosen-Programm gegenüberstellen, der Deflationspolitik die Vision einer staatlich gestützten Binnenkonjunktur?

Auf der Ebene bloßer wirtschaftswissenschaftlicher Argumentation mag man über eine »andere« Politik als jene, die Brüning betrieben hat, schnell Einigung erzielen, und doch träfe dies nicht den Kern des zeitgenössischen Dilemmas, in welchem sich sowohl die Regierung als auch die Gewerkschaften befanden. Brüning hatte sich gleichermaßen mit den außenpolitischen und außenwirtschaftlichen Zwängen und der innenpolitischen Erosion auseinanderzusetzen, letzteres ein Problem, von dem die Gewerkschaften mehr und mehr in ihrem inneren Zusammenhang bedroht wurden. Außenpolitische und außenwirtschaftliche Verpflichtungen, über die sich keine Regierung hätte hinwegsetzen können, machten die Forderung nach Sanierung der öffentlichen Haushalte und nach Stabilität der Reichsmark verständlich. Die innenpolitische Radikalisierung und wachsende Arbeitslosenziffern erforderte die Lösung der Arbeitslosenfrage, die kurzfristig nur in einer Kompensation des Nachfrageausfalls, mittelfristig in einer Korrektur der Verteilungsrelationen zwischen Arbeit und Kapital hätte bestehen können. Diese Zielkonflikte wären vermutlich selbst für eine stärkere, von breiterer innenpolitischer Zustimmung gestützte Regierung unlösbar gewesen, und tatsächlich hat sich auch kein anderes Industrieland der Krise entziehen können.

Diese Vermutungen benennen, heißt nicht, die Kritik an dem rigorosen Kurs der Regierung Brüning in ihr Gegenteil zu wenden. Wohl fordern sie aber Skepsis gegenüber der behaupteten Chance zu einer wirklich alternativen Wirtschafts- und Sozialpolitik heraus, die erst in der Weltwirtschaftskrise eingesetzt hätte. Die Kritiker Brünings haben es in der Regel verabsäumt, die politisch-institutionellen Voraussetzungen einer erfolgreicheren Krisenstrategie zu benennen, die – darüber besteht kein Streit – angesichts der politischen Folgen der Krise in Deutschland erforderlich gewesen wäre. Hitler erzwang Investitionen, die unkontrollierte Geldschöpfung ermöglichten, und konnte die Verpflichtungen aus dem Youngplan, u. a. die darin festgeschriebene internationale Einlösbarkeit der Reichsmark, ignorieren. Brüning konnte dies nicht, und auch von Seiten der Sozialdemokratie und der Gewerkschaften wurden derartige Forderungen nicht erhoben.

Allerdings hat sich Brüning darüber hinaus wirtschaftspolitische Restriktionen auferlegt, die womöglich auch die Nutzung der noch vorhandenen sozial- und wirtschaftspolitischen Spielräume verhinderte. Zumindest hätte das Diktat der leeren Kassen und die notwendige Sanierung der Finanzen nicht jene selbstmörderische Folgerichtigkeit entfalten müssen, mit der die wichtigsten sozialen Errungenschaften des vorausgegangenen Jahrzehnts abgebaut wurden. Die soziale Belastbarkeit der Bevölkerung überschätzt zu haben, war historische Schuld gerade dann, wenn der Zweck dieser Politik die Rettung der Republik gegenüber dem Ansturm von rechts gewesen wäre.

Die Schlußfolgerung aus diesem Dilemma mag im Kreis von Gewerkschaftern pessimistisch klingen und doch ist sie hier zu benennen. Zwischen 1930 und 1932 waren die Chancen eines Kurswechsels politisch und wirtschaftlich längst vertan. Auch eine sozialdemokratische Regierung hätte sich Zwängen rückläufiger Steuereinnahmen und internationaler sanktionierter Verpflichtungen gegenüber dem Ausland schwerlich entziehen, wenngleich sie manche Folgen für die Arbeiterschaft hätte weniger kraß gestalten können. Weichenstellungen in Richtung einer stärker wohlfahrtsstaatlichen Alternative der gesamten Wirtschafts- und Gesellschaftspolitik wären vor 1930 erforderlich gewesen, als noch realistische politische Möglichkeiten für eine stärker kompensatorische Wirtschaftspolitik gegeben waren. So war es nicht unvermeidlich, daß das Reich zwischen 1925 und 1929 seine Investitionen mit Hinweis auf vorgeblich leere Kassen drosselte. Es war ebensowenig unvermeidlich, daß die Realkapitalbildung der zwanziger Jahre nur dank ständig steigender ausländischer Kredite erfolgte, die ihrerseits Spielräume für eine aktivere staatliche Wirtschaftspolitik in der Krise drastisch verringerten. Hier, in der Periode relativer Stabilität der Weimarer Republik, hätte ein überzeugenderes wirtschafts- und gewerkschaftspolitisches Konzept für die staatliche Finanz- und Wirtschaftspolitik entwickelt und aktiv vertreten werden müssen. Daran hat es jedoch weithin gemangelt, ein Fehler, der auch nicht mit dem Hinweis auf geringe politische Durchsetzungsmöglichkeit zwischen 1925 und 1929 entschuldigt werden kann.

Angesichts unausgelasteter Kapazitäten, überschüssiger Arbeitskräfte und einer kurzfristig nicht beeinflußbaren Weltmarktnachfrage hätte sich bereits in den zwanziger Jahren eine aktivere staatliche Infrastrukturpolitik als Gegenstrategie ebenso angeboten wie die Stärkung der privaten Nachfrage einer potentiellen Massenkonsumgesellschaft. Allerdings wird man bezweifeln müssen, ob hierfür selbst in den zwanziger Jahren die politischen und institutionellen Voraussetzungen vorhanden waren, mit Sicherheit nicht mehr nach 1930. Eine Schlußfolgerung sei deshalb am Ende noch benannt: In einer Krise sind gewerkschaftliche Handlungsspielräume zumeist verspielt. Politische und ökonomische Alternativen bedürfen der Vorbereitung und Durchsetzung in Zeiten der »Normalität«, Krisenzeiten bieten hierfür kaum eine Chance.

Bernd Weisbrod

Konsens oder Konflikt? Unternehmer und Gewerkschaften in der Krise 1928 bis 1933

Gab es eine erfolgversprechende Alternative zu *Brünings* Deflationspolitik? Diese Frage ist kürzlich sowohl im Hinblick auf den ökonomischen Kenntnisstand der Zeit als auch hinsichtlich der politischen Durchsetzungschancen verneint worden. Begründet wurde diese Meinung, die angesichts der keynesianischen Kritik an Brünings krisenverschärfender Politik recht unorthodox erscheint, unter anderem mit dem Argument, weder irgendein Unternehmerverband noch eine Gewerkschaft hätten diese Politik rechtzeitig und prinzipiell in Frage gestellt: »Ausgerechnet in d i e s e m Konsens trafen sich damals die im übrigen inzwischen vielfach heftig verfeindeten gesellschaftlichen Kräfte noch.«[1]

Im folgenden soll überprüft werden, ob der hier behauptete deflationäre Konsens in den Beziehungen zwischen Unternehmern und Gewerkschaften in der Weltwirtschaftskrise eine Bestätigung findet. Dabei beschränke ich mich auf die Frage, welche Rolle den Gewerkschaften in der unternehmerischen Krisenstrategie zukommt und welche Konsequenzen sich daraus für die Chancen einer erfolgversprechenden Kooperation ergaben[2].

Man wird darüber streiten können, ob es überhaupt sinnvoll ist, von einer einheitlichen, unternehmerischen Krisenstrategie zu sprechen. Jedenfalls hieße es, den unternehmerischen Willensbildungsprozeß unterschätzen, wollte man sich hierbei auf die Spitzenverbände, den Reichsverband der Deutschen Industrie oder gar nur dessen Geschäftsführung, beschränken. Es kommt vielmehr darauf an, deren Verlautbarungen im Kontext der tarifpolitischen Auseinandersetzung in politisch wie ökonomisch relevanten Branchen zu sehen, die zusammen erst eine verläßliche Meßlatte für die unternehmerische Kooperationsbereitschaft gegenüber den Gewerkschaften in der Weltwirtschaftskrise ergeben[3].

Aus diesem Grunde wird auch gemeinhin der Ruhreisenstreit im November 1928 als Ausgangspunkt für eine verschärfte Auseinandersetzung zwischen Unternehmern und Gewerkschaften in der Weltwirtschaftskrise angenommen[4]. Diese Massenaussperrung einer Viertelmillion rheinisch-westfälischer Eisen- und Stahlarbeiter

137

sollte der Verbindlichkeitserklärung eines Schiedsspruches zuvorkommen, der die Kostensituation der Werke, die durch mangelnde Auslastung trotz relativer Marktsicherung gekennzeichnet war, weiter verschlechtern würde. Es ging dabei aber auch, wie wohl im Unternehmerlager umstritten, um die symbolische Außerkraftsetzung des staatlichen Schlichtungswesens, dem man infolge des politischen Einflusses der Gewerkschaften quasi eine Lohnerhöhungsautomatik zur Last legte. Zwar mußten sich die Arbeitgeber angesichts erheblichen Widerstandes mit einem Teilerfolg zufrieden geben, die »Reform des Schlichtungswesens« wurde jedoch zusammen mit der »Reform der Arbeitslosenversicherung«, die den verhängnisvollen Sturz der Regierung Müller auslöste – zum Schlachtruf der Unternehmer, der aus der sogenannten Stabilisierungsphase in die Zeit der Krise hinübergerettet wurde. In dem Maße, in dem nun immer stärker auch die »Auflockerung der Tarifverträge« selbst gefordert wurde, fand sich Sinzheimers Warnung von 1929 bestätigt, daß sich die Attacke der Arbeitgeber, die »moralisch gegen die Verbindlichkeitserklärung« gerichtet schien, schon bald »gegen den Kollektivgedanken überhaupt« und damit den Lebensnerv der Gewerkschaften wenden werde[5].

Dieser tarifpolitische Vorbehalt schien zunächst den Verhandlungen keinen Abbruch zu tun, in denen sich Vertreter der Spitzenverbände – auf Seiten der Gewerkschaften zunächst nur des ADGB – im Juni 1930 um die Formulierung einer gemeinsamen Position im Hinblick auf die nötigen öffentlichen Einsparungen, die Selbstkostensenkung in der Wirtschaft und die Aufrechterhaltung der sozialen Sicherungssysteme bemühten[6]. Der Versuch, die Arbeitsgemeinschaft zwischen Gewerkschaften und Unternehmern wieder aufleben zu lassen, signalisierte in der Tat einen potentiellen deflationären Konsens. Er war allerdings, ebenso wie das Kooperationsangebot Paul Silverbergs von 1926, in der Industrie durchaus umstritten[7]. Die Opposition, die sich vor allem aus Vertretern der Arbeitgeberverbände und der westlichen Schwerindustrie rekrutierte, war nur mit Mühe davon abzuhalten, die Forderung nach Beseitigung der Verbindlichkeitserklärung in den nachgebesserten, gemeinsamen Erklärungsentwurf hineinzuschreiben[8]. In den Verhandlungen kam sie gleichwohl deutlich genug zur Sprache. Gleichzeitig drängten die Arbeitgeber von Arbeit-Nordwest, der Arbeitgeberorganisation der rheinisch-westfälischen Eisen- und Stahlindustrie, Arbeitsminister Stegerwald zur Verbindlichkeitserklärung des sog. Oeynhausener Schiedsspruchs noch vor Beendigung der Spitzenverhandlungen mit den Gewerkschaften. Den Unternehmern gelang damit erstmals, mittels eines von den Gewerkschaften als unzureichend erachteten Angebots kompensatorischer Preissenkungen der Einbruch an der Tariffront.

Dieser Handstreich hat, wie kooperationsbereite Unternehmer einräumen mußten, neben anderen politischen Entwicklungen, ein Entgegenkommen der Gewerkschaften in den Spitzenverhandlungen erheblich erschwert[9]. Obwohl sich die Industrie in der taktisch günstigen Position befand, in Silverbergs Worten »die Gewerkschaften gehen und vielleicht fallenzulassen oder sie noch einmal zu stützen, um sie noch einmal gebrauchen zu können«[10], fand sich keine Mehrheit für einen tarifpolitischen Kompromiß mit den Gewerkschaften, der die Voraussetzungen für eine gemeinsame Erklärung hätte sein müssen. Trotz einiger warnender Stimmen vor der kommunistischen Gefahr war die Erleichterung über das Scheitern der Spitzenverhandlungen in der Industrie unübersehbar. Im Grunde jedoch mußte die im Industrie-Lager beschlossene Doppelstrategie – Gesprächsbereitschaft auf der Spitzenebene, bei härterer Gangart in Tarifverhandlungen – auch die im Dezember 1930 vor allem auf Betreiben Stegerwalds wieder aufgenommenen Verhandlungen zum Scheitern verurteilen. Die Gewerkschaften waren eindeutig in der Defensive und fürchteten zu Recht um ihre Stellung als unabhängige Tarifpartei. Die u. a. von Tarnow und Grassmann vorgebrachten Argumente für einen »Burgfrieden« – »Geht die Regierung Brüning, wird ein Beamtenkabinett folgen und schließlich die Diktaturregierung gegen uns« – vermochten nichts gegen das Mißtrauen der Einzelgewerkschaften auszurichten: diese wollten sich keinesfalls zu der geforderten freiwilligen Überprüfung laufender Tarifverträge hergeben, »weil in den fachlichen Arbeitgeberverbänden nicht nach den zwischen den Spitzenorganisationen getroffenen Vereinbarungen gehandelt wird.«[11]
Wie berechtigt dieses Mißtrauen war, sollte sich nur zu rasch erweisen, als sich die Unternehmerseite den immer stärker werdenden Forderungen nach Arbeitszeitverkürzungen gegenübersah. In einigen Branchen, vor allem in der Chemie, gingen die Unternehmer auf die gewerkschaftliche Forderung nach der 40-Stunden-Woche ein, während Vertreter der Arbeitgeberverbände insbesondere der westlichen Schwerindustrie eine solche Festlegung als Präjudizierung der Aufschwungsbedingungen strikt ablehnten. Anfang 1931 gelang es der Schwerindustrie gegenüber solchen Bestrebungen die absolute Priorität der Lohnkostensenkung als unternehmerische Krisenstrategie festzuschreiben. Zu dieser Klarstellung gegenüber der Reichsregierung sah man sich um so mehr veranlaßt, »da zur Zeit die Schiedssprüche ohnehin in Richtung auf eine Lohnsenkung ausfallen dürften, man aber darüber hinaus die Auflockerung für die Dauer festlegen möchte«[12].
Noch während der Bankenkrise vom Sommer 1931 machten Vertreter der Ruhrlade der Regierung gegenüber klar, daß die Freisetzung der Selbstheilungskräfte der Wirtschaft die Arbeitslosigkeit

»von ganz allein« beseitigen werde[13]. Dieses Argument stand einer hochkartellierten Industrie um so schlechter an, als man sich gleichzeitig gegen die wirtschaftlich geforderte Preissenkung mit dem Argument wehrte, man müsse sich damit »eine Lösung von den Zwangsgesetzen Tarif und Lohn erkaufen«[14]. Entscheidend ist jedoch in unserem Zusammenhang, daß die Anfang 1931 entwickelte Vorstellung zur Auflockerung des Tarifvertrages kaum mehr mit der Idee eines deflationären Konsens zu vereinbaren sind. Unübersehbar ist die Anknüpfung an die Frontstellung des Ruhreisenstreits: Es sollte nicht darum gehen, die Gewerkschaften durch Zugeständnisse in der Arbeitszeitfrage zu pazifizieren, noch sie durch eine deflationäre Allianz zu stabilisieren. Vielmehr wurde mit der schon Anfang 1931 konkret entwickelten Forderung nach »Auflockerung des Tarifvertrages« die Entwaffnung der Gewerkschaften selbst zum Programm.

Die tarifpolitischen Überlegungen in den Arbeitgeberverbänden gingen dabei in zwei Richtungen: ein Vorschlag sah Tariflohnunterschreitungen im Fall von Mehreinstellungen vor, wodurch eine Art Lohnsenkungsautomatik bei Nachfragebelebung unter Ausschluß des gewerkschaftlichen Tarifpartners begründet worden wäre. Die betrieblich zu vereinbarende Abdingbarkeit eines laufenden Tarifvertrags oder die Kompensation von Mehreinstellungen durch Tarifunterschreitung hätte in der Tat die völlige Durchbrechung des Tarifvertragsprinzips bedeutet[15]. Daß es der Schwerindustrie mit solchen Plänen durchaus ernst war, zeigte der Streit um die Stillegung der Hütte Ruhrort Meiderich der Vereinigten Stahlwerke im Februar 1931. Nicht nur die Gewerkschaftsfunktionäre, auch die mit Entlassung bedrohten Belegschaften lehnten jedoch das Angebot einer kurzfristigen Beschäftigungsgarantie gegen einen 20prozentigen Tarifverzicht ab[16]. Daß die »Auflockerung der Tarifverträge« die Verdrängung der Gewerkschaften aus den Tarifverhandlungen selbst zum Ziele hatte, wurde noch deutlicher bei dem zweiten Vorschlag, den Vögler im Juni 1931 unterbreitete: Die Unabdingbarkeit von Tarifverträgen sollte nunmehr lediglich für einen Grundlohn gelten, der 40 Prozent unter den vereinbarten Tarifsätzen und nur geringfügig über den ebenfalls zu senkenden Leistungen der Arbeitslosenversicherung liegen sollte. Darüber hinausgehende Lohnbestandteile sollten konjunktur- und branchenabhängig auf Werksebene geregelt werden[17].

Die tarifpolitischen Forderungen vor allem der Schwerindustrie hatten sich dermaßen verschärft – von der Beseitigung der Verbindlichkeitserklärung zum gesetzlich sanktionierten oder freiwilligen Eingriff in laufende Tarifverträge, von der Auflockerung des Tarifvertrages zur Abschaffung der Unabdingbarkeit – daß eine Kooperation mit den Gewerkschaften auch unabhängig von den politischen Kosten unvorstellbar war. Darüber konnte auch das Dementi nicht hinwegtäuschen, mit dem Arbeit-Nordwest im Zusammenhang mit der Harzburger Tagung der nationalen Opposition »wilden Gerüchten« entgegentrat, die Industrie steuere nicht nur auf einen politischen Systemwechsel, sondern auch auf die Zerschlagung der Sozialversicherung, die Außerkraftsetzung des Tarifrechts, die Aufhebung der Tarifverträge und die Auflösung der Gewerkschaften zu[18]. Schon Anfang 1931 hatte Reichsarbeitsminister Stegerwald, der strikt an der Aufrechterhaltung des Tarifvertragsprinzips festhielt, die Arbeitgeber im Zusammenhang mit den Spitzenverhandlungen gewarnt, daß der von der Industrie geforderte Einbruch in die Schlichtungsgesetzgebung die Sozialdemokratie in die Opposition treiben müsse, und daher »praktisch auf eine rechtsradikale Diktatur« hinauslaufe[19].

Wie sehr auch die staatlich dekredierte Lohnsenkung durch Eingriff in laufende Tarifverträge in der Notverordnung vom 8. Dezember 1931 sowie die gesetzliche Ermöglichung von Tariflohnunterschreitungen in der Papenschen Notverordnung vom 5. September 1932 den tarifpolitischen Forderungen der Unternehmer entsprach, so zeigt die Reaktion im Unternehmerlager gleichwohl, daß es dabei keineswegs nur um die der reinen Lehre entsprechende Lohnsenkung ging. Die Dezember-Notverordnung wurde nicht nur wegen der gleichzeitigen, als »staatssozialistisch« denunzierten Herabsetzung der Kartellpreise kritisiert, sondern auch, weil dadurch neue Tarifverträge unter Berücksichtigung der Tarifparteien gegründet wurden[20]. Und selbst die Papensche Notverordnung fand keine ungeteilte Zustimmung im Unternehmerlager, weil man selbst noch hinter den Bedingungen, an die die Vergünstigungen gebunden waren – so z. B. die Begrenzung der Tariflohnunterschreitungen auf die 31. bis 40. Wochenarbeitsstunde oder die Überprüfung der Stillegungsabsicht durch einen staatlichen Schlichter –, wirtschaftsdemokratische Rücksichten im Reichsarbeitsministerium witterte[21].

Sieht man den Vorstoß der schwerindustriellen Arbeitgeber gegen das staatliche Schlichtungswesen im Ruhreisenstreit als politischen Testfall, so ist der sich in der Weltwirtschaftskrise beschleunigende Sturmlauf gegen die »Tariffesseln« kaum nur als ökonomisch begründete Kostensenkungskampagne zu verstehen. Hinter der orthodoxen Krisenstrategie stand zweifellos die Absicht, die geschwächte Verhandlungsposition der Gewerkschaften zu einer grundlegenden sozialpolitischen Bereinigung auszunutzen, die auch vor den Grundfesten der Weimarer Demokratie, dem kollektiven Arbeitsrecht, nicht haltmachte. Nach der Auflockerung der Tarifverträge, dessen war sich der Düsseldorfer Arbeitgeberverband im Sommer 1932 gewiß, könne »der Umbau staatszentralistischer Einrichtungen zu Selbstverwaltungseinrichtungen, des staatlichen Zwangsrechts zu echtem staatlichen Aufsichtsrecht, der Gewerkschaften zu berufsständischen Arbeitervertretungen, der Tarifverträge zu Tarifgemeinschaften im Rahmen berufsständischer Gemeinschaftsarbeit usw. dem Fortgang der staatspolitischen Entwicklung überlassen bleiben«[22].

Indizien für eine solche politische Funktionalisierung lassen sich auch auf dem Felde der Arbeitsbeschaffungspolitik finden, auf das hier jedoch nur kurz eingegangen werden kann[23]. Es ist kaum verwunderlich, daß sich die Industrie, die seit der Mitte der 20er Jahre gegen die »kalte Sozialisierung« durch die öffentliche Wirtschaftstätigkeit und gegen staatliche Eingriffe in das Wirtschaftsleben allgemein Sturm lief, mit staatlichen Arbeitsbeschaffungsprogrammen im großen Stil nicht abfinden konnte. In dieser Frage war also weniger Einigkeit zwischen Gewerkschaften und Unternehmern zu erwarten, als in der Furcht vor möglichen inflationären Folgen von währungs- oder kreditpolitischen Reflationsmaßnahmen. Von einem deflationären Konsens kann damit lediglich im Hinblick auf den Inflationsvorbehalt gesprochen werden, der jedoch durchaus unterschiedliche Formen annehmen konnte. So mutmaßten die Gewerkschaften anläßlich der Harzburger Rede von Schacht, in der öffentlich die schwache Position der Währung angesprochen wurde, daß die Schwerindustrie einen inflationären Ausweg aus der Krise suche – ein Vorwurf, der von Krupp überzeugend zurückgewiesen werden konnte[24].

Andererseits galt der Inflationsvorbehalt, mit dem das Kreditfinanzierungsprogramm des gewerkschaftlichen WTB-Plans, aber auch die währungspolitischen Vorstellungen Wagemanns Anfang 1932 von der Industrie vom Tisch gewischt wurden, keineswegs für die staatliche Vorfinanzierung der industrieeigenen Beschäftigungsprogramme. Als solche wird man in gewissem Umfange die Rediskontierung der Russenwechsel betrachten müssen, die schon nach der Bankenkrise vom Sommer 1931 zu einer »Inflation der Finanzwechsel« beigetragen hatten, ohne jedoch, wie der Arbeitsbeschaffungsausschuß des RDI ein Jahr später registrierte, inflationäre Folgen gezeitigt zu haben[25]. Es ging jedoch der Industrie, ebenso wie Brüning, keineswegs nur darum, die Wiederholung der großen Inflation vom Anfang der Weimarer Republik zu vermeiden. Brüning jedenfalls sah durch die Verheißung einer künstlichen Kreditschöpfung, wie sie der Wagemann-Plan vom Januar 1932 enthielt, nicht nur seine reparationspolitische Linie, sondern auch sein innenpolitisches Reformprogramm bedroht: »Er habe die größten Schwierigkeiten, über die Reform der sozialen Versicherungen zu verhandeln, seitdem dieser Plan herausgekommen sei. Die ganze von ihm innegehaltene politische Linie wurde gefährdet«[26].

Auch für die Industrie schien die Gefährlichkeit des WTB-Planes keineswegs nur in der vermeintlichen inflationären Konsequenz zu liegen. Jedenfalls war auf der Hauptversammlung der rheinisch-westfälischen Arbeitgeberverbände zu hören, der gewerkschaftliche Arbeitsbeschaffungsplan gewährleiste, abgesehen von der Inflationsgefahr, lediglich den überhöhten Lohnstand durch den Einsatz öffentlicher Mittel und schone die Gewerkschaftskassen: »Wir müssen klar erkennen«, so hieß es, »solange diese Einflüsse der Gewerkschaften sich politisch auf die Regierung auch im Zeichen des Notverordnungssystems auswirken, können wir auf eine wirkliche Gesundung der Wirtschaft nicht rechnen«[27]. Auch auf dem Gebiet der Arbeitsbeschaffung, so scheint es, reichte die gemeinsame Inflationsfurcht von Unternehmern und Gewerkschaftern keineswegs aus, um einen echten deflationären Konsens zu begründen.

Zusammenfassende Ergebnisse

Die Überprüfung der unternehmerischen Positionen in den beiden für einen potentiellen deflationären Konsens relevanten Bereichen, der Tarifpolitik und der Arbeitsbeschaffungspolitik, hat ergeben, daß eine solche Kennzeichnung des Verhältnisses zwischen Unternehmern und Gewerkschaften während der Regierungszeit Brünings nicht gerechtfertigt ist. Das Lohnsenkungspostulat entsprang zumindest in der Schwerindustrie nicht nur einer relativ doktrinären Sicht der Krise als reiner Selbstkostenkrise, sondern auch der Absicht, die Bindungen des kollektiven Arbeitsrechts über eine Auflockerung des Tarifvertrages abzuschütteln. Die Ablehnung staatlicher Beschäftigungsprogramme war nicht nur dem liberalen Credo der freien Marktwirtschaft verpflichtet, sondern auch – analog zu Brünings eigenem Kalkül – der Absicht, den Deflationsdruck politisch zu funktionalisieren.

Die Bemühungen um eine Wiederbelebung der Zentralarbeitsgemeinschaft im Sommer 1930 und die Unterstützung des Reichsverbandes für die Brüning-Regierung nach dem Wahlsieg der NSDAP im September 1930 sind andererseits auch als Vorbereitung für eine große Koalition oder zumindest als deren Ersatz in einer stillen Tolerierungsallianz interpretiert worden[28]. Zieht man jedoch die tarifpolitische Konfrontation in Betracht, so wird klar, daß die Loyalitätsbekundungen der Industrie für Brüning nach den September-Wahlen und – nach einer Verschlechterung der Beziehungen zur westlichen Schwerindustrie schon im Frühjahr 1931[29] – erneut im Zusammenhang mit der Bankenkrise eher dem bedrohlichen Abzug von Geldern als einem wie immer gearteten deflationären Konsens zu verdanken sind[30]. Brüning konnte dem Dilemma nicht entkommen, daß es gerade seine Abhängigkeit von der Tolerierung durch die Sozialdemokratie war, die ihn für weite Kreise der Industrie immer untolerierbarer machte: Sie behinderte das offene Vorgehen gegen die Gewerkschaften, das von der Schwerindustrie gefordert wurde, und das der GHH-Direktor Paul Reusch im September 1931, als auch der RDI offen seine Gefolgschaft für Brüning aufkündigte, klassisch formulierte:

>Ich bin der unmaßgeblichen Meinung, daß Herr Brüning, nachdem die Erwartungen, die wir auf ihn gesetzt haben, sich nicht erfüllt haben und nachdem er nicht den Mut hat, sich von der Sozialdemokratie zu trennen, von der Wirtschaft und vom Reichsverband auf das allerschärfste bekämpft werden muß und daß ihm die Industrie ganz offen ihr Mißtrauen aussprechen soll ... Die Industrie war bisher zu feige, den Kampf mit den Gewerkschaften in aller Schärfe aufzunehmen. Das ganze Unheil, das über uns gekommen ist, ist nicht zum geringsten Teil auf die Gewerkschaften zurückzuführen, von denen sich seit den Revolutionstagen alle Regierungen mehr oder weniger beeinflussen ließen und die im Hintergrund tatsächlich regiert hatten. Wir haben den Fehler gemacht, in der Vergangenheit die Regierungen zu bekämpfen, statt daß wir die Gewerkschaften mit aller Schärfe bekämpft haben und sollten aus diesem Fehler der Vergangenheit nunmehr die entsprechende Folgerung ziehen.«[31]

Die Frage, welche politische Bedeutung eine solche Einstellung zu den Gewerkschaften für die industrielle Bündnisstrategie gegenüber der NSDAP haben mußte, kann hier nicht weiter verfolgt werden. Jedenfalls scheint eine einfache Gleichung kaum möglich. Gerade der gewerkschaftsfeindliche Schwerindustrie-Flügel hielt 1932 so lange wie möglich an der Papen-Option des »autoritären Staates« fest, was jedoch die Möglichkeit einer Regierungsbeteiligung der NSDAP durchaus einschloß. Umgekehrt propagierte der kooperationsbereite Silverberg seit Herbst 1932 die Ersetzung der SPD durch die NSDAP zur Sicherung einer Massenloyalität für die »Rekonsolidierung des Kapitalismus«[32]. Weder verschrieben sich die Kräfte in der Industrie, die auch in der Weltwirtschaftskrise Verbindung mit den Gewerkschaften zu halten suchten, damit automatisch dem politischen System von Weimar, noch schloß die von der Schwerindustrie gesuchte tarifpolitische Konfrontation eine Unterstützung Brünings nach dem Wahlsieg der NSDAP prinzipiell aus. Als Minimalkonsens wird man jedoch festhalten müssen, daß die Wiederherstellung der gewerkschaftlichen Verhandlungsposition, wie sie das politische System von Weimar garantierte, verhindert werden sollte.

Die vorsichtige Kontaktaufnahme mit Gewerkschaftsvertretern von 1933 kann deshalb der Industrie auch nicht als »Fronde« gegen die Hitler-Regierung angelastet werden, ein Vorwurf Thyssens, den die RDI-Führung überzeugend zurückweisen konnte. Schließlich wollte Krupp, der sich neben von Siemens am deutlichsten zu einer Anknüpfung an die Arbeitsgemeinschaft bekannte, bei Hitler nachfragen, »ob es zweckmäßiger wäre, freiwillig eine Grundlage für eine solche Zusammenarbeit zu finden, oder eine solche durch behördliche Verordnung zu erzwingen«[33]. Aber selbst die Idee einer Arbeitsgemeinschaft von Hitlers Gnaden, eventuell sogar unter nationalsozialistischer Führung der Gewerkschaftsseite fand keinen Gefallen bei den Vertretern der westlichen Schwerindustrie, obwohl sich der ADGB durch seine nationale Loyalitätsbekundung schon politisch von der SPD gelöst hatte[34]. Angesichts der terroristischen Ausschaltung der lokalen Gewerkschaftsführungen empfahlen Thyssen und Vögler in einer Besprechung mit Göring am 28. März 1933 die Festsetzung eines sechsmonatigen »restlosen Arbeitsfriedens« und die Beseitigung des störenden Einflusses von Organisationen überhaupt auf die betriebliche Zusammenarbeit[35]. Noch war ungewiß, ob es dem Nationalsozialismus gelingen würde, die Gewerkschaften – in der Formulierung der deutschen Führerbriefe vom September 1932 – »in eine gebundene Sozialverfassung einzubringen, so wie sie die Sozialdemokratie früher in eine liberale eingebracht hat«[36].

Der Ausgang dieses Prozesses, als dessen Ergebnis zunächst noch die Errichtung einer tariffähigen, faschistischen Einheitsgewerkschaft drohte, war noch ungewiß, und wie die Gleichschaltung des RDI Anfang April zeigte, keineswegs ohne Risiko[37]. Einen Weg zurück nach Weimar gab es in dieser Frage jedenfalls nicht mehr. Vielleicht hätte es ihn gegeben, wenn tatsächlich ein deflationärer Konsens bestanden hätte.

Anmerkungen

1 Knut Borchardt, Zwangslagen und Handlungsspielräume in der großen Wirtschaftskrise der frühen dreißiger Jahre: Zur Revision des überlieferten Geschichtsbildes, in: Jahrbuch der Bayerischen Akademie der Wissenschaft 1979, S. 87–132, Zitat auf S. 97.

2 Das lohnpolitische Argument Borchardts, wonach die Krise der Weimarer Wirtschaft auf die überhöhte Reallohnposition der Arbeiterschaft in der Stabilisierungsphase zurückzuführen sei, ist inzwischen überzeugend widerlegt worden. Vgl. den Beitrag von Holtfrerich in diesem Band, S. 119 ff., sowie ders., Zu hohe Löhne in der Weimarer Republik? Bemerkungen zur Borchardt-These, in: Geschichte und Gesellschaft 10 (1984). Zur Kritik an Borchardt vgl. a. Claus-Dieter Krohn, »Ökonomische Zwangslagen« und das Scheitern der Weimarer Republik. Zu Knut Borchardts Analyse der deutschen Wirtschaft in den zwanziger Jahren, in: Geschichte und Gesellschaft 8 (1982), S. 415–426, und dessen Replik in: ebenda 9 (1983), S. 124–137, sowie Henning Köhler, Knut Borchardts »Revision des überlieferten Geschichtsbildes« der Wirtschaftspolitik in der Großen Krise – Eine

Zwangsvorstellung? in: Internationale Wissenschaftliche Korrespondenz zur Geschichte der deutschen Arbeiterbewegung 19 (1983), S. 164–180.

3 Dieser Zusammenhang wird von Reinhard Neebe vernachlässigt. Vgl. ders., Zwischen Kooperation und Konfrontation: Unternehmerpolitik und Gewerkschaften 1930–1933, in: Gewerkschaftliche Monatshefte 4/5 1983, S. 253–264; vgl. a. ders., Unternehmerverbände und Gewerkschaften in den Jahren der Großen Krise 1929–1933, in: Geschichte und Gesellschaft 9 (1983), S. 302–330.

4 Vgl. Bernd Weisbrod, Schwerindustrie in der Weimarer Republik, Interessenpolitik zwischen Stabilisierung und Krise, Wuppertal 1978, S. 415 ff.

5 Ebenda, S. 488.

6 Vgl. Udo Wengst, Unternehmerverbände und Gewerkschaften in Deutschland im Jahre 1930, in: Vierteljahreshefte für Zeitgeschichte 25 (1977), S. 99–119.

7 Zur politischen Rolle Silverbergs vgl. Reinhard Neebe, Großindustrie, Staat und NSDAP 1930–1933, Paul Silverberg und der Reichsverband der Deutschen Industrien in der Krise der Weimarer Republik, Göttingen 1981 (Kritische Studien zur Geschichtswissenschaft Bd. 45).

8 Vgl. die Erklärungsentwürfe und Beratungsprotokolle in: Politik und Wirtschaft in der Krise 1930–1932. Quellen zur Ära Brüning. Eingeleitet von G. Schulz, bearbeitet von I. Maurer und U. Wengst. Erster Teil (Quellen zur Geschichte des Parlamentarismus und der politischen Parteien. Dritte Reihe Bd. 4/1), Dok. 78 ff.

9 Vgl. a. Vorwärts, 25. Juni 1930.

10 Politik und Wirtschaft, S. 192.

11 Bundesausschuß des ADGB, 14/15. Dez. 1930, in: ebenda, S. 493 ff.

12 Blank an Reusch, 31. Jan. 1931, HA GHH 400101224/8.

13 Mitglieder der Ruhrlade an Reichskanzler, 30. Juli 1931, Krupp-Archiv IV E 152.

14 Vgl. die Beratungen im VDESI, BA Koblenz, R 13 I/404, fol. 49 f., 120 ff.

15 Vgl. das Exposé des Geschäftsführers von Arbeitnordwest, Grauert, 13. Jan. 1931, Hoesch-Archiv F 1 d 6, sowie die Eingaben von Krupp und Vögler an den Reichskanzler, 7. und 11. Febr. 1931, Krupp-Archiv IV E 152.

16 Vgl. Stillegungsunterlagen im Archiv der ATH, Fe 166.

17 Vgl. Vögler an Trendelenburg, 27. Aug. 1931, Krupp-Archiv IV E 915.

18 Vgl. den Schrifwechsel zwischen Arbeitnordwest und Christlichem Metallarbeiter-Verband, 15. und 20. Okt. 1931, Hoesch-Archiv F 1 d 6.

19 Stegerwald in einer Besprechung mit Industrievertretern, 29. Jan. 1931, in: Akten der Reichskanzlei: Weimarer Republik. Die Kabinette Brüning I und II, Bd. 1: 30. März 1930 bis 28. Febr. 1931, bearbeitet von Tilman Koops, Boppard 1982, S. 822.

20 Vgl. Reusch an RDI, 21. Dez. 1931, HA GHH 400101220/11, sowie XXVII Geschäftsbericht von Arbeitnordwest, Juni 1932, S. 8.

21 Vgl. die Stellungnahme Grauerts in: Ruhr und Rhein 13 (1932), Hft. 18, S. 609 ff.

22 XXVII Geschäftsbericht von Arbeitnordwest, Juni 1932. S. 21.

23 Vgl. Dietmar Petzina, Staatliche Ausgaben und deren Umverteilungswirkungen – das Beispiel der Industrie- und Agrarsubventionen in der Weimarer Republik, in: Staatliche Umverteilungspolitik in historischer Perspektive. Beiträge zur Entwicklung des Staatsinterventionismus in Deutschland

und Österreich, hg. von Fritz Blaich, Schriften des Vereins für Socialpolitik NF Bd. 109 (1980), S. 59–106.

24 Vgl. die Antrittsrede Krupps als RDI-Vorsitzender, 27. Nov. 1931, Krupp-Archiv IV E 177.

25 Vgl. Harold James, The Reichsbank and Public Finance in Germany 1924–1933, Cambridge Ph. D. 1982, S. 318 ff. Vgl. a. Pietrkowski, Arbeitsbeschaffung durch öffentliche Stellen, RDI Arbeitsbeschaffungsausschuß, 17. Aug. 1932. Krupp-Archiv IV E 178.

26 Tagesbericht Luthers, 28. Jan. 1932, in: Politik und Wirtschaft, Bd. 2, S. 1241.

27 Hauptversammlung der rheinisch-westfälischen Arbeitgeberverbände 19. Apr. 1932 (Vortrag Grauert), Hoesch-Archiv F 1 d 6.

28 Vgl. Neebe, Großindustrie, S. 69 ff., 81 ff., der in dem Verhalten der Industrie sogar ein Bekenntnis zum parlamentarisch-demokratischen System zu erkennen glaubt.

29 Vgl. Weisbrod, Schwerindustrie, S. 485.

30 Zur Bedeutung der Kapitalabzüge, insbesondere der Kapitalflucht, vgl. James, Reichsbank, S. 176 ff.

31 Reusch an Kastl, 6. Sept. 1931, HA GHH 400101220/11 b.

32 Vgl. hierzu ausführlich Neebe, Großindustrie, S. 117 ff. und 159 ff.

33 RDI Präsidialsitzung, 23. März 1933, Krupp-Archiv IV E 885.

34 Vgl. Erklärung des ADGB-Bundesvorstandes vom 21. März 1933, in: Gewerkschafts-Zeitung Nr. 12, 25. März 1933. Vgl. a. Gerhard Beier, Das Lehrstück vom 1. und 2. Mai 1933, Frankfurt 1975, S. 25 ff.

35 Vgl. Aktennotiz in: Heinrichsbauer an Reusch, 27. Apr. 1933, HA GHH 400101290/20 a.

36 Die soziale Rekonsolidierung des Kapitalismus II. Die Eingliederung des Nationalsozialismus, in: Deutsche Führerbriefe 20. Sept. 1932.

37 Vgl. Udo Wengst, Der Reichsverband der Deutschen Industrie in den ersten Monaten des Dritten Reiches, in: Vierteljahreshefte für Zeitgeschichte 28 (1980), S. 94–110.

Michael Schneider

Arbeitsbeschaffungspolitik zwischen sozialer Reaktion und Zerschlagung der Gewerkschaften 1932 bis 1933*

Gewiß sollte ich gleich an die Ausführungen von Herrn Petzina zur Arbeitsbeschaffungspolitik anknüpfen; doch ich kann der Versuchung nicht widerstehen, zuvor noch einige Worte zur Entwicklung der gewerkschaftlichen Arbeitsbeschaffungsinitiative zu sagen: In der Diskussion des gestrigen Abends schien Konsens darüber zu herrschen, daß die Gewerkschaften – d. h. die Freien Gewerkschaften – arg verspätet mit einem durchgreifenden Programm auf die Wirtschaftskrise reagiert hätten. Wenn man jedoch berücksichtigt, daß die Gewerkschaften mit dem WTB-Plan Neuland betreten haben, daß sie – in Übereinstimmung mit dem Postulat innerorganisatorischer Demokratie – einen solchen Plan erst intern diskutieren und schließlich als Programm verabschieden mußten, dann scheint mir die Ausarbeitung eines Krisenprogramms sogar sehr schnell erfolgt zu sein. Ab Mitte/Ende 1930 haben die Gewerkschaften wohl das besondere Ausmaß der Weltwirtschaftskrise erkannt. Das erste Rezept gegen ein weiteres Ansteigen der Arbeitslosigkeit war die Forderung nach Einführung der 40-Stunden-Woche; auch von manch einem Gewerkschafter ist dieses Konzept jedoch als »Verteilung der Not« – denn an Lohnausgleich war nicht zu denken – abgelehnt worden.
Ende 1930 wurden dann im kleinen Kreis – vom Statistiker des Allgemeinen Deutschen Gewerkschaftsbundes (ADGB) Wladimir Woytinsky, vom (bereits gestern öfter genannten) Vorsitzenden des Holzarbeiterverbandes Fritz Tarnow und vom sozialdemokratischen Agrarspezialisten Fritz Baade – Überlegungen angestellt, ob man nicht durch defizitär finanzierte staatliche Aufträge im Umfang von etwa 2 Milliarden Reichsmark (RM) eine Initialzündung zur Wiederbelebung der Wirtschaft geben könnte. Mit diesem nach den Autoren WTB-Plan genannten Konzept wurden Inflationsbefürchtungen geweckt – was angesichts der Erfahrung der Hochinflation, die gerade 7 oder 8 Jahre zurücklag, vielleicht verständlich erscheinen will, was aber an der Realität des vorangeschrittenen Deflationsprozesses vorüberging. In der sozialdemokratischen Reichstagsfraktion wurden die Inflationsbefürchtungen

handlungsorientierend, so daß das vom ADGB am 13. April 1932 auf dem Krisenkongreß verabschiedete Arbeitsbeschaffungsprogramm nicht sofort zu einer gemeinsam getragenen parlamentarischen Initiative führte. Erst Ende August/Anfang September hat die SPD-Fraktion ihre Vorstellungen zur »Belebung der Wirtschaft« in mehreren Gesetzesanträgen konkretisiert, von denen einer auch das Arbeitsbeschaffungsprogramm – im Umfang von 1 illiarde RM – ansprach. Mit dieser eher behutsamen Initiative konnte man gewiß den Nationalsozialisten nicht das Wasser abgraben, die seit Frühjahr 1932 die Forderung nach Arbeitsbeschaffung zu einer der zentralen Aussagen ihres Programms gemacht hatten. Gewerkschaften und SPD haben – so will es mir scheinen – im Frühjahr 1932 die Chance verpaßt, das Thema »Arbeitsbeschaffung« für sich zu besetzen. Ob es nun aber viel geholfen hätte, wenn SPD und ADGB in geschlossener Front für Arbeitsbeschaffung eingetreten wären, mag indessen als zweifelhaft gelten. Ob die Wahlen vom 31. Juli 1932, die der NSDAP enorme Gewinne brachten, anders ausgegangen wären, weiß ich nicht zu sagen; Skepsis ist bestimmt angebracht. Aber man sollte auch sehen, daß die »konjunkturpolitischen Reformer« in den Gewerkschaften in ihren zeitgenössischen Kommentaren zur politischen Entwicklung des Sommers 1932 bedauernd darauf hingewiesen haben, daß die Nationalsozialisten ihnen ein massenwirksames Thema der politischen Propaganda abgenommen hatten.

Spätestens im Frühjahr 1932 – mit dem Krisenkongreß des ADGB vom 13. April und der Reichstagsrede Gregor Strassers von der NSDAP am 10. Mai – ist das Thema »Arbeitsbeschaffung« zu einer zentralen Frage der Innenpolitik aufgerückt. Auch die Regierung Brüning mit ihrer deflationistischen Wirtschaftspolitik hat sich dem Druck der Öffentlichkeit nicht völlig entziehen können; im Frühjahr 1932 wurde in den Ministerien ein Arbeitsbeschaffungsprogramm ausgearbeitet, das indessen nur insgesamt 135 Millionen Reichsmark umfassen sollte. Wenn man berücksichtigt, was die Regierung Brüning zuvor – gemäß ihrer wirtschaftspolitischen Priorität: Etatausgleich durch Sparen – an Ausgaben gestrichen hatte, dann können diese 135 Millionen nicht mal wie ein Tropfen auf den heißen Stein gewirkt haben. Das war wohl auch allen Beteiligten klar: Reichsarbeitsminister Adam Stegerwald, selbst aus der christlich-nationalen Gewerkschaftsbewegung kommend, hatte sich gescheut, vor die Delegierten des Krisenkongresses »mit leeren Händen« zu treten. Der notverordnete Lohn- und Sozialabbau sollte durch die Aussicht auf ein staatliches Arbeitsbeschaffungsprogramm versüßt werden. Die Regierung Brüning ist jedoch durch ihre Demission daran gehindert worden, ihr ohnehin bescheidenes Arbeitsbeschaffungskonzept zu realisieren.

Wohl nur in der Regierungszeit Brünings hätte eine offensive Konjunkturpolitik indessen einen Beitrag zur Stabilisierung der Weimarer Republik leisten können. Zwar kann darüber gestritten werden, ob etwa in der Zeit nach der Bankenkrise vom Sommer 1931 ein großangelegtes Arbeitsbeschaffungsprogramm zur Belebung der Wirtschaft oder auch nur zum Abbau der Arbeitslosigkeit hätte führen können. Ich möchte jedoch vermuten, daß eine Arbeitsbeschaffungsinitiative zu diesem Zeitpunkt zumindest eine Verlangsamung der Zunahme der Arbeitslosigkeit bewirkt und darüber hinaus das Vertrauen breiter Bevölkerungskreise in die Handlungsbereitschaft und -fähigkeit wenigstens der Regierung gestärkt hätte, was – wieder eine Vermutung – vielleicht auch die Abkehr von der Staatsform der parlamentarischen Republik aufgehalten hätte. Letztere Vermutung gilt vielleicht auch noch, wenn im Frühjahr 1932 eine den Vorstellungen der Gewerkschaften entsprechende Arbeitsbeschaffungspolitik eingeleitet worden wäre.

Papens »konjunkturpolitische Wende«

Aber auch die Regierung Papen, das »Kabinett der Barone«, hat zunächst einmal nur die Planungen ihrer Vorgängerin mit der Notverordnung vom 14. Juni 1932 in die Tat umgesetzt: 135 Millionen RM wurden für öffentliche Arbeitsbeschaffungsmaßnahmen im Bereich des Verkehrs- und Wasserwesens sowie landwirtschaftlicher Strukturverbesserungen bereitgestellt; außerdem wurden die Mittel für den Freiwilligen Arbeitsdienst von 22 Millionen auf 40 Millionen RM aufgestockt; zu ewähnen sind noch die Reichsbürgschaften zur Absicherung von Aufträgen aus der Sowjetunion, die sogenannten Russenkredite, mit deren Hilfe der Export gefördert werden sollte. Diese Maßnahmen waren jedoch eingebunden in ein Konzept forcierten sozialen Abbaus. Mit den notverordneten Kürzungen von Löhnen und Sozialleistungen knüpfte Franz von Papen an seine Antrittserklärung vom 4. Juni 1932 an, in der er eine »moralische Erneuerung« gefordert hatte; die vom Wohlfahrtsstaat gezüchtete moralische Zermürbung und das übersteigerte Anspruchsdenken müßten bekämpft werden – so hieß es. Die Gewerkschaften protestierten ohnmächtig gegen die »reaktionäre Politik« des »Klassenkampfes von oben« – und hofften auf die nächsten Wahlen vom 31. Juli 1932.

Schon rasch wurde den Regierungs-Politikern klar, daß die bisher für öffentliche Aufträge bereitgestellten Mittel viel zu gering dimensioniert waren, um auch nur einigermaßen den angestrebten Effekt einer Trendwende zu erzielen; auch reichte ein Programm dieser Größenordnung gewiß nicht aus, um die Forderungen nach Arbeitsbeschaffungspolitik auch nur zeitweilig zu befriedigen. Reichsarbeitsminister Hugo Schäffer verlangte bereits am 28. Juni 1932, also nur zwei Wochen nach der Verabschiedung der Notverordnung vom 14. Juni, in internen Beratungen die Aufstockung der Arbeitsbeschaffungsmittel um 150 Millionen RM. Am 21. Juli 1932 dann, einen Tag nach der Reichsexekution gegen die sozialdemokratisch geführte preußische Regierung, beschloß das Kabinett, die Summe der Arbeitsbeschaffungsmittel auf 207 Millionen RM anzuheben. Den Weg für diese Aufstockung der Mittel für öffentliche Aufträge hat gewiß die Regelung der Reparationsfrage in Lausanne am 8. Juli 1932 freigemacht; als späte Frucht der Brüningschen Politik fiel Papen dieser Erfolg in den Schoß: Nach frühestens drei Jahren sollte Deutschland noch eine letzte Rate der Reparationen von 3 Milliarden Goldmark zahlen. Sicher war die Entscheidung vom 21. Juli auch der Versuch des Kabinetts, von den Ereignissen des Vortages abzulenken – dies um so mehr, da doch am 31. Juli 1932 Wahlen bevorstanden. Daß das Wahlergebnis durch die Aufstockung der Arbeitsbeschaffungsmittel positiv beeinflußt wurde, wird man jedoch kaum sagen können: Die NSDAP verzeichnete starke Gewinne; mit 230 Abgeordneten wurde sie – weit vor der SPD (135), der KPD (89) und dem Zentrum (75) – zur stärksten Partei.

Ende August stellte Papen ein neues Wirtschaftsprogramm der Öffentlichkeit vor. Dieser »Papen-Plan« sah die Aufstockung der Arbeitsbeschaffungsmittel auf gut 300 Millionen RM vor. In den Notverordnungen vom 4. und 5. September wurden im einzelnen folgende Arbeiten projektiert: Maßnahmen im Reichswasserstraßenbau (50 Millionen RM), Straßenbau (102), landwirtschaftliche Bodenverbesserung (51), Tiefbauarbeiten (52), vorstädtische Kleinsiedlung (20), landwirtschaftliche Siedlung (10), Abwracken alter Schiffe (12), Schiffsbau (5).

Daß die Siedlungsmaßnahmen nur eine – im Vergleich zur Politik Brünings – geringe Rolle spielten, dürfte vor allem auf den Einfluß der Agrarier zurückzuführen sein, an deren Einspruch zuvor Brüning gescheitert war. Nur am Rande sei erwähnt, daß die Siedlungspläne zum Teil agrarromantischen Ideen entsprachen, nach denen die Industrialisierung Deutschlands ohnehin als zu weitgehend galt; »zurück auf's Land« und damit »Verwurzelung in Heimat und Scholle« – dies galt als eine Möglichkeit, den angeblich verderblichen Einflüssen der Großstadt entgegenzuwirken.

Weniger die erneute Erhöhung der Mittel als die vorgesehene Art der Finanzierung läßt den Papen-Plan als eigentliche »Wende der Konjunkturpolitik« erscheinen. Erstmals ist hier bewußt der Weg zur defizitären Finanzierung der Arbeitsbeschaffungspolitik eingeschlagen worden. Das Instrument, mit dem der Wirtschaft »Hilfe zur Selbsthilfe« geleistet werden sollte, die Steuergutscheine, zeigt indessen sehr deutlich die privatwirtschaftliche Interessenbindung der Regierung. Die Steuergutscheine sollten von der Gesellschaft für öffentliche Arbeiten und von der Rentenbank-Kreditanstalt – den Trägern der Arbeitsbeschaffungsmaßnahmen – als Deckung für langfristige Kredite benutzt werden. Der Privatwirtschaft wurde damit im Vorgriff auf spätere Staatseinnahmen ein Kredit von insgesamt 1,5 Milliarden RM eingeräumt. Die subventionistische Grundlinie der Politik wird überdies deutlich am Instrument der Mehrbeschäftigungsprämien: Die Unternehmen erhielten für jeden zusätzlich eingestellten Arbeiter eine Lohnprämie von 400 RM (in Steuergutscheinen) pro Jahr; der Gesamtumfang dieser Maßnahme sollte 700 Millionen RM erreichen.

Festzuhalten ist, daß der Schwerpunkt der Arbeitsbeschaffungspolitik Papens bei den Maßnahmen zur – wie es hieß – Freisetzung der unternehmerischen Eigeninitiative lag, die dann auch mit großem propagandistischem Aufwand gefeiert wurde. Gemäß dieser interessenpolitischen Grundorientierung wurde das Programm begleitet von weiteren Eingriffen in die Tariflöhne und weiteren Senkungen der Sozialleistungen.

Die unternehmerischen Interessenorganisationen haben diesen Weg der Konjunkturbelebung im großen und ganzen gebilligt; sowohl die Maßnahmen zur Flexibilisierung des Tarifvertrages als auch die Subventionen (Steuergutscheine und Mehrbeschäftigungsprämie) wurden begrüßt. Gerade diese Punkte stießen auf die Kritik der Gewerkschaften. Subventionspolitik für die Privatwirtschaft und die Eingriffe in laufende Tarifverträge – so konnten nach der Notverordnung vom 5. September 1932 bei Mehrbeschäftigung von Arbeitnehmern die Tariflöhne um 50% gekürzt werden – galten den Gewerkschaften erneut als Indizien für die sozialreaktionäre Politik Papens. Die Gewerkschaften sahen ihre Existenz gefährdet, protestierten gegen diese Politik, sahen aber keine ausreichenden Möglichkeiten zu erfolgversprechender Gegenwehr. Allerdings ist auch zu vermerken, daß der entschiedenste Verfechter des gewerkschaftlichen Arbeitsbeschaffungsplans, Wladimir Woytinsky, diesen Papen-Plan ausdrücklich als »Wende der Konjunkturpolitik« begrüßt hat, ohne ihm indessen – wegen der mangelhaften sozialpolitischen Fundierung des Programms – Erfolgsaussichten einzuräumen.

Ein Erfolg dieser »Wende« war denn auch nicht in Sicht. Um eine Konjunkturbelebung einzuleiten, waren die bereitgestellten Mittel wohl auch zu gering; auch war der Zeitpunkt der Initiative – in den Winter hinein – saisonal überaus ungünstig gewählt; und schließlich mangelte es offenbar an der konkreten Planung von Projekten, so daß bis zum 11. Dezember 1932 erst 236 Millionen RM dieses 300 Millionen-Programms abgerufen waren.

Grundzüge der Arbeitsbeschaffungspolitik Schleichers und der Regierung Hitlers

Die Regierung Kurt von Schleichers, des »sozialen Generals«, knüpfte ohne Zweifel an die Arbeitsbeschaffungspolitik Papens an. »Arbeitsbeschaffung« rangierte indessen eindeutiger als zuvor an der führenden Stelle des Regierungsprogramms; dies machte die Regierungserklärung Schleichers vom 3. Dezember 1932 deutlich, und dies wird auch durch die Bestellung von Günter Gereke, einem der Wortführer der »konjunkturpolitischen Reformer«, zum Reichskommissar für Arbeitsbeschaffung unterstrichen. Schleicher hat sich überdies bemüht, mit seiner Initiative in der Frage der Arbeitsbeschaffung die Basis für ein Arrangement unterschiedlicher Parteigruppierungen zu gewinnen; erinnert sei nur an die Versuche zur Bildung einer »Gewerkschaftsachse«, durch die Schleicher seine Position abzusichern bemüht war. Mit Gregor Strassers Rücktritt und seiner problemlosen Entmachtung innerhalb der NSDAP sowie mit der Weigerung der Freien Gewerkschaften, sich an der SPD vorbei zu institutionellen Formen der Zusammenarbeit mit anderen Parteien bzw. mit der Regierung bereitzuerklären, waren derartige Überlegungen zu einer parlamentarischen Untermauerung der Regierung Schleichers bereits im Dezember 1932 gescheitert.

Die Freien Gewerkschaften wären wohl – wenn nicht die SPD-Führung Einspruch erhoben hätte – bereit gewesen, die Regierung des »sozialen Generals« zu tolerieren, um damit – wie es hieß – »Schlimmeres« zu verhüten. Einflußreiche Kreise der unternehmerischen Interessenvertretung aber sahen die Bemühungen Schleichers um Kontakte zu den Gewerkschaften sowie die Aufhebung der größten Härten der September-Notverordnungen Anfang Dezember 1932 nicht ohne Argwohn; sie versuchten Schleicher auf die Linie Papens festzulegen: Papen habe in der Wirtschaft – so zum Beispiel Krupp von Bohlen und Halbach am 14. Dezember 1932 im Hauptausschuß des Reichsverbandes der Deutschen Industrie – eine »Vertrauenswelle« hervorgerufen, da er »eine Belebung der Wirtschaft von der Seite der persönlichen Initiative her auszulösen« versucht habe. Die Regierung Schleicher müsse – wolle sie dieses Vertrauen erhalten – »sorgfältig darauf bedacht sein, die Grundlinien des Programms Papens zu wahren, Abänderungswünsche dieser oder jener Gruppe mit aller Vorsicht zu behandeln und vor allen Dingen gefährliche kredit- und währungspolitische

Experimente zu verhindern«. Insbesondere das System der Steuergutscheine müßte erhalten bleiben.

In der Tat veränderte die Regierung Schleicher nicht das Grundmuster der Arbeitsbeschaffungspolitik; nach internen Kontroversen – Gereke forderte ein Sofortprogramm von 600 Millionen RM für öffentliche Aufträge von Reich, Ländern und Gemeinden, die Reichsbank unter Hans Luther war nicht bereit, mehr als 500 Millionen RM zu bewilligen – wurde am 28. Januar 1933, an dem die Kanzlerschaft Schleichers endete, die Aufstockung der Arbeitsbeschaffungsmittel auf 500 Millionen RM verordnet. Das Reich bürgte bis zu dieser Summe für die Vorfinanzierung von Arbeitsbeschaffungsmaßnahmen durch die Reichsbank, ohne also selbst diese Mittel im Reichsetat bereitstellen zu müssen.

Dieses 500-Millionen-Programm bildete den Grundstock der Arbeitsbeschaffungspolitik der Regierung Hitler, die die bereitgestellten Mittel dann am 1. Juni 1933 mit dem ersten Reinhardt-Programm auf 1 Milliarde RM erhöhte, um damit 700 000 bis 800 000 Arbeitsplätze zu schaffen. Diese Ausdehnung der Arbeitsbeschaffungsoffensive war eingebettet in zweierlei Bemühungen.

Erstens sollte das Vertrauen der Privatwirtschaft zu der neuen Regierung erhalten bzw. gestärkt werden; dazu gehörte die Versicherung, an Einstellungsgesprächen und Steuergutscheinen festhalten zu wollen; dazu zählte zudem das Versprechen, auch bei einem zu erwartenden Wirtschaftsaufschwung die Sozialausgaben weiter zu senken und die Steuerlastquote der Privatunternehmen beizubehalten. Und in diesem Zusammenhang wird man auch an die Einschränkung der Arbeitnehmerrechte – von der Aufhebung des Betriebsrätegesetzes bis zum Gesetz zur Ordnung der nationalen Arbeit – und vor allem an die Terrorisierung und dann Zerschlagung der Gewerkschaften sowie der politischen Arbeiterbewegung denken müssen.

Zum zweiten war die Arbeitsbeschaffungspolitik von vornherein dem Ziel der »Wehrhaftmachung« des Deutschen Reiches untergeordnet. Schon am 3. Februar wies Hitler in einer Rede vor Reichswehrbefehlshabern darauf hin, die Wirtschaftskrise könne nur durch die Erweiterung des »Lebensraumes« überwunden werden. Am 8. Februar 1933 beschloß das Kabinett, die Maßnahmen der Arbeitsbeschaffenheit hätten der »Wehrhaftmachung« zu dienen; demgemäß sollten erst die Ausgaben für die Wehrmacht aufgestockt werden. Und am 9. Februar 1933 betonte Hitler in der Sitzung des »Kabinetts-Ausschusses für Arbeitsbeschaffung und ländliche Siedlung«, dem nun auch der Reichswehrminister und der Reichskommissar für Luftfahrt angehörten, »die absolute Vorrangstellung der Interessen der Landesverteidigung bei der Vergebung öffentlicher Aufträge«. In den Ausschußberatungen zeigte sich, daß sich die Reichswehrführung mit der Anforderung von 50 Millionen RM glaubte bescheiden zu können; Hitlers Stellungnahme würde ich gerne in einem längeren Auszug aus dem Protokoll zitieren:

»Die Zukunft Deutschlands hänge ausschließlich und allein vom Wiederaufbau der Wehrmacht ab. Alle anderen Aufgaben müßten hinter der Aufgabe der Wiederaufrüstung zurücktreten. Mit der Geringfügigkeit der vom Reichswehrministerium jetzt angeforderten Mittel könne er sich nur abfinden aus der Erwägung heraus, daß das Tempo der Aufrüstung im kommenden Jahr nicht stärker beschleunigt werden könne. Jedenfalls stehe er auf dem Standpunkt, daß in Zukunft bei der Kollision zwischen Anforderungen für die Wehrmacht und Anforderungen für andere Zwecke die Interessen der Wehrmacht unter allen Umständen vorzugehen hätten. In diesem Sinne sei auch über die Vergebung der Mittel des Sofortprogramms zu entscheiden. Er halte die Bekämpfung der Arbeitslosigkeit durch Vergebung öffentlicher Aufträge für die geeignetste Hilfsmaßnahme. Das 500-Millionen-Programm sei das größte seiner Art und besonders geeignet, den Interessen der Wiederaufrüstung dienstbar gemacht zu werden. Es ermögliche am ehesten die Tarnung der Arbeiten für die Verbesserung der Landesverteidigung. Auf die Tarnung müsse man gerade in der nächsten Zukunft besonderen Wert legen, denn er sei überzeugt davon, daß gerade die Zeit zwischen der theoretischen Anerkennung der militärischen Gleichberechtigung Deutschlands und der Wiedererreichung eines gewissen Rüstungsstandes die schwierigste und gefährlichste sein werde. Erst wenn Deutschland soweit aufgerüstet habe, daß es für den Zusammenschluß mit einer anderen Macht bündnisfähig werde, nötigenfalls auch gegen Frankreich, werde man die Hauptschwierigkeiten der Aufrüstung überwunden haben.«

Vor dem Hintergrund dieser Äußerung will es mir schwer fallen, strikt zwei Phasen in der Arbeitsbeschaffungspolitik – erst zivile, dann militärische – zu unterscheiden. Dies gilt im übrigen auch für den im Frühsommer 1933 projektierten Bau der Reichsautobahn, die – so Hitler bereits am 29. Mai 1933 – »gegen Fliegerangriffe gesichert sein [werde], weil sie mit einer Eisenbetondecke versehen wird«. Weder die Idee der Arbeitsbeschaffung, noch der Finanzierungsweg waren vom Kabinett Hitler entwickelt worden; neu war aber die Einordnung der Arbeitsbeschaffungsmaßnahmen in eine auf militärische Expansion zielende Rüstungspolitik, die begleitet wurde von der politischen und gewerkschaftliche Entwaffnung der Arbeitnehmerschaft und damit vom Aufbau einer terroristischen Diktatur. Aus dieser Feststellung darf man indessen nicht den Schluß ziehen, die nationalsozialistische Variante der Konjunkturpolitik – forcierte Aufrüstung mit Zerschlagung der Arbeiterbewegung und Aufbau einer Diktatur – sei der allein mögliche Ausweg aus der Wirtschaftskrise gewesen. Die Wirtschaftskrise war gewiß eine der wichtigsten Voraussetzungen für die nationalsozialistische Machtübernahme, aber diese folgte nicht notwendig aus der Krise. Zu erinnern ist nur an das Beispiel anderer Länder, die trotz ähnlicher Betroffenheit von der Weltwirtschaftskrise nicht zu faschistischen »Lösungen« griffen. Vielleicht können wir in der Diskussion auf die Frage eingehen.

Und ebenfalls diskussionswürdig erscheint mir die Feststellung mancher Nationalökonomen bzw. Wirtschaftshistoriker, nach deren Ansicht die besondere Geradlinigkeit des Wirtschaftsaufstiegs im Deutschen Reich von 1933 bis 1936/37 unter Umständen vor allem der Tatsache zu danken. sei, daß der gewerkschaftliche Einfluß bereits 1933 ausgeschaltet wurde. Wir müßten uns also mit der Frage auseinandersetzen, ob nicht – unter den Bedingungen einer kapitalistischen Wirtschaft – der Wirtschaftsaufschwung desto gradliniger verläuft, je »disziplinierter« sich die Gewerkschaften verhalten; die Palette reichte etwa von der arbeitsgemeinschaftlichen Zusammenarbeit in einer »konzertierten Aktion« über die Unterstellung unter politische Vorgaben bis hin zur Zerschlagung der Gewerkschaften. Ist also – so müßten wir uns fragen – Zurückhaltung der Gewerkschaften in Verteilungskämpfen eine aus historischer Erfahrung begründbare Strategie zur Wiederherstellung der Voraussetzungen eines privatkapitalistischen Wirtschaftsaufschwungs?

Anmerkung

* Da auf Anmerkung verzichtet wurde, um den Charakter des mündlichen Vortrages nicht zu verändern, sei für Belege und weiterführende Hinweise verwiesen auf: Michael Schneider, Das Arbeitsbeschaffungsprogramm der ADGB. Zur gewerkschaftlichen Politik in der Endphase der Weimarer Republik, Bonn-Bad Godesberg 1975.

Michael Schneider

Bericht der Arbeitsgruppe 2

Wir haben versucht, uns in zwei Durchgängen dem Thema unserer Arbeitsgruppe zu nähern und den Problemkreis »Arbeitslosigkeit – Sozialabbau – Demokratieverlust« und damit die »gewerkschaftlichen Handlungsspielräume in der Krise« auszuloten. Der erste Durchgang wurde – nach einer Einführung in die Problemstellung der Arbeitsgruppe durch Professor Hans-Hermann Hartwich – durch vier Referate zu jeweils einem Teilaspekt unseres Themas bestritten; ich will zunächst versuchen, die Ergebnisse dieser Referate zu skizzieren, um danach über den zweiten Durchgang, die Diskussionsrunde, zu berichten.

Wie gesagt, hat zunächst *Professor Hartwich* die Themenstellung unserer Arbeitsgruppe erläutert; er hat knapp die Situation in Deutschland zu Beginn der 30er Jahre skizziert, hat die Komplexität der Wirtschaftskrise und die politische Lage – speziell die strukturellen Demokratiedefizite und die Ausschaltung des Parlaments im Zuge der Notverordnungspolitik – herausgearbeitet, um damit die Fragestellung der Arbeitsgruppe auf die Probleme des Handlungsspielraums der Gewerkschaften und auf die Chancen einer offensiven Arbeitsbeschaffungspolitik hin zuzuspitzen.

Professor Holtfrerich hat mit seinem Referat einen Aspekt aus der Diskussion um die Ursachen der Weltwirtschaftskrise herausgegriffen: die Frage der Lohnhöhe; diese ist nicht zuletzt deswegen von Interesse, weil jüngst – insbesondere von Knut Borchardt, mit dessen Thesen sich Herr Holtfrerich denn auch besonders auseinandergesetzt hat – der Versuch gemacht worden ist, die Lohnhöhe als mitverantwortlich für die besondere Krisenschwere, wenn nicht überhaupt als Ursache der Krise selbst anzuprangern. Es geht um die Annahme, die Regierung Brüning habe ohnehin – also selbst wenn sie eine antizyklische Konjunkturpolitik befürwortet hätte – keinen Handlungsspielraum für die Realisierung einer solchen offensiven Krisenpolitik gehabt. Dies sei zum einen auf die Reparationslasten und den Mangel an politischem Druck zugunsten alternativer wirtschaftspolitischer Konzeptionen zurückzuführen; von zentraler Bedeutung für die Beurteilung der Politik der Regierung Brüning müsse jedoch die Erkenntnis sein, daß der Handlungsspielraum Brünings schon durch die Entwicklung der Wirtschaft in der zweiten Hälfte der 20er Jahre im Grunde genommen als verspielt zu gelten habe. Schon vor der »großen« Weltwirtschaftskrise habe die deutsche Wirtschaft das Bild einer »Kranken« geboten. Als Indikatoren dieser Situation in den Jahren 1924 bis 1929 seien – im langfristigen Vergleich – ein relativ geringes wirtschaftliches Wachstum, eine relativ niedrige Investitionsrate und eine relativ hohe Arbeitslosigkeit zu betrachten. Die Ursache für das relativ geringe Wirtschaftswachstum und die relativ hohe Arbeitslosigkeit wird in der geringen Investitionsrate gesucht, die ihrerseits auch und vor allem auf die im Verhältnis zur Produktivität »zu hohen« Löhne zurückzuführen sei. Für die Höhe der Löhne habe es in den 20er Jahren keine wirtschaftlichen Gründe gegeben, sondern die Ursachen der Lohnhöhe seien im politischen Bereich zu suchen, und zwar vor allem im Instrument der staatlichen Zwangsschlichtung, durch die die Tariflöhne in die Höhe getrieben worden seien. Aus dieser Argumentation könnte man schließen, die Gewerkschaften hätten wegen ihrer Lohnpolitik einen nicht geringen Anteil an der Verantwortung für die Wirtschaftskrise mit all ihren sozialen und politischen Konsequenzen.

Herr Holtfrerich hat mit seinem Referat versucht, diese These mit mehreren Argumenten zu entkräften. Ich möchte nur zwei Problemkreise herausgreifen: Erstens hat sich Herr Holtfrerich mit der Behauptung auseinandergesetzt, die Löhne in der zweiten Hälfte der 20er Jahre seien nicht zuletzt deswegen als überhöht zu bezeichnen, weil ihre Steigerungsraten über die der Produktivität hinausgegangen seien; bei seiner Gegenüberstellung der Entwicklung der Bruttostundenlöhne und der der Arbeitsproduktivität pro Stunde – wegen der Arbeitszeitverkürzung könne man nicht die Produktivität pro Beschäftigten zum Vergleich heranziehen – kommt er zu dem Ergebnis, daß die Löhne keineswegs den Rahmen, der durch die Produktivitätsentwicklung vorgezeichnet sei, gesprengt hätten.

Nun zum zweiten Argument Herrn Holtfrerichs: Die relativ geringe Investitionsrate in den 20er Jahren sei nicht zurückzuführen auf ein vermeintlich überhöhtes Lohnniveau, sondern auf das überhöhte Zinsniveau; aufgrund spezifischer Entwicklungen in der Weimarer Republik – vor allen Dingen sei zu denken an den Verlust des Vermögens der Mittelschichten im Zuge der Inflation und an die Verstärkung von Handelsschranken mit ihren Folgen für die deutsche Exportwirtschaft – sei die Investitionsrate relativ gering gewesen. Um die angesichts von Kapitalmangel und hohen Zinsen unterbliebenen Investitionen dennoch anzureizen, hätte –

so Herr Holtfrerichs Vorschlag – die Kapitalbildung in Arbeitnehmerhand bereits in den 20er Jahren gefördert werden müssen. Aus vermögensbildenden Maßnahmen entstandene Kapitalfonds wären also nicht nur ein Beitrag zur Demokratisierung der Wirtschaft gewesen, sondern sie hätten vor allem zur Entlastung des Kreditmarktes und damit zur Senkung der Zinsen beigetragen.

Im Mittelpunkt des Referats von *Professor Petzina* über Verlauf und Charakter der Weltwirtschaftskrise standen einerseits Überlegungen zum Verhältnis internationaler und nationaler Faktoren in der Weltwirtschaftskrise, andererseits zum Zusammenhang von spezifischen Krisenbedingungen und Krisenpolitik. Herausgearbeitet wurden die Veränderungen des weltwirtschaftlichen Systems mit und nach dem Ersten Weltkrieg: Kartellierung und Konzentration, administrative Überformung von Löhnen und Preisen, Inflation, Rationalisierung und schließlich die quantitative Vergrößerung sowie qualitative Veränderung der Rolle des Staates für die wirtschaftliche Entwicklung – das sind die Stichworte, mit denen hier nur die Rahmenbedingungen der Krise angegeben werden können. An der Entwicklung der Investitionsrate, der Industrieproduktion und auch der Arbeitslosigkeit wurde sodann der Krisenverlauf in den 30er Jahren verdeutlicht, wobei Herr Petzina insbesondere auf die Sonderbedingungen der deutschen Krise hinwies – gerade auf die Erfahrung der Inflation und die Folgen der Reparationen; zu denken ist vor allem auch an das Problem der kurzfristigen Auslandskredite, speziell aus den USA, deren Kreditgeber überaus sensibel auf die politische Entwicklung in Deutschland reagierten.

Hinsichtlich des zweiten Problemkreises – der Frage der Krisenpolitik – hat Herr Petzina die These vertreten, daß die Vorrangstellung, die die Regierung Brüning den Zielen Etatausgleich und Sozialabbau, Förderung von Export- und Landwirtschaft sowie Preis- und Lohnsenkungen beimaß, eben nicht wirtschaftlichen Notwendigkeiten folgte, sondern daß dafür eine politische Prioritätensetzung verantwortlich war. In Übereinstimmung mit der Position von Großagrariern und Großindustrie vertat die Regierung Brüning die Chance einer Konjunkturbelebung durch defizitäre Arbeitsbeschaffungsprogramme; sie betrieb eine Umschichtung des Reichshaushalts vor allem zugunsten der Großlandwirtschaft und zu Lasten der sozial Schwächeren; damit leistete sie ihren Beitrag zur Zerstörung des sozialen Grundkonsenses der Weimarer Demokratie.

Im Anschluß an das Referat von Herrn Petzina habe ich versucht, die Entwicklung der Arbeitsbeschaffungspolitik von der Regierung Papen zur Regierung Schleicher und schließlich zum Kabinett Hitler nachzuzeichnen. Ich habe mich herauszuarbeiten bemüht, daß es der Regierung Papen nicht zuletzt dadurch gelungen ist, eine begrenzte Befürwortung der Arbeitsbeschaffungspolitik auch im Kreise der Unternehmerschaft zu gewinnen, daß sie die vorsichtigen Anfänge einer defizitären Konjunkturpolitik mit dem »Bonbon« weiteren Sozialabbaus sowie weiterer Lohn- und Gehaltssenkungen »versüßt« hat; striktes Festhalten an den Versatzstücken privatwirtschaftlicher Ideologie, über jeden Zweifel erhabene Frontstellung gegen die Arbeiterbewegung – unter Beweis gestellt auch am 20. Juli 1932 mit dem »Preußenschlag« – und schließlich die Politik des notverordneten Sozialabbaus, dies dämmte unternehmerische Vorbehalte gegen eine aktive Konjunkturpolitik ein.

Das Ausmaß der ersten Arbeitsbeschaffungsmaßnahmen der Regierung Papen von 135 Millionen RM im Juni 1932, das dann schließlich im Herbst auf 300 Millionen RM gesteigert wurde, mag zwar als erster Schritt auf dem richtigen Weg gelten können; doch erstens war die Gesamtsumme viel zu gering dimensioniert, und zweitens muß der Zeitpunkt der Mittelvergabe – in den Herbst/Winter hinein – als saisonal ungünstig betrachtet werden. Auch für die Arbeitsbeschaffungsinitiative vom Herbst 1932 gilt jedoch, daß sie eingebettet war in ein Programm, das sich als »Hilfe zur Selbsthilfe« verstand: Maßnahmen der Kostensenkung für die Privatwirtschaft durch Lohn- und Sozialabbau standen Subventionen wie Mehreinstellungsprämien und Steuergutscheine gegenüber.

Die Regierung Schleicher hat das staatliche Arbeitsbeschaffungsprogramm dann im Dezember 1932/Januar 1933 auf 500 Millionen RM aufgestockt; auch dies war – man denke nur daran, daß der ADGB in seinem Arbeitsbeschaffungsplan die Bereitstellung von zwei Milliarden RM gefordert hatte – immer noch relativ wenig. Es mag zum raschen Ende der Regierung Schleicher beigetragen haben, daß sie die schlimmsten sozialen Härten der Septembernotverordnung Papens noch im Dezember 1932 rückgängig gemacht und überdies zur Verbreiterung ihrer parlamentarischen Basis den Kontakt zu den Gewerkschaften gesucht hatte.

Schließlich habe ich versucht, deutlich zu machen, daß die Arbeitsbeschaffungspolitik der Regierung Hitler mit ihrer konsequenten Aufstockung der finanziellen Mittel nur vor dem Hintergrund einer doppelten Zielrichtung interpretiert werden kann: Zum einen sollte der Privatwirtschaft klargemacht werden, daß ihre prinzipiellen Interessen von der Regierung nicht verletzt würden; Terror gegen die Gewerkschaften, Abbau der Arbeitnehmerrechte und dann Zerschlagung der Arbeiterbewegung unterstrichen die Glaubwürdigkeit der Bekenntnisse zu den Grundlagen der Privatwirtschaft.

Zum anderen war die Arbeitsbeschaffungspolitik von vornherein eingebunden in das Ziel der »Wehrhaftmachung« des Deutschen Reiches; diese Prioritätensetzung auch der Arbeitsbeschaffungspolitik wurde von Hitler bereits am 9. Februar 1933 im Kabinettsausschuß für Arbeitsbeschaffung formuliert. Von daher schien es mir nur sehr schwer möglich zu sein, strikt zwei Phasen der nationalsozialistischen Arbeitsbeschaffungspolitik – erst zivile Arbeitsbeschaffung, dann Aufrüstung – zu unterscheiden.

Im vierten Referat, das Herr *Dr. Weisbrod* vorgetragen hat, ging es um das Verhältnis von Unternehmern und Gewerkschaften in der Endphase der Weimarer Republik. Klar ist dabei herausgearbeitet worden, daß man auch in den grundsätzlichen Interessenauseinandersetzungen zu Beginn der 30er Jahre nicht uneingeschränkt von einer einheitlichen Strategie »der« Arbeitgeber bzw. »der« Industrie ausgehen kann; gerade wenn man nicht nur auf die Politik des Reichsverbandes der Deutschen Industrie und der Vereinigung der Deutschen Arbeitgeberverbände schaut, sondern auch die tarifpolitische Praxis der einzelnen Fachvereine berücksichtigt, werden die Differenzen innerhalb des unternehmerischen Lagers deutlich, die indessen in zunehmendem Maße von den Prioritätensetzungen der schwerindustriellen Interessenvertretung überlagert wurden.

Sodann hat sich Herr Weisbrod mit der These Knut Borchardts auseinandergesetzt, nach der in der Ära Brüning von einem deflationären Konsens zwischen Gewerkschaften und Industrie auszugehen sei. Herr Weisbrod hat diesem vermeintlichen Konsens vor allem in den Verhandlungen von Gewerkschaften und Arbeitgebern vom Frühjahr und dann Herbst/Winter 1930 nachgespürt; er kommt zu dem Ergebnis, daß man für einen Konsens allenfalls in der Frage der Preissenkung Ansätze feststellen könne, daß aber ein weitergehender Kompromiß speziell am hartnäckigen Widerstand der westdeutschen Schwerindustrie gegen Maßnahmen der Arbeitszeitverkürzung gescheitert sei.

Schließlich hat Herr Weisbrod herausgearbeitet, daß die Arbeitgeber seit dem Ruhreisenstreit (1928) immer stärker nicht mehr nur auf Lohnsenkungen, sondern darüber hinaus auf die Abschaffung der »Zwangsschlichtung« und auf die Lockerung des Tarifvertragssystems zielten; damit wurde die Entwaffnung der Gewerkschaften zum tarifpolitischen Programm der Arbeitgeber. »Reform des Schlichtungswesens« und »Reform des Tarifvertrages« – mit diesem Namen wurden die Ziele beschönigt. Ergänzt wurde das Programm durch die »Reform der Sozialversicherung« und die »Reform des Parlamentarismus«; auch hier darf man wohl ruhig statt von »Reform« von »Abbau« sprechen. Diese Position der Arbeitgeber, so hat Herr Weisbrod sehr eindringlich deutlich machen können, diese Position entsprang keineswegs ökonomischen Notwendigkeiten, sondern sie folgte einer politischen Prioritätensetzung: Mit der Lohnsenkungskampagne wurden den Gewerkschaften und den Arbeitnehmern nicht nur die Lasten der Krise, sondern auch die Schuld an der Krise aufgeladen; die Funktionalisierung der Krise zugunsten des Abbaus der gewerkschaftlichen Rechte darf also nicht übersehen werden.

Im Mittelpunkt der zweiten Runde unserer Arbeitsgruppensitzung, der Diskussion, standen drei Problemkomplexe: Erstens wirtschaftspolitische Detailprobleme, zweitens die Entwicklung der politischen Situation und drittens – quasi als Verknüpfung beider Aspekte – die Problematik des Bruchs der Großen Koalition im März 1930.

Kontrovers diskutiert wurde zunächst – aufgrund einer Stellungnahme von Herrn Beerhorst – die Frage, ob und inwieweit der Vorschlag einer Vermögensbildung in Arbeitnehmerhand als Voraussetzung für die Schaffung eines Kapitalfonds als realistisch gelten dürfe oder nicht. Einmal abgesehen vom Problem der (politischen) Durchsetzbarkeit eines solchen Konzepts wurde in der Diskussion bezweifelt, daß die reale Lohnhöhe überhaupt Raum für das Abzweigen von Anteilen zur Kapitalbildung geboten hätte.

Die Veränderungen der politischen Situation – speziell das Problemfeld »Demokratieverlust« – wurden von *Professor Kühnl* angesprochen. Wer soll die Lasten der Krise tragen? Und: Wie ist die Lastenverteilung zugunsten von Großindustrie und Landwirtschaft politisch durchsetzbar? – anhand dieser Leitfragen wurde die Entsprechung von unterschiedlichen Modellen der Krisenpolitik und unterschiedlichen sozio-ökonomischen Interessenpositionen skizziert. Aus dem Ziel einer Abwälzung der Krisenlasten auf die Schultern der Arbeitnehmerschaft ergaben sich – so führte Herr Kühnl aus – bestimmte Konzeptionen zum Abbau demokratischer Rechte und zur Entfunktionalisierung der Gewerkschaften. Mit dem Aufbau politischer Feindbilder und mit der Aushöhlung der parlamentarischen Demokratie wurden die Voraussetzungen geschaffen, um auf Dauer neue Verteilungsverhältnisse zu installieren. Diesen Zusammenhang von wirtschaftlichen Interessen und politischen Konzeptionen haben die Gewerkschaften in seiner Tragweite als Bedrohung der eigenen Existenz – so lautete die Kritik – nicht klar erkannt.

Der dritte Problemkreis, der – eingeleitet durch eine Stellungnahme von *Professor Witt* – ausführlicher diskutiert wurde, war die Frage des Bruchs der Großen Koalition im März 1930. Ausgangspunkt der Diskussion war die These, daß Sozialdemokratie und Freie Gewerkschaften wegen eines Mangels an Kompromißbereitschaft in der Frage der Leistungssenkung bzw. Beitragserhöhung zur Arbeitslosenversicherung die letzte Chance vertan hätten, die

Weimarer Demokratie zu erhalten. Kontrovers diskutiert wurde die Frage, ob es nicht für die bürgerlichen Koalitionspartner der SPD ziemlich gleichgültig war, welcher Anlaß zur Sprengung der Regierung genutzt wurde: Wenn die Große Koalition nicht am Problem der Arbeitslosenversicherung zerbrochen wäre, dann eben am Streit um den Ausgleich des Reichsetats; Ziel der bürgerlichen Koalitionsparteien sei es ohnehin gewesen, die SPD aus der Regierung zu drängen – ein Bemühen, das, wie wir wissen, schließlich erfolgreich war.

Ganz zum Schluß soll noch angemerkt werden, daß in einem Diskussionsbeitrag – von Herrn Pingel – Unbehagen darüber artikuliert wurde, daß unsere Arbeitsgruppe den Gegenwartsbezug des Themas nur unzureichend herausgestellt habe; meine Hoffnung kann nur sein, daß das aktuell-politische Interesse von der Podiumsdiskussion am heutigen Nachmittag befriedigt wird.

Arbeitsgruppe 3

Arbeiteropposition –
Widerstand – Exil
Arbeiter ohne Gewerkschaften

Leitung:
Prof. Dr. Lutz Niethammer

Beiträge:
Dr. Ulrich Borsdorf, Düsseldorf
Prof. Dr. Timothy W. Mason, Oxford
Dr. Detlev J. K. Peukert, Essen; Berichterstatter
Dr. Günter Plum, München
Dr. Klaus Tenfelde, München

Ulrich Borsdorf

Hat es *den* gewerkschaftlichen Widerstand gegeben?[*]

Wir sind die an Zahl kleinste Arbeitsgruppe auf dieser Konferenz, und mir scheint das daran zu liegen, daß einige Teilnehmer glauben, in dieser Gruppe gebe es nicht genug Brisanz für eine Diskussion und es böten sich nicht sehr viele aktuelle Anknüpfungspunkte. Ich glaube, das stimmt in dieser Form beides nicht, denn die historische Realität des gewerkschaftlichen Widerstandes und des Exils läßt viele Fragen, zahlreiche Probleme und genügend Raum für Meinungsunterschiede offen. Darüber hinaus scheint mir das Thema »Arbeiter ohne Gewerkschaften« ausreichend Gegenwartsbezüge zu gestatten.

Das gilt zunächst im internationalen Maßstab; die Existenz der freien Gewerkschaften ist ja keineswegs ein durchgängiges Merkmal der heutigen Welt. Lutz Niethammer hat in seinem Papier zwei Beispiele angeführt, nämlich Polen und die Türkei, die zunächst unvergleichlich erscheinen, weil in den besagten Ländern die Frage des Eigentums an Produktionsmitteln unterschiedlich gelöst ist. So könnte man auf die Idee kommen, diese Frage sei in dem Zusammenhang der Gewerkschaftsrechte nicht so wesentlich wie vielleicht in anderen Konfigurationen. Arbeiter ohne Gewerkschaften, Arbeiter mit möglichst schwachen Gewerkschaften, Arbeiter mit inkorporierten Gewerkschaften, Arbeiter mit entpolitisierten Nur-Gewerkschaften – das klingt meiner Meinung nach schon vertrauter, so daß wir nicht bis zur Weichsel und zum Bosporus gucken müssen, um die Problemkonstellation zu erkennen, auf die wir uns hier beziehen.

Die autonome Existenz von Gewerkschaften ist, unabhängig einmal von nicht zulässigen Vergleichen, immer offen oder latent bedroht. Das gilt politisch, das gilt ökonomisch, das gilt vor allem neuerdings technologisch und damit zusammenhängend eben auch sozial. Das letzte vor allem deswegen, weil offenbar auch die Entwicklung der westlichen Industrieländer eine Richtung nimmt, die das historische Subjekt der Gewerkschaften, nämlich den Arbeiter, selbst in der Form des »Arbeitnehmers« sozialökonomisch aufzulösen scheint. Und zweitens erscheint das gesellschaftliche

Interpretationsmuster der Arbeiterbewegung, nämlich der Interessengegensatz von Kapital und Arbeit, oft so abstrahiert, daß er von den gemeinten Subjekten, nicht zuletzt wegen des relativen Erfolgs der Gewerkschaften, oft nicht mehr direkt wahrgenommen werden kann. Wenn doch, wie ja die Krise so manchem wieder die Augen öffnet, erscheint vielen eher dessen Überbrückung, als dessen Abschaffung im Augenblick das Wichtigste. Wer seinen Arbeitsplatz zu verlieren hat, dem sind abstrakte Zusammenhänge zwar auch klar, aber nicht gleichzeitig das auf der konkreten Ebene Vorrangige.

Ich habe mir, um in das Thema einzusteigen, selbst die provokatorische Frage gestellt: Hat es eigentlich gewerkschaftlichen Widerstand gegeben? Die Frage scheint mir berechtigter und vielschichtiger als ein klares Ja, das schnell gesprochen ist, vermuten lassen könnte. Falten wir also ein vorsichtiges Ja mal ein wenig auseinander. Was Widerstand im allgemeinen ist, will ich nicht erörtern, es hat genug Definitionsversuche gegeben und ich würde dafür plädieren, daß wir zunächst diesen Widerstandsbegriff so weit wie möglich halten, um nicht schon jetzt in weitere Definitionsdiskussionen zu verfallen. Aber was unter *gewerkschaftlichem* Widerstand zu verstehen wäre, ist schon der Rede wert, nicht nur, weil wir ihn von parteilichem Widerstand abgrenzen müssen, sondern auch, weil es ja zunächst unmöglich scheint, demokratische Massenbewegungen geschlossen in Illegalität und Widerstand zu überführen.

Ich hoffe, es wird mir nicht als mangelnder Respekt vor denen ausgelegt, die Widerstand geleistet haben und dafür haben ihr Leben lassen müssen, wenn ich erzähle, was mir passiert ist, als ich versuchte herauszubekommen, was Hans Böckler 1933 bis 1945 gemacht hat. Er hatte sich in einem Ort im Bergischen Land versteckt, und ich traf den Sohn des Bauern, bei dem er sich versteckt hatte, auf seinem Hof beim Kühemelken. Als ich ihm die Frage stellte – sie war vielleicht sehr ungeschickt –, ob er etwas von den Widerstandsaktivitäten Böcklers erfahren oder gemerkt habe, guckte er mich groß an, lehnte den Arm auf eine Kuh und sagte zu mir: »Nee, dazu war der viel zu intelligent.« Das zeigt, glaube ich, schon ein wenig die Problematik dessen, was gewerkschaftlicher Widerstand sein konnte und was man nachher davon wissen konnte.

Ich will unter gewerkschaftlichem Widerstand *erstens* verstehen selbständige Handlungen und Verhaltensweisen von Arbeitnehmern in Bereichen und Formen, die traditionell den Aufgaben von Gewerkschaften zugerechnet werden oder gar auf die Wiederherstellung dieser Institutionen gerichtet sind. Je weniger individuell, je mehr kollektiv dies geschah, desto deutlicher hob sich dieses

Verhalten von der gewöhnlichen Dysfunktionalität des Arbeiterverhaltens im Rahmen der scheinbaren Rationalität des Kapitalismus ab und wurde zur bewußten Durchbrechung der von den Nationalsozialisten gewollten Arbeitsbeziehungen und deren systematischer Unordnung. Tim Mason hat für diese Form nicht konformen Verhaltens von Arbeitern vorgeschlagen, den Begriff der »Arbeiteropposition« zu verwenden. Neuere Forschungen und auch die Lektüre der Berichte der Exil-SPD, der SOPADE, ergeben, daß diese Arbeiteropposition viel weiter verbreitet, vielfältiger und intensiver war, als die Forschung früher angenommen hatte. Doch zu diesem Thema gibt es im zweiten Teil dieser Podiumsdiskussion von Kompetenteren mehr zu sagen.

Gewerkschaftlicher Widerstand sind aber auch *zweitens* jene Verhaltensweisen und Aktionen von früheren Gewerkschaftsfunktionären zu nennen, die mit dem Selbstverständnis des Gewerkschafters einzeln oder in Gruppenzusammenhängen dem System an einem für dessen Legitimation wichtigen Punkt in den Arm fielen. Wird man das bloße Aufrechterhalten von Kommunikation nicht im engeren Sinne als Widerstand bezeichnen können, so zeigt aber die Verfolgung und Ahndung auch solchen Verhaltens, daß die Nationalsozialisten es als ihren Zwecken entgegengesetzt, als Opposition, verstanden. Mündeten deren Formen in Planungen für einen Umsturz – wie bei den Gewerkschaftern, die zum Zentrum und zum Umfeld des 20. Juli zu rechnen sind –, fehlt mir das Verständnis für eine Position, die diese aus dem gewerkschaftlichen Widerstand exkommunizieren möchte. Über den Umfang dieser Form des gewerkschaftlichen Widerstandes, die man als eine Variante des sozialdemokratischen Widerstandes bezeichnen könnte, wissen wir, trotz Gerhard Beiers Buch über die illegale Reichsleitung, noch zu wenig eindeutig Abgesichertes. Ich halte es auch für unwahrscheinlich, daß alle alten Gewerkschaftsführer untätig und unbewußt nach 1933 ein Rentnerdasein geführt haben. Aber mir scheint die Politik der Gewerkschaftsführungen im Jahre 1933 nicht nahezulegen, daß es sofort einen gut organisierten Widerstandsapparat gegeben hat. Und mir scheint auch der Antrag von Heinrich Schliestedt an den Internationalen Gewerkschaftsbund von 1935, in dem er um die Finanzierung der deutschen Gewerkschaftsillegalität bat, nicht deren Existenz zu beweisen – genausowenig, wie das Gebot der Nichtschriftlichkeit, das unter den Akteuren herrschte, beweist, daß es einen solchen organisierten Widerstand in breitem Umfang gegeben hat.

Auf der anderen Seite bezeugen die Kaltenbrunner Berichte für die beginnenden 40er Jahre die Existenz eines ganzen Netzes der von Wilhelm Leuschner Eingeweihten, und tatsächlich waren ja auch diese Gewerkschafter fast alle 1945 wieder zur Stelle, als der

Neuaufbau der Gewerkschaften vonstatten gehen konnte. Über die Intensität, die zeitliche, regionale, sektorale Ausdehnung dieser Spielart des gewerkschaftlichen Widerstandes wissen wir so wenig, daß man zwar nicht sagen kann, es habe ihn nicht gegeben – aber wohl auch nicht, er habe dauerhaft organisiert bestanden.

Das wichtigste zu wissen wäre eigentlich, *wie* die beiden erwähnten Ebenen – Arbeiterwiderstand im Betrieb und Widerstandsorganisationen der ehemaligen Gewerkschaftsfunktionäre – Kontakt miteinander hatten oder aber, vielleicht bescheidener gefragt: ob überhaupt. Die Zerschlagung der gewerkschaftlichen Apparate bedeutete ja mehr als die Vertreibung und Verfolgung der verhaßten »Bonzen«. Der Nationalsozialismus wollte die Entsolidarisierung, die Vereinzelung des Arbeiters, wollte die Arbeiter zurückwerfen auf die individuelle Konkurrenz untereinander. Indem man Arbeitern den Gewerkschaftsapparat nahm – mag das Verhältnis zwischen diesen und jenen noch so kompliziert gewesen sein –, nahm man ihnen die Chance zur Kommunikation auf nationaler und regionaler Branchenebene. Ein Arbeiter hat eben, anders als der Bourgeois, in der Regel keine national ausgreifenden sozialen Kontakte. Deswegen ist es auch kein Wunder, am meisten über gewerkschaftlichen Widerstand bei den Arbeitergruppen zu finden, deren Berufsinhalte Kommunikation und Transport sind.

Das Fehlen der Gewerkschaften und des Streik- und Tarifrechtes hinderten die Arbeiter im Nationalsozialismus weitgehend, als Klasse zu handeln oder auch nur als deren organisiertes Segment. Arbeiter müssen, um unter solchen Bedingungen ihre Interessen durchzusetzen – und damit meine ich zuerst einmal die Verbesserung ihrer Arbeits- und Lebenssituation – auf ein vororganisatorisches Mittel zurückgreifen. Sie müssen individuell fluktuieren, wenn der Arbeitsmarkt es hergibt. Die Fluktuation der Arbeitskräfte aber erschwert zusätzlich die auf Gewöhnung und Vertrauen beruhende Kommunikation und die Entstehung dauerhafter Solidarität, beides wesentliche Voraussetzungen für das Handeln als Klasse oder gar für den Aufbau von Organisationen. Selbst wenn man für das Verhältnis von Führung und Basis der Gewerkschaft in der Zeit vor 1933 selbstverschuldete massive Verwerfungen annehmen kann (und es spricht einiges dafür), so war der nationalsozialistische Versuch doch wohl recht erfolgreich, die Kommunikation der Arbeiter und Arbeitergruppen untereinander zu zerschneiden, und die mit Terror zu bedrohen, die diese Bänder wieder knüpfte.

Für die Vernetzung beider Ebenen gewerkschaftlichen Widerstandes – Betrieb und alte Apparate – fehlen uns Hinweise, die es erlauben könnten, einen weitverbreiteten systematischen Zusammenhang anzunehmen. Leuschner hat, wie wir wissen, es sogar abgelehnt, diesen Zusammenhang herzustellen. Arbeiteropposition, Widerstand im Betrieb sind notwendig öffentlich. Widerstand, Opposition und Illegalität der früheren Führung mußte notwendig geheim sein. Die Existenz der Sopade-Berichte mit ihren Nachrichten aus den Betrieben beweist zwar, daß es Verbindungslinien gegeben hat, aber darauf läßt sich meiner Ansicht nach historiographisch nicht die Existenz einer systematisch organisierten gewerkschaftlichen Widerstandsbewegung aufbauen. Es hat also, das ist meine Meinung, zweifelsohne beide Ebenen des gewerkschaftlichen Widerstandes gegeben: den in den Betrieben weiter verbreitet als wir bisher wußten, aber wohl weniger intentional politisch als uns lieb wäre, den von den Funktionären vielleicht intensiver, als wir wissen, aber weniger organisiert und verbreitet, als uns lieb wäre.

Schauen wir uns nun Form und Inhalte des letzteren, also des organisierten gewerkschaftlichen Widerstandes, etwas genauer an:

1. In Berlin operierte das Gespann Leuschner, Schlimme und Schliestedt als das, was Gerhard Beier zu Recht die illegale Reichsleitung der deutschen Gewerkschaften genannt hat, mit Kontakten zu christlichen und liberalen Gewerkschaftern, entsprechend der im Führerkreis niedergelegten Absicht, die Barrieren zwischen den Richtungsgewerkschaften einzuebnen. Die zeitweisen Verhaftungen Leuschners und Schlimmes, die Emigration Schliestedts und dessen Tod im Jahre 1938, machten deren Arbeit allerdings diskontinuierlich und nur punktuell erfolgreich. Als Hauptaufgabe dieser Formation des gewerkschaftlichen Widerstandes sind Kommunikation unter den alten Gewerkschaftsfunktionären, Nachrichtenbeschaffung und Aufrechterhaltung des Zusammenhaltes zu nennen. Einer Einbeziehung von Betriebsarbeitern, deren Anleitung zu Kampfaktionen gar, stand die Reichsleitung genauso skeptisch gegenüber wie einer Kooperation mit den Kommunisten. Zur illegalen Reichsleitung steht die Gruppierung in Kontinuität, die Wilhelm Leuschner dann in den späten 30er Jahren aufbaute. Nach eigenem Selbstverständnis war sie eine Auffangorganisation, keine antifaschistische Kampforganisation, gedacht für den Tag X des Zusammenbruchs oder den Tag Y eines erfolgreichen Militärputsches gegen Hitler. Überzeugt davon, die Arbeiter würden und könnten sich nicht gegen Hitler erheben, und wenn, würden sie der Militärmacht unterliegen, suchte Leuschner das Bündnis mit dem konservativen Carl Goerdeler und dem Generaloberst Beck, dem er im Falle des Erfolges eines militärischen Putsches die Unterstützung seines Organisationsnetzes und damit der deutschen Arbeiter zusagte. Programmatisch hat diese gewerkschaftliche Widerstandsgruppe zunächst versucht, den Goerdeler von

seinen Plänen abzubringen, die »Deutsche Arbeitsfront« zu reformieren, und Leuschner und Kaiser haben Goerdeler davon überzeugt, daß es wichtig sei, autonome Gewerkschaften aufzubauen, die sogenannte »Deutsche Gewerkschaft«, deren Kennzeichen es sein sollte, daß alle Arbeitnehmer in ihr Mitglied sein sollten. Zwangsmitgliedschaft war also eines ihrer Merkmale. Die Gewerkschaften sollten autonom die Sozialversicherung und die Arbeitslosenversicherung verwalten in einer überwiegend gemeinwirtschaftlich organisierten Wirtschaft; das Ganze deutet auf die Vorstellung eines ständischen Aufbaus der deutschen Gesellschaft hin, in der die Gewerkschaften ein inkorporierter Teil sein sollten.

2. Es gab den Widerstand einzelner Gewerkschaften. Hervorzuheben sind beispielhaft vor allem die Arbeit von Hans Jahn von den Eisenbahnern und Adolph Kummernuß von den Transportarbeitern. Sie waren nicht zuletzt deswegen so erfolgreich, weil sie von der Internationalen Transportarbeiterföderation (ITF) – ich nenne nur die Namen Fimmen und Auerbach – sehr früh unterstützt wurden und die auch deshalb nicht mit den unter 1. Genannten zusammenarbeiteten, weil aus der Sicht der ITF sich die deutschen Gewerkschaften im Frühjahr 1933 so kompromittiert hatten, daß eine Zusammenarbeit zunächst nicht möglich schien. Auch die Metallarbeiter (Brandes, Urich, Schliestedt), die Bergarbeiter (Husemann, Vogt), die Fabrikarbeiter (Albin Karl), die Bekleidungsarbeiter (Cäsar Thierfelder), die Drucker und die Angestelltengewerkschaften (Aufhäuser, Gottfurcht, Göring) entwickelten Widerstandsformen, die jedoch oft nicht die spätestens 1937 einsetzende sehr schwierige Phase überlebten, in der Terror und Verhaftungen, aber auch die im Zuge des Rüstungsbooms wieder anspringende Konjunktur ihre Wirkung taten.

3. Es gelang nach einer im Sommer 1935 in Reichenberg (Tschechoslowakei) abgehaltenen Konferenz, vorübergehend ein Band zwischen emigrierten Gruppen und den in Deutschland arbeitenden zu knüpfen und eine Auslandsvertretung der Deutschen Gewerkschaft zu bilden. Unter deren Dach arbeiteten bis 1945 in vielen Ländern Europas, z. B. in den Niederlanden, in Frankreich, in der Schweiz, vor allem aber in Schweden und England, deutsche Gewerkschaftergruppen. Der von Schliestedt aufrechterhaltene Zusammenhang dieser Gruppen ging nach dessen Tod im Jahre 1938 zum Teil verloren, nicht nur wegen des Krieges, sondern auch wegen der Rolle Fritz Tarnows als dessen erklärter Nachfolger, der nie wirklich als solcher von den anderen anerkannt wurde. Die programmatische Entwicklung des deutschen Gewerkschaftsexils war sehr viel näher an pluralistischen Gesellschaftsmodellen, eher an dem Politikverständnis ihrer Aufnahmeländer orientiert und damit daran, was die späteren Besatzungsmächte an Neuordnungs-

konzeptionen entwickelten. Deswegen war das Gewerkschaftsexil auch bei der Verwirklichung seiner Programme erfolgreicher als die, die in der Gruppe um Goerdeler und Leuschner gearbeitet hatten und denen wegen der Ermordung der Männer des 20. Juli jede Realisierungschance genommen war.

Es ist eine Besonderheit des Gewerkschaftsexils, daß dort auch die organisatorische Zusammenarbeit mit den Kommunisten in Gang gekommen war. Dies geschah allerdings relativ spät, genaugenommen eigentlich erst nach dem Überfall Hitlers auf die Sowjetunion, da vorher die stalinschen Säuberungen und der Hitler-Stalin-Pakt eine engere Zusammenarbeit verhindert hatten. 1944/45 aber bröckelte die Zusammenarbeit zwischen den Sozialdemokraten und anderen linken Gruppierungen mit den Kommunisten zum Teil wieder ab, weil es wegen der Frage der Kollektivschuld und der kommunistischen Politik des »antifaschistisch-demokratischen Blocks« starke Auseinandersetzungen gab.

4. Eine Sonderstellung nimmt in dieser kurzen Darstellung die Emigration in Frankreich ein, weil in Frankreich sich von vornherein ohne Unterschied der Partei die emigrierten Gewerkschafter nach Industriegruppen organisierten, die sich an die CGT anlehnten. Als Beispiel dafür mag der »Arbeitsausschuß freigewerkschaftlicher Bergarbeiter Deutschlands« gelten, der 1936 in Paris gebildet wurde und in dem Kirn, Mugrauer und Vogt von den Sozialdemokraten, Becker und Knöchel von den Kommunisten miteinander arbeiteten. Dieser Arbeitsausschuß hatte auch Verbindung nach Amsterdam, wo neben anderen Rudi Quast, der zu Vogt in Verbindung stand, das Gewerkschaftsexil repräsentierte.

Die Bemühungen um eine Zusammenarbeit zwischen Kommunisten und Sozialdemokraten war natürlich in Frankreich erfolgreich, weil sie dort den Rückenwind der Volksfront hatten. Es gelang nicht, diesen Koordinationsausschuß der deutschen Gewerkschafter in Frankreich zu erfolgreichen Verhandlungen mit der »Auslandsvertretung der deutschen Gewerkschaften« zu führen, und 1939 löste überdies die französische Regierung diesen Koordinationsausschuß auf. Trotzdem waren gerade die nach Frankreich emigrierten Gewerkschafter sehr erfolgreich in der Beeinflussung der Nachkriegsentwicklung der Deutschen Gewerkschaften, weil sie sehr früh schon als deutsche Sprachgruppe in der CGT wieder in das besetzte Deutschland kamen und dort beim Aufbau der Einheitsgewerkschaften eine bedeutende Rolle spielten.

5. Das führt nun hinüber zum kommunistischen Gewerkschaftswiderstand, der sich schwertat, mit der Bürde kommunistischer Gewerkschaftspolitik in der Weimarer Republik. Die KPD hielt nämlich 1933 zunächst an der Existenz der Revolutionären Ge-

werkschafts-Opposition (RGO) fest und löste diese erst 1935 auf. Das führte auf der einen Seite zu einer beeindruckenden Zahl von Widerstandsaktionen, aber eben auch zu furchtbaren Verlusten, so daß im Sommer 1934 die bis dahin gültige Linie des Aufbaus unabhängiger Klassengewerkschaften von der KPD revidiert werden mußte. Die entscheidende Wende in dieser Politik war die Brüsseler Konferenz von 1935, die auf Einheits- und Volksfront setzte, damit auch die Einheitsgewerkschaft anstrebte und gleichzeitig das Konzept entwickelte, in der DAF nach der »Taktik des trojanischen Pferdes« zu arbeiten. Wir wissen wenig darüber, wie der Teil des kommunistischen Widerstandes, der als gewerkschaftlich bezeichnet werden kann, nach 1937 in der Praxis ausgesehen hat und welchen Umfang er hatte. Man kann wohl annehmen, er war nicht mehr und nicht weniger erfolgreich als der sozialdemokratische, zumal sich deren Formen in dem vom Terror geprägten Alltag des NS-Regimes ohnehin einander annäherten.

Es ist nicht schwer, den gewerkschaftlichen Widerstand in den eben vorgestellten Formen mit den Fragen in Verbindung zu bringen, die im zweiten Teil dieses Podiums angesprochen werden sollen. Denn die Formen und Inhalte des Widerstandes hingen nicht nur vom Ausmaß, von der Raffinesse und der Brutalität der Verfolgung ab, sondern auch von der Einschätzung der sozioökonomischen Entwicklung des Nationalsozialismus und vor allem von der Einschätzung der Wirkungen der nationalsozialistischen Politik auf die Arbeiter. Wer glaubte, die Arbeiter seien zu größeren Teilen in Opposition zum Nationalsozialismus und dieser sei mit Massenaktionen zu erschüttern und schließlich zu stürzen, der mußte ein anderes Konzept von Widerstand entwikkeln, als derjenige, der die relative Apathie und Willfährigkeit der deutschen Arbeiter zum Anzeichen dafür nahm, daß dem Nationalsozialismus politisch und ideologisch tiefe Einbrüche in Mentalität und Verhalten der Arbeiter gelungen sei. Mir scheint, unabhängig von sonstigen Differenzen zwischen den politisch voneinander geschiedenen Widerstandskonzeptionen, waren die meisten, wenn auch eher insgeheim, der zweiten Meinung. Der didaktischpädagogische Aspekt der Konzeptionen zum Wiederaufbau bis hin zu Formen der Erziehungsdiktatur ist in den meisten dieser Pläne durchschlagend und in diesem Sinne aufschlußreich. Um so überraschter waren daher die Kader aller Richtungen 1945, als eine spontane demokratische Bewegung der Antifa-Ausschüsse die erste Phase der Rekonstruktionen der deutschen Arbeiterbewegung einleitete. So führt eben auch die Frage nach der Qualität und dem Umfang organisierten gewerkschaftlichen Widerstandes zu der nach den Wirkungen einer Phase der deutschen Geschichte, in der die Arbeiter daran gehindert wurden, als Klasse zu handeln.

Hat es *den* gewerkschaftlichen Widerstand gegeben? Es hat gewerkschaftlichen Widerstand gegeben. Doch dessen Realität und Existenz ist ein viel zu komplexer und immer noch nicht erforschter Gegenstand, als daß die Ausgangsfrage mit einem klaren Ja beantwortet werden könnte.

Anmerkung

* Der Text folgt der mündlichen Fassung vom 3. Mai 1983. Auf einen Anmerkungsapparat wurde verzichtet. Vergleiche dazu die schriftliche Fassung in den Gewerkschaftlichen Monatsheften (GMH), 33, 1982, H. 8., S. 486–497, sowie meinen Aufsatz: Arbeiteropposition, Widerstand und Exil der deutschen Gewerkschaften, in: Erich Matthias, Klaus Schönhoven (Hg.): Solidarität und Menschenwürde. Etappen der deutschen Gewerkschaftsgeschichte von den Anfängen bis zur Gegenwart, Bonn 1984, S. 291–306.

Günter Plum

Politik und Widerstand von Parteien und Parteigruppen aus dem Bereich der Arbeiterbewegung

Die folgenden Darlegungen haben den Widerstand am Anfang der nationalsozialistischen Herrschaft zum Gegenstand. Im Zusammenhang des Themas der Arbeitsgruppe kommt ihnen allerdings nur eine sozusagen dienende Funktion zu. Sie betreffen nicht Gewerkschaften und Gewerkschafter, sollen vielmehr das parteipolitische Umfeld der Gewerkschaften beleuchten: Das Handeln und Unterlassen der Parteien der Arbeiterbewegung in der Phase nach der Machtübernahme durch den Nationalsozialismus und der folgende organisierte Widerstand von Teilen der Parteien und von Gruppen aus ihrem Bereich. Der Anteil von Gewerkschaftern (von denen ja viele auch Mitglieder dieser Parteien waren) an diesen Ereignissen wird nicht besonders herausgehoben. Auch sollen die Darlegungen exemplarisch Bedingungen von Widerstand erkennbar werden lassen: Sowohl von außen, von den Verfolgern gesetzte und aus der Haltung der Gesellschaft resultierende, als auch vom inneren Zustand der Organisation diktierte Bedingungen, wobei auch die Frage im Blick bleibt, warum jene Bedingungen unerfüllbar blieben, die den Widerstand der Arbeiterparteien hätten zu einer Bedrohung des nationalsozialistischen Regimes werden lassen können.

Das nationalsozialistische Regime hat sich zweimal, am Anfang und gegen Ende, einem Widerstand gegenübergesehen, der seiner Herrschaft unter bestimmten Bedingungen hätte bedrohlich werden können. Von der Machtübernahme an und über die Phase der Machtsicherung hinaus haben Angehörige der Arbeiterbewegung (in besonders großem Ausmaß Kommunisten) den illegalen Widerstand gegen die nationalsozialistische Herrschaft organisiert. Angesichts des nationalsozialistischen Machtapparates hätte dieser Widerstand dann vielleicht eine Chance gehabt, wenn erreichbar gewesen wäre, die Parteien und Gruppen der Arbeiterbewegung zum gemeinsamen Handeln zu bringen und dann eine größere Zahl der Deutschen, allen voran die Arbeiterschaft, gegen den Nationalsozialismus zu mobilisieren. Da aber die überwiegende Mehrheit der Deutschen, vor allem des Bürgertums und der Oberschicht in dem Irrtum befangen waren, daß die Nationalsozialisten so etwas wie Vollender der eigenen konservativen bis reaktionären politischen Ordnungsvorstellungen seien, und daß ganz allgemein von der politischen Linken, speziell der KPD, Gefahren für den Bestand des Deutschen Reiches ausgingen, blieben die Widerstand Leistenden allein.

Erst später ist in einem – nicht quantifizierbaren – Teil des Bürgertums und des Adels, mit wachsender Einsicht in die verbrecherischen Praktiken des nationalsozialistischen Regimes, die Skepsis größer geworden und die anfängliche Zustimmung schrittweise verlorengegangen. Nur einige wenige Frauen und Männer sind allerdings über die passive Ablehnung hinausgegangen und zur tatbereiten Gegnerschaft vorgestoßen. Daraus erwuchs die zweite, für den Nationalsozialismus bedrohliche Widerstandsbewegung, deren Aktionen im Aufstandsversuch des 20. Juli 1944 kulminierten.

KPD und SPD haben sich gegenüber der Machtübernahme und in der folgenden Phase der Machtsicherung durch die NSDAP konträr verhalten. Das hatte seine Ursache vor allem in den unterschiedlichen innerparteilichen Dispositionen, aber auch in der äußeren Tatsache der zeitlich versetzten systematischen Verfolgung. Während die KPD nach dem Reichstagsbrand – unter dem Vorwand, sie habe damit das Signal zum Aufstand gegeben – insbesondere in Preußen sofort von Terror, Verhaftungen, Beschlagnahmeaktionen mit dem Ziel der totalen Zerschlagung überzogen wurde, blieb die SPD als Organisation noch bis zum Juni 1933 verschont, wenngleich auch zahlreiche Sozialdemokraten gleich nach dem Reichstagsbrand Opfer des Terrors wurden und die Partei massiven Behinderungen ausgesetzt war.

Die KPD hat – unbeschadet verbaler Kraftakte – der Machtübernahme aus der illusionären Überzeugung heraus politisch tatenlos zugesehen, daß sich jetzt die wirtschaftliche Krise schnell zur revolutionären Situation zuspitzen werde. Sie hat zwar vor der Machtübernahme begonnen, sich – wenngleich nicht konsequent – auf eine Phase der Illegalität vorzubereiten, wurde aber von den Verfolgungsmaßnahmen nach dem Reichstagsbrand und vor allem ihrem Ausmaß überrascht. Obgleich diese Terror- und Verhaftungswelle organisatorische Zusammenhänge in hohem Maße zerriß, ganze Organisationsteile lahmlegte, entschied die Parteiführung, die Massenpartei KPD mit rund 300 000 Mitgliedern in die Illegalität zu führen. Maßgeblich dafür war die Überzeugung, daß die KPD keine Niederlage erlitten habe, sondern einen geordneten Rückzug in neue Offensivpositionen organisiere, daß die Regierung Hitler angesichts der – wie man sich einredete – sichtbar heranreifenden revolutionären Krise bald abwirtschaften und von den der KPD in schnellem Tempo zuwachsenden werktätigen Massen hinweggefegt werde. Entsprechend dieser Einschätzung stellte die KPD auch ihre für die tatsächliche Niederlage weitgehend verantwortliche Fehlbeurteilung einerseits der parlamentarischen Demokratie und andererseits des Faschismus nicht in Frage.

Die KPD hatte die 1928/29 von der Kommunistischen Internationale im außenpolitischen Interesse der Sowjetunion entwickelte Theorie der zwei feindlichen Lager, des sowjetkommunistischen und des imperialistisch-faschistischen, innenpolitisch umgesetzt; in Deutschland existierten danach nur noch zwei sich unversöhnlich gegenüberstehende Klassen: die von der KPD objektiv vertretenen und geführten Massen der Werktätigen und deren faschistische Feinde. Von daher nahm der Faschismus in den Augen der Kommunisten eine Entwicklung, die zur Begriffs-Inflation ausartete: undifferenziert standen nebeneinander der Zentrumsfaschismus, Brüning-Faschismus, Papen-Faschismus, nicht zuletzt der Sozialfaschismus der Konkurrenzpartei SPD, gegen die der »Hauptstoß innerhalb der Arbeiterbewegung« geführt wurde. In der Konsequenz dessen erschien der Unterschied zwischen parlamentarisch-demokratischer Herrschaft und faschistischer Herrschaft nur graduell; der Nationalsozialismus wurde völlig unterschätzt.

Die Lagertheorie hatte eine Entsprechung in der psychischen Verfassung der KPD-Mitglieder um 1933, die sich zu einem extrem hohen Prozentsatz aus – teilweise langjährig – Arbeitslosen zusammensetzten. Sie fühlten sich aus der Gesellschaft verdrängt und entwickelten in der Parteiarbeit die Mentalität von Insassen eines gegenüber der feindlichen Außenwelt abgeschotteten Lagers, einer Gegengesellschaft, die die KPD in der Weimarer Republik tatsächlich war. Gerade dieser Mentalität verdankte die KPD aber die schnelle Reorganisation nach und zum Teil während der Verfolgungsmaßnahmen im März/April 1933. Ausgehend von nicht oder wenig betroffenen Organisationsteilen gelang es den Kommunisten bis Mitte/Ende 1933 trotz aller Rückschläge durch Verhaftungen, die zentralistische Parteiorganisation in ihrer erschreckend gefährdeten Kompliziertheit wieder aufzubauen. Es charakterisiert die Kampf- und Opferbereitschaft dieser Kommunisten, daß sie auf dem Höhepunkt der Reorganisation in der ersten Hälfte 1934 mehr als 10% des Mitgliederstandes von 1932 zur Mitarbeit, mindestens aber zur Beitragszahlung und zur Abnahme von Druckschriften bringen konnten.

Gerade angesichts dieser Feststellung sollten die Größenordnungen nicht aus den Augen verloren werden. Mögen auch – etwa im rheinisch-westfälischen Industriegebiet – 10000 bis 15000 Kommunisten und Sozialdemokraten in dieser oder jener Weise am Widerstand beteiligt gewesen sein, so standen ihnen doch an die 150 000 Kommunisten und Sozialdemokraten gegenüber, die sich – aus welchen Gründen auch immer – zurückgezogen hatten; und sie operierten in einer Bevölkerung von rund 11 Millionen, die sicher nicht gänzlich nationalsozialistisch geworden war, die sich aber zu erheblichen Teilen den neuen Gegebenheiten angepaßt oder mit dem neuen Regime arrangiert hatte.

Große Erfolge der Organisation ließen sich ohnehin nur in den industriellen Ballungsgebieten mit hohem Organisationsstand erreichen. In Bayern (15 000 Mitglieder) etwa erfaßten die Verfolgungswellen vom März/April 1933 in solchem Ausmaß auch untere Funktionäre, daß eine Reorganisation nur noch begrenzt und an wenigen Orten erfolgte; die noch zum Handeln bereiten Kommunisten gingen in der Mehrheit bereits Ende 1933 zur Bildung halbprivater Zirkel über.

Die politische Arbeit der KPD stand bis Mitte 1934 ganz im Zeichen der illusionistischen Beurteilung der nationalsozialistischen Machtübernahme und der Verteidigung und Fortschreibung ihrer verfehlten Politik. Der Kampf gegen die SPD – bei im wesentlichen erfolglosen Versuchen, Sozialdemokraten ins eigene Lager zu ziehen – wurde fortgesetzt. Die Parteiführung blieb bei ihrer Einschätzung, daß die Nationalsozialisten die ökonomischen Probleme nicht meistern könnten und eine krisenhafte Zuspitzung mit realen Chancen für eine revolutionäre Umwälzung unmittelbar bevorstünde. Diesen Wunschvorstellungen wurde der propagandistische Apparat der Partei dienstbar gemacht. Es nötigt Bewunderung ab, wenn man sich die Zahl der Titel und die teilweise in die Zehntausende gehenden Auflagehöhen vor Augen führt und von der Zähigkeit liest, mit der bei Ausfällen immer erneut die technischen Mittel beschafft wurden. Doch darf zweierlei nicht übersehen werden. Einmal stand der Aufwand in keinem Verhältnis zur Außenwirkung; denn von der aufs Ganze gesehen realitätsfernen Argumentation her waren die Publikationen nur geeignet, Gläubige in ihrer Überzeugung zu stärken. Zweitens waren Produktion, Transport und Verteilung illegaler Publikationen für die Sicherheit der Illegalen extrem neuralgische Punkte, von denen aus die Gestapo immer wieder in die Organisation einbrechen konnte.

Zu dem Zeitpunkt, Mitte 1934, als in der Kommunistischen Internationale – wiederum im Gefolge gewandelter außenpolitischer Interessen der UdSSR – Diskussionen über einen Wechsel der politischen Strategie der kommunistischen Parteien und Kritik an der politischen Linie der KPD in Gang kamen, als auch in der Organisation der KPD im Rhein-Ruhr-Gebiet kritische Stimmen immer unüberhörbarer wurden, machte sich das Ausbluten der KPD zunehmend bemerkbar. Einerseits waren in den Monaten zuvor immer erneut einzelne Funktionäre und ganze Bezirks- oder Unterbezirksleitungen verhaftet und dann durch opferbereite Kommunisten ersetzt, waren ganze Organisationsteile durch Massenverhaftungen lahmgelegt worden.

Andererseits änderten sich bei vielen Kommunisten die psychologischen Voraussetzungen, da sie infolge der Verbesserung der arbeitsmarktpolitischen Lage einen Arbeitsplatz bekamen. Die Chance für viele, die persönliche wirtschaftliche Situation zu konsolidieren, verbunden mit wachsender Skepsis am Sinn der politischen Arbeit haben nicht nur in der KPD Erosionsprozesse ausgelöst. Allmählich zeigte sich so, daß die Ressourcen der KPD nicht unbegrenzt waren.

Auf dem VII. Weltkongreß der Komintern im Juli/August 1935 in Moskau und – speziell für die deutsche Partei – auf der sogenannten Brüsseler Konferenz im Oktober kam der Prozeß der Umorientierung zum Abschluß. Schon Mitte 1934 hatte das ZK der KPD unter dem Druck der Kommunistischen Internationale einen ersten halbherzigen Schritt getan: die Einheitsfrontpolitik wurde von der Politik der Spaltung von Sozialdemokraten und sozialdemokratischen Führern zur Politik der Zusammenarbeit mit Mitgliedern und Leitungen der SPD; die RGO wurde zugunsten der Gewerkschaftseinheit aufgegeben.

Diese neue Politik wurde im Rhein-Ruhr-Gebiet der Parteibasis noch bekanntgemacht, wurde aber – kurzfristige Realisierungen in Lüdenscheid und Wuppertal ausgenommen – nicht mehr umgesetzt. Teils fürchteten Sozialdemokraten – zu Recht – sich durch förmliche, zentral geleitete Organisation zu gefährden, teils zeigten kommunistische Funktionäre zwar theoretisch Bereitschaft aber praktisch Unfähigkeit und Furcht vor der Kommunikation außerhalb des Lagers. Der Weltkongreß verkündete dann die Strategie der Volksfront: die Schaffung einer Kampffront aller Antifaschisten.

Als aber die Delegierten der KPD im Oktober über die Volksfrontpolitik berieten und die illegale Arbeit im Stil der zentral geführten Massenpartei kritisierten und verurteilten, existierten im Rhein-Ruhr-Gebiet nur noch Reste der Parteiorganisation. Die neue, psychologisch aus der Lagermentalität heraus – und politisch zur Einübung von Demokratie hinführende Strategie wurde nur noch von wenigen Kommunisten in Deutschland rezipiert. Sie blieb im wesentlichen Sache der Emigration. Mit dem Ende des kommunistischen Massenwiderstandes war der kommunistische Widerstand noch nicht zu Ende, er verlagerte sich in kleine Zirkel, die auch von den Leitungen im Ausland bald nicht mehr erreicht wurden oder nicht mehr erreicht werden wollten.

Versuche, die verbliebenen Gruppen und Zirkel wieder an die Parteileitung anzubinden, waren letztlich nicht erfolgreich. 1941 sollte das ZK-Mitglied Wilhelm Knöchel eine Inlandleitung und den Kontakt zur Parteileitung in Moskau aufbauen, was aber nur teilweise und kurzfristig gelang. Knöchel muß aber wegen einer anderen Tatsache erwähnt werden: er artikulierte – wenngleich aus innerparteilichen Rücksichten vorsichtig – in der Fortentwicklung der Volksfrontpolitik eine politische Linie, in der nationaler Eigenständigkeit und demokratischen Strukturen ein besonderes Gewicht zukamen. Knöchel war mit solchen Vorstellungen in der KPD wohl nicht allein. Doch bestand weder die Chance für die Protagonisten, solchen Vorstellungen in der KPD Resonanz zu verschaffen, noch für die KPD, eine solche Politik – der KP Italiens vergleichbar – in einer antifaschistischen Volksfront zu realisieren.

Auf die drei vergleichsweise großen, 1943/44 operierenden Gruppen in Sachsen (Georg Schumann, Otto Engert), Thüringen (Theodor Neubauer, Magnus Poser) und Berlin (Anton Saefkow, Franz Jacob, Bernhard Baestlein), sei nur verwiesen und angemerkt, daß die letztgenannte Gruppe im Juni/Juli 1944 mit dem Widerstandskreis um Stauffenberg in Kontakt gekommen war.

Eingangs ist auf das konträre Verhalten von SPD und KPD gegenüber der Machtübernahme hingewiesen worden. Während die KPD – sozusagen: theoretisch »Gewehr bei Fuß« – den Ausbruch der revolutionären Krise erwartete, hat die Parteiführung der SPD in keinem Augenblick erwogen, wegen der Ernennung Hitlers den Boden der Verfassung zu verlassen. Sie protestierte gegen die Ernennung, verpflichtete sich aber selbst zu legaler Opposition in der trügerischen Hoffnung, dadurch die neuen Machthaber zur Legalität verpflichten zu können. Die Parteiorganisation forderte sie zum »Bereit sein« auf für den Augenblick, da die Regierung Hitler zum offenen Verfassungsbruch übergehen sollte, ein Zeitpunkt, der sich angesichts des schleichenden Verfassungswandels als schwer bestimmbar erweisen sollte. Durch Festhalten an der Legalität gedachte man auch, den Machthabern keinen Vorwand für ein Vorgehen gegen die Parteiorganisation zu liefern, dieser eine Art halblegaler Fortexistenz zu sichern, damit sie für den Tag einsatzfähig bleibe, an dem die Regierung Hitler an ihrer Unfähigkeit, die wirtschaftlichen Probleme zu meistern, scheitert.

Daß Hitler sehr schnell scheitern werde, schien den meisten Sozialdemokraten außer Zweifel. Entsprechend hat die Parteiführung alle Versuche unterer Parteigliederungen, eine illegale Organisation aufzubauen, mit allen Mitteln verhindert. Sie verharrte in dieser Haltung auch gegen den verbreiteten – allerdings hinsichtlich einer Intensität schwer bestimmbaren – Unmut in den unteren Parteigliederungen, der SAJ und den Kampfverbänden; auch angesichts des Terrors gegen die KPD; und trotz der zahlreichen – wenngleich unsystematischen – Angriffe auf Sozialdemokraten. Sie war nicht einmal bereit, organisatorische Konsequenzen zur Sicherung Gefährdeter und zur Abschirmung von Leitungs- und Beschlußgremien zu ziehen.

In der Reichstagssitzung am 23. März 1933 wurden vom Parteivorsitzenden Otto Wels sozialdemokratische Grundsätze zum letzten Mal öffentlich artikuliert, als er die Ablehnung des Ermächtigungsgesetzes durch die SPD-Fraktion begründete, von deren Mitgliedern zu diesem Zeitpunkt 26 verhaftet oder vor der Verhaftung geflohen waren. Wohl angesichts des sich verschärfenden Terrors gegen die SPD fand sich der Parteivorstand bereit, den Kurs der Partei auf einer Reichskonferenz zur Disposition zu stellen. Obgleich in der Konferenz deutlich wurde, wie hoch bereits die Zahl der Verhafteten und Geflüchteten war, welches Ausmaß auch der Organisationsverfall angenommen hatte, entschieden sich die Teilnehmer – gegen eine starke Minderheit, die für den Schritt in die Illegalität eintrat – für ideologischen Widerstand im Rahmen der Legalität.

Um den Legalitätskurs und dabei vor allem um die Teilnahme an der Reichstagssitzung am 17. Mai 1933 stritten die Reichstagsfraktion und die in Berlin verbliebenen Vorstandsmitglieder mit der emigrierten Mehrheit des Vorstandes in den folgenden Wochen heftig. Der Konflikt endete mit einem Beschluß des Parteivorstandes, seinen Sitz nach Prag zu verlegen, den Legalitätskurs zu beenden, eine illegale Organisation im Reich aufzubauen und sie von außen zu unterstützen. Zwar versuchte die Minderheit der Vorstandsmitglieder in Berlin den Beschluß durch Installierung eines Gegenvorstandes zu unterlaufen, doch die Kontrahenten stritten letztlich um nichts; denn die unter dem immer mehr gesteigerten Terror zerfallende Parteiorganisation wurde bald darauf verboten.

Aufgrund dieser Entwicklung aber auch der Mentalität vieler Sozialdemokraten, hat sich keine straffe sozialdemokratische Organisation gebildet. Der größere Teil der Sozialdemokraten, die den Ideen ihrer Partei verbunden bleiben wollten, hat sich wohl in überschaubaren freund-nachbarlichen Zirkeln bewegt, die oft eine breite Hilfstätigkeit durch Unterstützung für Gefangene und deren Angehörige entwickelt haben. Viele solcher Zirkel haben – ohne für uns faßbare Spuren zu hinterlassen – den Nationalsozialismus überdauert.

Noch in der Phase des Legalitätskurses haben sich in den meisten Industriezentren – zum Teil recht große – Gruppen (vor allem jüngerer Sozialdemokraten) gebildet, die sich wohl als Ersatzorganisationen für die zerfallende Partei verstanden. Sie haben, soweit sie nicht Außenwirkung erzielen oder Kontakte zu anderen Gruppen knüpfen wollten, sehr lange bestanden.

Der Parteivorstand in Prag (SOPADE) hat erst nach einer Vorbereitungsphase mit dem Aufbau einer losen Organisation beginnen können. Er errichtete in grenznahen Orten Grenzsekretariate (sechs in der ČSR; je zwei in Polen, Belgien, Frankreich, Schweiz; je eins in Dänemark und Luxemburg). Die Grenzsekretariate sollten einmal Zeitungen und Propagandamaterial nach Deutschland schleusen und zum anderen Informationen über die wirtschaftliche, soziale und politische Lage im Reich sammeln. Die Grenzsekretariate knüpften zunächst Kontakte zu aktionsbereiten Sozialdemokraten sowie sozialdemokratischen Gruppen und unterstützten sie beim Aufbau von Verteilernetzen und Lesezirkeln, die in umgekehrter Richtung als Informationsnetze dienten. Ende 1933/Anfang 1934 liefen die Materialtransporte an, die neben zahlreichen getarnten Einzelschriften vor allem den »Neuen Vorwärts« und die »Sozialistische Aktion« nach Deutschland schleusten. Bis zum Frühjahr 1934 waren überall in Deutschland Verteilernetze entstanden, an die teils schon bestehende, teils neu gebildete Zirkel als Abnehmer angeschlossen wurden. Trotz häufiger Verhaftungen meist aus dem Empfängerbereich, waren die Netze konspirativ relativ gut abgesichert, so daß der Gestapo erst ab Mitte 1935 größere Einbrüche gelangen.

Großen Anteil am Erfolg dieser Arbeit hatte die Organisation »Neu Beginnen«, die mit der SOPADE verbunden war und sich als so etwas wie deren kritisch-sozialistisches Gewissen verstand. »Neu Beginnen« operierte im Ausland wie im Inland, wo die Gruppe Zugang zu hervorragenden Informationsquellen besaß. Mehrere Grenzstellen der SOPADE wurden von Mitgliedern von »Neu Beginnen« geleitet, die dann die Gelegenheit benützten, den einen oder anderen sozialdemokratischen Zirkel ihrer Organisation einzubauen. Unter dem Druck von »Neu Beginnen« und von linken Sozialdemokraten, aber auch angesichts der Erfolge der illegalen Arbeit, unterzog SOPADE den Legalitätskurs einer kritischen Analyse und wandte sich zeitweilig vom Reformismus ab: der Sieg des Faschismus erfordere statt Reformpolitik revolutionäre Praxis. Als aber 1935/36 die Verteilernetze und viele Zirkel in die Hände der Gestapo fielen, rückte SOPADE von dieser aktivistischen Position wieder ab.

Nach der Zerschlagung dieses Organisationsnetzes ist der Widerstand von Sozialdemokraten in festeren Organisationsformen erloschen.

Der Bericht wäre unvollständig ohne einige Bemerkungen über die katholische Arbeiterbewegung, auch wenn sie aus dem Berichtstenor herausfällt; denn die katholischen Arbeitervereine, von denen zu sprechen ist, waren bis 1933 einerseits eine – allerdings sehr selbständige – Standesorganisation der katholischen Kirche und andererseits eine politisch aktive und einflußreiche Gruppe in und bei der Zentrumspartei mit großem Einfluß auf deren Sozialpolitik. Sie hatten 1933 rund 300 000 Mitglieder, von denen fast zwei Drittel dem westdeutschen Verband angehörten. Die Arbeitervereine waren schon lange vor 1933 öffentlich gegen den Nationalsozialismus angetreten und sahen sich nach 1933 ihrerseits schärfsten Angriffen der NSDAP ausgesetzt. Durch das Konkordat auf den kirchlichen Raum zurückverwiesen, von großen Mitgliederverlusten getroffen (bis 1938 rund 50%: teils wegen des sozialen Drucks auf die Mitglieder, teils wegen des Verbots ganzer Diözesanverbände), haben die Arbeitervereine mit ihrem harten Kern (im westdeutschen Verband bei Kriegsbeginn noch rund 48 000) zur Verteidigung und Abschottung der katholischen Kirche gegenüber der nationalsozialistischen Ideologie beigetragen und die eigenen Reihen – aller nationalsozialistischen Angriffe zum Trotz – immunisiert.

Der von den Nationalsozialisten aufgeschobenen Abrechnung mit der katholischen Kirche und Rückzug in deren – bedingten – Freiraum verdankten die Arbeitervereine – obgleich als antinationalsozialistisches Potential erkannt – ihre Fortexistenz. Führende Funktionäre der Arbeitervereine arbeiteten in den Widerstandskreisen im Umkreis des Attentats vom 20. Juli 1944 mit. In den Planungen dieser Kreise für den Tag danach hatte das »Potential« sicherlich seinen Platz.

Klaus Tenfelde

Zwischen Betrieb und Kommune.
Zum Arbeiterverhalten im Nationalsozialismus

Wie verhalten sich Arbeiter, Bauern, Angestellte, wie Frauen oder Jugendliche, Manager oder Militärs, Beamte oder Priester unter den – aus heutiger Sicht – extremen Bedingungen des totalitären Maßnahmenstaats? Wie werden dessen Herausforderungen beantwortet? Zu welcher Daseins-»Normalität« fanden die Menschen unter der Diktatur?

Mit diesen Fragen ist die, wenn man so will, sozialgeschichtliche Erweiterung des Widerstandsproblems angedeutet, die sich seit einigen Jahren einerseits in der Verschiebung der Interessenschwerpunkte von den machtpolitischen Zusammenhängen im nationalsozialistischen Herrschaftssystem zu einer Gesellschaftsgeschichte der NS-Zeit, andererseits, und im engeren Sinn, in der Aufweichung des Widerstandsbegriffs über den Nachweis eines Spektrums möglicher und nachweislicher oppositioneller Verhaltensformen abzeichnet[1]. Wer »nur« nach dem Widerstand der Arbeiter oder irgendeiner anderen Gruppe fragt, muß seine Quellen und damit die möglichen Antworten, je genauer er seinen Widerstandsbegriff präzisiert, notwendig einengen und wird letztlich nur sehr dezidierte Aktionen erfassen können, die in der Regel in einem politischen Zusammenhang stehen, mit Überzeugungen und regimefeindlichen Zielvorstellungen zu tun haben, meistens auf bestimmten Verbindungen beruhen und stets die Bereitschaft zum Risiko für Leib und Leben einschließen. Auf diesem Wege gelingt es selten, das soziale Milieu zu erfassen, in dem solche Traditionen und Werthaltungen, die zum Widerstand befähigen, verwurzelt sind; überhaupt wird die Frage nach dem möglichen oder gar zwangsläufigen Zusammenhang eines bestimmten sozialen Milieus mit der Neigung oder Fähigkeit zum Widerspruch aus dieser Sicht kaum je gestellt. Es scheint, daß die umfassend gemeinte Frage nach den möglichen und nachweislichen Denk- und Verhaltensweisen der Menschen unter den Bedingungen der Diktatur mehr Wirklichkeit zu erfassen und Verhaltensalternativen erst eigentlich zu beleuchten vermag.

Die Frage nach dem Verhalten bedarf einer sozialgeschichtlichen, genauer, sozialisationsgeschichtlichen Antwort – ausgehend von der Überlegung, daß Antworten auf Herausforderungen zuerst und überwiegend vor dem Hintergrund gewohnter Erfahrungen gefunden und formuliert werden. Es gibt einen systematischen und einen historischen Aspekt dieses Problems. Der systematische Aspekt geht von den Formen der Vergesellschaftung als den maßgeblichen Sozialisationsinstanzen aus und vermag festzustellen, daß die gesellschaftlichen Großgruppen und die vergesellschaftenden Institutionen bestimmte kollektive Verhaltensformen hervorbringen und festigen – man denke an die Kirchen, das Militär oder den preußischen Adel, die selbständigen Handwerker, die kaufmännischen und technischen Angestellten oder, um im Blick auf ihr Verhalten in der NS-Zeit die vielleicht Dezidiertesten zu nennen, die katholischen Bauern und die Industriearbeiterschaft.

Der historische Aspekt fragt nach den Wurzeln, der Entfaltung und Entwicklung solchermaßen eigenständiger Denk- und Verhaltensformen innerhalb solcher Großgruppen, und zwar in doppelter Hinsicht: erstens als Ausdruck gruppenspezifischer Lebensweisen, Traditionen und Überzeugungen mit relativer Autonomie gegenüber jeweils anderen Großgruppen, zweitens, im Sinne eines steten Betroffenseins, als Ausdruck tiefgreifender gesamtgesellschaftlicher und politischer Strukturveränderungen, Entwicklungen, Maßnahmen und Entscheidungen. Beispielsweise wirkte sich die technisch-organisatorische Rationalisierung der 1920er Jahre auf Arbeiter oft geradezu existenzgefährdend, auf Angestellte wenigstens auf lange Sicht eher stabilisierend, auf Handwerker allenfalls mittelbar und auf Bauern überhaupt nicht aus; auch die insgesamt zerrüttenden und betäubenden Erfahrungen des Ersten Weltkriegs haben gleichwohl für Arbeiter und Bauern, Frauen und Soldaten sehr unterschiedliche Bedeutung gehabt.

Man muß sich vergegenwärtigen, von welcher Art die Erfahrungen waren, die in den Friedensjahren der Diktatur den, sagen wir, um 1933 etwa 25jährigen Industriearbeiter in seinem Denken und Verhalten anleiteten. Zunächst eine Vorbemerkung: Im Jahre 1933 bildeten die damals 19- bis etwa 35jährigen eine außerordentlich starke Generation, denn dieser Geburtenjahrgang etwa von der Jahrhundertwende bis zum Ausbruch des Ersten Weltkriegs war, wegen hoher Gebürtigkeit bei scharf rückläufiger Säuglingssterblichkeit, vor allem in den industriellen Großstädten außerordentlich stark besetzt, und er war von den Menschenverlusten des Ersten Weltkriegs nicht betroffen[2]. Das waren noch »Wilhelminische« Arbeiterkinder, aufgewachsen in einer Gesellschaft, die unter wirtschaftlicher Blüte und vergleichsweise hoher politischer Stabilität doch von starken, obrigkeitlich überformten Klassengegensätzen geprägt blieb – von Klassengegensätzen, die eigene, produktive und kämpferische Milieus entfalteten. Seine Heimat fand das Arbeiterkind im von Entbehrung gezeichneten Familienhaushalt, in den Spielgemeinschaften der Hinterhöfe, den Straßenbanden der Großstadtjugend, in der Gemeinschaft der Nachbarn im Mietshaus, der Kollegen am Arbeitsplatz, der Kameraden im Freizeitverein oder in der Gewerkschaft. Oftmals waren die ersten Arbeitserfahrungen von den besonderen Bedingungen der Weltkriegsproduktion geprägt; Hunderttausende von Jugendlichen strömten gerade in diesen Jahren in die Fabriken, oft genug begleitet von ihren Müttern, denn mit der rasch zunehmenden Frauenarbeit und dem Kriegsdienst der Väter erstarb das Familienleben, und die sozialen Beziehungen in der Nachbarschaft und am Arbeitsplatz wurden gelockert. Dann die Jahre der Revolution und der bürgerkriegsähnlichen Wechselbäder bis 1923, als jahrzehntelange Hoffnungen der Arbeiterschaft so sehr erfüllt wie enttäuscht schienen; die Streikkämpfe und politischen Auseinandersetzungen, die Ängste um das schiere Überleben in der Versorgungsnot der Inflation.

Arbeitslosigkeit wurde nun ein Massenschicksal – nicht erst in den Jahren der Weltwirtschaftskrise, aber dann mancherorts für jeden zweiten, und zumal für jugendliche Arbeiter. Mit anderen Worten: Die in der Nazi-Zeit eben erwachsenen und handlungsfähigen Arbeiter blickten auf eine Kindheit und Jugend zurück, deren Erfahrungsbild zwiespältiger nicht sein konnte. Man kann zwar sagen, daß die Werthaltungen und Ziele der Arbeiterbewegung darin nach wie vor einen Orientierungspunkt markierten, doch der war vielfach gebrochen – nicht nur durch die richtungsgewerkschaftliche und politische Spaltung der Arbeiterbewegung, sondern auch und vielmehr in der Entsolidarisierung durch die Wirtschaftskrise, als sich neue Fronten zwischen Arbeitslosen und Arbeitsplatzinhabern, jung und alt, Männern und Frauen auftaten.

Der Zusammenhang zwischen Milieu und kollektivem Verhalten läßt sich nun besonders erfolgversprechend im kleinräumigen Sozialisationsfeld untersuchen. Dieser Feststellung liegen zwei Annahmen zugrunde: erstens jene, daß nur im kleinräumigen Zugriff die Quellen hinreichend aussagekräftig werden und auch aus technischen Gründen nur hier erfolgversprechend mit dem Ziel befragt werden können, von welcher Art der Zusammenhang ist; zweitens, und damit verbunden, die Vermutung, daß kleinräumige Sozialisationsfelder einen höheren Grad an mutmaßlich handlungsbefähigender Homogenität aufweisen, man also beispielsweise sagen kann, daß bestimmte berufsbedingte Gruppenbeziehungen bestimmte Denk- und Verhaltensweisen hervorbringen.

Die genaue Bedeutung solcher Verhaltensweisen erschließt sich dann nur in vergleichender Betrachtung, in die verhaltensbedeutsame Momente wie die geographische Lage, die Herkunft und Zusammensetzung der Arbeiterschaft, ihre Konfession und soziale Lage über längere Zeiträume, ihr Familienleben im Zusammenhang urbaner Daseinsformen, ihre gewerkschaftliche und politische Tradition und manches andere eingehen. Darüber hinaus geht es nach 1933 stets auch um das zusätzliche Problem, wie überhaupt Menschen unter der terroristischen und im Wortsinn penetranten Machtanmaßung zu reagieren und zu agieren im Stande sind. »Community Studies«, wie man diesen seit einigen Jahren in der internationalen sozialgeschichtlichen Forschung vertretenen Ansatz nennt[3], haben mithin, und nicht nur unter dem Aspekt der totalitären Herausforderung, auch eine anthropologische Dimension.

»Community Studies« versuchen, Aussagen sowohl über die Arbeitsverhältnisse und deren Folgen als auch über das außerbetriebliche Dasein, über Gewohnheiten und Mentalitäten zu treffen. Sie stoßen im betrieblichen Bereich in der Regel auf Probleme der Überlieferung. So liegt heute eine große Zahl lokal- (und regional-) geschichtlicher Untersuchungen, vor allem über die Machtergreifungsphase, zwar vor[4], aber an Studien, in denen die Arbeitsverhältnisse und die materiellen Daseinsbedingungen wie auch die nachweislichen betriebsverbundenen Verhaltenstraditionen einbezogen würden, mangelt es[5], jedenfalls im genannten Zeitraum. So seien einige Ergebnisse in Gestalt von Thesen formuliert.

Ein *erster* wichtiger Komplex von Thesen ergibt sich aus dem Nachweis der oben bereits angedeuteten Vermutung, daß – gerade im Arbeitermilieu – eine je größere Einheitlichkeit der äußeren Daseinsumstände die Fähigkeit der von ihnen betroffenen Menschen zum wechselseitigen Erfahrungsaustausch, zur Kommunikation miteinander, damit zur Entwicklung eigenständiger und abgrenzbarer, auf die besondere Daseinssituation zugeschnittener Verhaltensformen zunehmen läßt. Solche Einheitlichkeit kann naturgemäß auf sehr unterschiedliche Weise hergestellt werden; in der Regel spielt dabei nicht so sehr die Branchen- und Betriebszugehörigkeit für sich, sondern vielmehr die mit ihr verbundene Wohn- und Lebensweise in der Werkswohnungskolonie, im Arbeiterviertel, eine maßgebliche Rolle. So besteht im allgemeinen kein Zweifel, daß der Grad an Übereinstimmung mit dem Nationalsozialismus vor 1933 in Arbeiterkreisen, wie das zumal bei Reichstagswahlen nachweisbar ist, vergleichsweise gering war.

Schaut man genauer hin, dann zeigt sich, daß diese Übereinstimmung dort am geringsten war, wo die Arbeits- und Daseinsumstände eine hohe Homogenität aufwiesen. Das galt in der Regel für ausgesprochene Bergarbeiterkommunen im nördlichen Ruhrgebiet[6], aber auch für monoindustriell geprägte, isolierte proletarische Kleinkommunen oft in ländlicher Umgebung, wo der Stadt-Land-Gegensatz die Eigenart der Arbeitergemeinde noch herausstrich. Größere Homogenität konnte aber auch, und auch hierfür ist das Ruhrgebiet ein Beispiel, Resultat einer unzureichenden Urbanisierung sein, wie umgekehrt entwickelte großstädtische Strukturen in der Regel eine Vielfalt von Daseinsformen schaffen. Es ist nun aber sehr wichtig, festzuhalten, daß solche einerseits durch die Produktions- und damit verbundenen Daseinsverhältnisse geschaffene Homogenität durch andere Umstände gebrochen oder in ihren Wirkungen neutralisiert werden konnte. Das begegnet uns beispielsweise in Arbeiterkommunen, in denen eine starke ländliche Bindung der Arbeiterschaft in Gestalt des Arbeiterbauerntums fortlebte, so teilweise im südlichen Ruhrgebiet.

Wenn dabei, wie in einigen fränkischen Arbeiterstädten wie der Porzellanarbeiterstadt Selb[7], eine protestantische Prägung der Arbeiterkultur hinzukam, dann konnte das Wahlergebnis für die Nationalsozialisten befriedigend ausfallen. Es fiel in der Regel auch dann besser aus, wenn sich an sich typische Industriearbeiterkommunen, wie das zumeist in den schwerindustriellen Ballungsregionen der Fall war, aus mindestens zwei Berufsgruppen zusammensetzten, so etwa in den zahlreichen Arbeitervororten des Ruhrgebiets, wo Berg- und Hüttenarbeiter nahe beieinander wohnten. Man sollte auch nicht den Fehler machen, den höheren Stimmenanteil der Nazis dort, wo sich in die Arbeiterbevölkerung ein größerer Anteil von städtischem gewerblichen Bürgertum oder von Angestellten gemischt hat, allein diesen zuzuschreiben.

In Penzberg, einer reinen Bergarbeitergemeinde in Südbayern mit schwach ausgeprägter Mittel- und Oberschicht, lag der NS-Stimmenanteil bis 1932 unter 5%, während die Linksparteien bei zunehmendem kommunistischen Gewicht 65 bis 70% erreichten, und noch am 5. März 1933 erzielten die Nazis hier nur 16% gegen 43 bis 44% reichsweit. Die NS-Führungsgruppe am Ort setzte sich fast ausschließlich aus Über-Tage-Angestellten der Zeche zusammen. Nicht viel anders scheint es in der reinen Bergarbeitersiedlung Recklinghausen-Hochlarmark gewesen zu sein, und ähnliche Beispiele sind aus dem Aachener Industrierevier gebracht worden[8]. Wir brauchen freilich, um den hier aufgezeigten Weg der Interpretation zu vertiefen, weitere wahlhistorische Studien über kleine Räume, am besten Stimmbezirke im Vergleich.

Man muß sich nun, *zweitens*, vergegenwärtigen, daß die hier aufgewiesenen, ganz unterschiedlichen Faktoren relativer Homogenität und Heterogenität nicht erst seit den Jahren der Wirtschaftskrise vorhanden waren und damit den relativen Erfolg der

Nazis unter Arbeiterbevölkerungen begründeten, sondern daß sie sich zumeist schon seit Jahrzehnten herausgebildet hatten und daß sie sich, das ist der zweite Aspekt derselben Sache, fortwährend neu erzeugten, und zwar, unter einer gewissen Verschiebung der Gewichte etwa hinsichtlich des konfessionellen Faktors, auch in den Jahren des Nationalsozialismus fortwährend neu erzeugten.

Mit dem ersten Aspekt ist die Tatsache gemeint, daß der relativen Schwäche der NS-Organisationen in reinen Arbeiterstädten eine seit längerem gewachsene Stärke der Linksparteien und, damit zusammenhängend, die Entfaltung einer eigenen, auf die Daseinsverhältnisse, das Denken und Verhalten rückstrahlenden politischen Kultur, der Arbeiterbewegungskultur, entsprochen hatte. Das war aber längst nicht ausschließlich der Fall. Gerade das Ruhrgebiet belehrt bis in die Nachkriegszeit über den Einfluß des politischen Katholizismus in der Arbeiterbevölkerung und damit über die Rolle einer stark konfessionell geprägten politischen Kultur, und gerade deshalb zeigt das Ruhrgebiet jene eigentümliche Zerrissenheit zwischen den alten südlichen Regionen mit protestantischem Einschlag und größeren NS-Erfolgen, der in der ersten Industrialisierungsphase gewachsenen Hellweglinie mit ihrem zunehmenden Widerstreit zwischen katholischer und sozialdemokratischer politischer Kultur, schließlich der jungen nördlichen Anwachszone mit ihrem starken kommunistischen Einschlag[9].

In dieser groben Typisierung liegen unzulässige Vereinfachungen, doch soll damit gezeigt werden, daß auch das Alter, gleichsam der Reifezustand, einer politischen Kultur das politische Verhalten mitbestimmt hat, so daß die unterschiedlichen Phasen und Geschwindigkeiten der Industrialisierung in den jeweiligen Räumen in den Blick geraten. Wichtiger ist, daß das Vorhandensein möglichst starker, sei es katholischer, sei es, und vor allem, sozialdemokratischer und kommunistischer politischer Kulturen Resistenz[10] gegen die Versuchungen der Nazis begründete, und zwar, dies ist der zweite erwähnte Aspekt, auch in der Zeit des Nationalsozialismus selbst. Denn die Bedingungen, die einstmals jene starke Übereinstimmung von proletarischer Erfahrung und gewerkschaftlich-politischem Kampf erzeugt hatten, ließen sich nicht grundsätzlich und jedenfalls nicht von heute auf morgen ändern, und aus der Anerkenntnis dieser Tatsache erklären sich nicht zuletzt gewisse Neigungen und Ziele im linken Flügel des Nationalsozialismus bis etwa 1934.

Auch wenn es noch, wie erwähnt, an betriebsgeschichtlichen Studien für die Zeit nach 1933 fehlt, kann man doch die These wagen, daß die Nazis auf diesem Feld vor allem dann mit Vorsicht operiert haben, wenn sie auf eine bekanntermaßen ehedem festgelegte, wie sie sagten, »marxistische« und damit resistente Belegschaft stießen. Und sie waren insoweit keineswegs erfolglos. Auch wenn das Gesetz zur Ordnung der nationalen Arbeit von Anfang 1934 die Betriebsgemeinschaft an der Realität der innerbetrieblichen Konfliktlagen vorbei etablierte, auch wenn sich die Deutsche Arbeitsfront (DAF) als unfähig zur Vertretung proletarischer Interessen erwies und dafür in den wenigen Vertrauensrätewahlen durchweg die Quittung erhielt[11], so gab es doch Teilbereiche, in denen Wirkungen erzielt wurden, so wahrscheinlich mancherorts in der Arbeit der DAF-Rechtsberatung, wenn man es mit agilen Rechtsberatern zu tun hatte, sowie in manchen, wenn auch belächelten Aktionen von »Kraft durch Freude«.

Wir haben dennoch eine Unzahl von Zeugnissen dafür, daß die innerbetrieblichen Konfliktlagen fortbestanden wie ehedem, und daß sie zu Lösungen drängten, wobei freilich die Kampfformen unter der Drohung des Terrors einige kennzeichnende Akzentuierungen erfuhren. Zum einen determinierte der konjunkturelle Wandel wie immer schon das Arbeiterverhalten; der Arbeitsmarkt war auch nach 1933 der eigentliche Machtfaktor. Nach der Stabilisierung der Beschäftigungslage seit etwa 1935 gab es wieder zunehmend kollektive Kampfaktionen, und in deren Regelung mußte vielfach von außen in die Betriebe hineinregiert werden, sei es durch die Gau- und Reichsbetriebsgemeinschaftswalter, sei es auch durch örtliche und regionale Parteigrößen. Zum anderen gewannen ältere, zurückgedrängte Kampfformen wie die Bummelei, die Vorenthaltung von Leistung, an Bedeutung, und neben einer Art offiziellen Ebene der Auseinandersetzung im Betrieb zwischen Vertrauensrat und Betriebsführung etablierte sich der wachsam gehütete, gegen Denunziation, und hier kannte man bald seine Pappenheimer, tunlichst abgesicherte inoffizielle Kommunikationsfluß in jenen Arbeitergruppen, die die Arbeitsorganisation auf diese oder jene Weise zusammenschweißte. Diese Erfahrungsgruppen blieben begrenzt kampffähig, und sei es in Form bloßen Murrens, das den Unmut über den Rand schwappen lassen konnte – jedenfalls dann, wenn es um die sehr unmittelbar mit der Arbeit und dem Einkommen verbundenen Interessen ging.

Noch schwieriger war es, das Gefüge der alten Daseinsformen und der mit ihnen zusammenhängenden politischen Kulturen vor den Toren der Betriebe zu durchdringen. Wir wissen beispielsweise von der feinen Verästelung der NS-Parteiorganisation bis hinab zu den Blockwarten, ohne über den Erfolg solchen Strebens in Arbeiterkommunen zuverlässig informiert zu sein. Die aktive NS-Siedlungspolitik hatte auch den Effekt, die gewachsenen industriekommunalen Bindungen und Beziehungen zu stören. Wichtig wäre es, genaueres über die Resonanz der eigentlichen Partei – im Verhältnis zu den affiliierten Massenorganisationen wie Hitlerjugend und Bund deutscher Mädel, NS-Frauenschaft etc. zu wissen. Denn es scheint, daß in Arbeiterkommunen der Zulauf zu den Massenorganisationen, in die man freilich im Zuge der Gleichschaltung auch zwangsweise hineingeraten konnte, durchaus groß war, während die Parteiorganisation vergleichsweise wenig Zulauf erfuhr.

Darin konnte für den einzelnen ein Entlastungseffekt liegen, und diese Überlegung führt zu einem *dritten* Thesenkomplex, der Frage nach der proletarischen Verhaltens-»Normalität« in der NS-Zeit. Ich schicke zwei zusammenhängende Bemerkungen voraus: Zum einen hat die tendenzielle Schwarz-Weiß-Malerei der totalitarismustheoretischen Deutung des NS-Regimes in der Vergangenheit nur zu oft den Blick für die Schattierungen in den auch in dieser Zeit möglichen Verhaltensweisen vernebelt. Dabei darf man allerdings nicht vergessen, daß dieser Ansatz immerhin die terroristische Attitüde dieses Staates nach innen erklären kann und daß der Staat tatsächlich mit dem Anspruch an jeden herantrat, sich für ihn oder gegen ihn zu erklären. Dennoch lag, wie es scheint, die Realität dazwischen. Zum anderen hat gerade diese Sichtweise das aktive »Gegen-den-Staat«, den Widerstand, unzulässig betont und auch, mit kennzeichnenden Schwerpunkten, die nicht im Arbeiterwiderstand lagen, heroisiert.

Im allgemeinen verbindet man mit dem Widerstandsbegriff Aktionen – oder die gezielte Vorenthaltung erwarteter Handlungen –, deren Perspektive eindeutig gegen die regimeeigenen Perspektiven gerichtet war und die deshalb einen Sinnzusammenhang von Zweck und Ziel aufwiesen, Aktionen überdies, die sich notwendig mit der Inkaufnahme eines sehr erheblichen Risikos für Freiheit und Leben belasteten und die in der Regel in irgendeiner Weise organisiert waren. Solcher Widerstand war in Arbeiterkommunen eher die Ausnahme, aber auch sein Gegenüber, die sehr weitgehende, manchmal fanatische Regimeloyalität, gehörte zu den Ausnahmen. Das dazwischen liegende Feld partieller Loyalitäten zwischen, nach einem jüngeren Buchtitel[12], entgegenkommender Anpassung und bewahrender Verweigerung war es, in dem sich die Verhaltensrealität niederschlug. In irgendeiner Weise forderte der Terror von jedem seinen Tribut. Früher oder später, in der Regel sehr früh, war man zu Reaktionen auf die neue politische Realität veranlaßt, und früher oder später mochte man, mehr oder weniger bewußt, reagieren, indem man hier etwas gab, um dort etwas zu bewahren oder zu gewinnen.

Nicht so selten war der ehemalige niedere kommunistische Parteifunktionär, der von Haussuchungen verschont blieb, weil er seine Kinder in die HJ und den BDM schickte oder sich selbst entschloß, irgendwo wenigstens Mitglied zu sein. Die vollständige innere

Emigration ehemals exponierter Arbeiterführer oder auch überzeugter Andersdenkender war eher der Ausnahmefall und gründete oft auf den schlimmen Erinnerungen an Verhöre, Gefängnis- und KZ-Aufenthalte. Vielmehr konnte man, indem man sich bedingt anpaßte, gar eine Art minderer Karriere als wohlangesehener Arbeiter machen. Dabei waren die Verlockungen[13], die das Regime nach seiner Konsolidierungsphase in Fülle bereithielt, sicher von starkem Einfluß – man denke beispielsweise an die außenpolitischen Erfolge, die wohl allen mindestens dem »Führer« gegenüber eine Art Respekthaltung abnötigten[14] und die es so schwermachten, prinzipielle Widerstandshaltungen überzeugend zu vertreten. Ähnliches galt für die innenpolitischen Erfolge, die Konsolidierung der Arbeitsmärkte beispielsweise, um welchen Preis auch immer, ferner für die in der Zeit keineswegs immer und jeden abschreckenden äußeren Repräsentationsformen der NS-Herrschaft, die Massenveranstaltungen im pompös-nationalen Gestus, des Deutschen Vorliebe für die Uniform – all dies wirkte nicht zuletzt auf die Arbeiterjugend, die sich, das zeigen Jugendbanden und ähnliches, gleichwohl unter diesem Eindruck ambivalent verhalten konnte[15].

Die Teilanpassung erlaubte, den Verlockungen zu frönen, ohne gleich in den Fanatismus der Unbelehrbaren zu verfallen. Sie war eine naheliegende pragmatische Problemlösung. Sie bewahrte einen Restraum von oftmals nicht so sehr familiärer als vielmehr freundschaftlicher Freiheit im kollegialen Gespräch am Arbeitsplatz oder Wirtshaustisch, wo dann leicht manches schmähende Wort über die »Bonzen« fiel. Man tat etwas, oftmals wohl auch mehr, als nötig gewesen wäre, man gab sich gar mancherlei massensuggestiven Verführungen hin, in deren Ausschmückung das Regime solche Meisterschaft entfaltete, aber das lag eher an der Oberfläche; im Kern blieb das tagtägliche Verhalten durch die Umstände der Arbeit und des familiär-nachbarlichen Daseinszusammenhangs bestimmt, und in diesen Bereichen herrschten die gewohnten Formen der Verständigung und Selbstverständigung vor. Wie die Zwänge des Arbeiterdaseins hier ihren Platz forderten und gar noch Verschärfung, und in der Verschärfung seit der zweiten Hälfte der 1930er Jahre zunehmende Verweigerung erfuhren, so änderte sich in der Wohnumgebung wenig an den Gelegenheiten, den Gewohnheiten und Riten der Begegnung untereinander, an den verfestigten Formen der Arbeiterkultur, die eben nicht deshalb bereits verschwunden war, weil ihr durch die Gleichschaltung sozusagen das Haupt abgeschlagen worden ist. Das Milieu erzeugte sich anhaltend neu, wenn auch gewisse Verzerrungen der Erfahrungswelt Raum griffen. Es gibt Gründe, auch auf diese Weise zu erklären, weshalb das Ruhrgebiet in politischer Hinsicht, getragen noch von den jüngeren Erwachsenen und Jugendlichen der NS-Zeit, seit den späten 1950er Jahren eine sozialdemokratische Hochburg werden konnte.

Das wiederum führt zu einem letzten, dem *vierten* Punkt, der Frage nach dem möglichen und tatsächlichen Zusammenhang zwischen der geschilderten, durchaus ambivalenten Form des Regelverhaltens mit dessen latenten Verweigerungsformen und dem je nachweisbaren Arbeiterwiderstand in jenem eben definierten strikten Sinn. Die Antwort lautet, daß zu einem Verhalten, das als politischer Widerstand bezeichnet werden kann, mehr gehörte als die Fähigkeit zur Bewahrung der gewohnten Kommunikations- und Denkformen, mehr auch als Verweigerung im Betrieb, am Arbeitsplatz, in der Kommune, gegenüber den Versuchungen des Regimes – auch, indem man sich von den Massenorganisationen fernhielt. Der Vergleich zwischen Kleinkommunen und großstädtischen Bevölkerungsballungen ergibt hier zweifelsfrei, daß schon aus objektiven Erwägungen die Kleinkommune nicht der geeignete Ort zur Organisation von kollektivem Widerstand war. Hier mochte es zwar an individuellen Widerstandsakten beispielsweise im Schoß der Kirchen nicht mangeln, aber die Gefahr der Entdeckung blieb zu groß, die geographische Zugänglichkeit war schwierig, und allemal blieb zu erwägen, wieviel Menschen in der Kleinkommune durch gegebenenfalls exemplarische Widerstandshandlungen überhaupt zu beeindrucken waren – dies alles im Gegensatz zur Großstadt, deren Vielheit und Anonymität Unterschlupfmöglichkeiten im Gefahrenfall schuf, in der eine Vielzahl von Menschen potentiell erreichbar war, in die viele Kommunikationskanäle liefen und die durch die Verkehrsmittel viel besser zu erreichen war, wo man auch mit einiger Gewißheit gleichsam harte Kader überzeugter Regimegegner antraf, die um sich sympathisierende Freundeskreise pflegten.

Abgesehen von diesen objektiven Bedingungen war es immer noch zweierlei, sich unter Inkaufnahme von Ambivalenzen der Zurückhaltung zu befleißigen oder die gelegentliche Verweigerung in aktiven Widerstand umschlagen zu lassen. Man sollte deshalb den Motiven vor allem jener, die nicht schon vor 1933 im Führermilieu der Arbeiterbewegung verankert waren, sondern erst, und deren Zahl ist durchaus beachtlich, ohne diese Sozialisation während der NS-Zeit zum Widerstand stießen, in Zukunft genauer nachgehen.

Anmerkungen

1 Vgl. u. a. Peter Hüttenberger, Vorüberlegungen zum »Widerstandsbegriff«, in: Jürgen Kocka (Hg.), Theorien in der Praxis des Historikers, Göttingen

1977, S. 117–139; Detlev Peukert, Volksgenossen und Gemeinschafts-fremde. Anpassung, Ausmerze und Aufbegehren unter dem Nationalsozia-lismus, Köln 1982; Klaus Gotto u. a., Nationalsozialistische Herausforde-rung und kirchliche Antwort. Eine Bilanz, in: ders./Konrad Repgen (Hg.), Kirche, Katholiken und Nationalsozialismus, Mainz 1980, S. 101–118; Die-ter Langewiesche, Was heißt »Widerstand gegen den Nationalsozialis-mus«?, in: 1933 in Gesellschaft und Wissenschaft T. 1: Gesellschaft, Ham-burg 1983 (= Ringvorlesung a. d. Univ. Hamburg), S. 143–159.

2 Vgl. Klaus Tenfelde, Großstadtjugend in Deutschland vor 1914. Eine historisch-demographische Annäherung, in: Vierteljahresschrift für Sozial- und Wirtschaftsgeschichte 69 (1982) S. 182–218.

3 Vgl. David F. Crew, Class and Community, in: Klaus Tenfelde (Hg.), Arbeiter und Arbeiterbewegung. Vergleichende Berichte zur internationa-len Forschung, München/Wien, im Druck.

4 An jüngeren Beispielen s. etwa aus der Dissertationsliteratur: Lothar Mein-zer, Stationen und Strukturen der nationalsozialistischen Machtergreifung. Ludwigshafen am Rhein und die Pfalz in den ersten Jahren des Dritten Reiches, Ludwigshafen a. Rh. 1983; mit alternativ-»alltagsgeschichtlichem« Anspruch: H.-J. Althaus u. a., Da ist nirgends nichts gewesen außer hier. Das »rote Mössingen« im Generalstreik gegen Hitler. Geschichte eines schwäbischen Arbeiterdorfes, Berlin 1982.

5 Über die Bergarbeiter s. Klaus Wisotzki, Der Ruhrbergbau im Dritten Reich. Studien zur Sozialpolitik im Ruhrbergbau und zum sozialen Verhal-ten der Bergleute in den Jahren 1933 bis 1939, Düsseldorf 1983; Klaus Tenfelde, Proletarische Provinz. Radikalisierung und Widerstand in Penz-berg/Oberbayern 1900–1945, durchges. Ausg. München 1982.

6 Vgl. Michael Zimmermann, »Ein schwer zu bearbeitendes Pflaster«: der Bergarbeiterort Hochlarmark unter dem Nationalsozialismus, in: Detlev Peukert u. a. (Hg.), Die Reihen fast geschlossen. Beiträge zur Geschichte des Alltags unterm Nationalsozialismus, Wuppertal 1981, S. 293–313; Frank Bajohr, Verdrängte Jahre. Gladbeck unter'm Hakenkreuz, Essen 1983.

7 S. Ludwig Eiber, Arbeiter unter der NS-Herrschaft. Textil- und Porzellan-arbeiter im nordöstlichen Oberfranken 1933–1939, München 1979; zum ländl. Bayern bes. Ian Kershaw, Popular Opinion and Political Dissent in the Third Reich: Bavaria 1933–1945, Oxford 1983; ferner die Beiträge in Martin Broszat (Hg., wechselnde Mithg.), Bayern in der NS-Zeit, 6 Bde. München/Wien 1977–1983.

8 Vgl. Günter Plum, Gesellschaftsstruktur und politisches Bewußtsein in einer katholischen Region 1928–1933. Untersuchung am Beispiel des Regierungs-bezirks Aachen, Stuttgart 1972; Tenfelde, Proletarische Provinz, S. 161 ff.; zum Arbeiterwiderstand s. insbes. die Arbeiten von Timothy W. Mason, zu-letzt: Die Bändigung der Arbeiterklasse im nationalsozialistischen Deutsch-land, in: Carola Sachse u. a., Angst, Belohnung, Zucht und Ordnung. Herr-schaftsmechanismen im Nationalsozialismus, Opladen 1982, S. 11-53.

9 Vgl. meinen Überblick: Zur Sozialgeschichte der Arbeiterbewegung im Ruhrgebiet 1918 bis 1933, in: Kurt Düwell/Wolfgang Köllmann (Hg.), Rheinland-Westfalen im Industriezeitalter, Bd. 2: Von der Reichsgründung bis zur Weimarer Republik, Wuppertal 1984, S. 333–348.

10 Zum Begriff s. Martin Broszat, Resistenz und Widerstand, in: Bayern in der NS-Zeit Bd. 4, bes. S. 693.

11 Vgl. bes. Wisotzki, S. 104 ff.; Tenfelde, Proletarische Provinz, S. 320 ff.

12 Richard Löwenthal/Patrik von zur Mühlen (Hg.), Widerstand und Verweigerung in Deutschland 1933 bis 1945, Berlin/Bonn 1982.

13 Vgl. Mason, Bändigung, sowie bes. Josef Henke, Verführung durch Normalität – Verfolgung durch Terror. Gedanken zur Vielfalt nationalsozialistischer Herrschaftsmittel, in: Aus Politik und Zeitgeschichte B 7/84, 18. 2. 1984, S. 21–31.

14 Zentral: Ian Kershaw, Der Hitler-Mythos. Volksmeinung und Propaganda im Dritten Reich, Stuttgart 1980.

15 Vgl. Michael Zimmermann, Ausbruchshoffnung. Junge Bergleute in den Dreißiger Jahren, in: Lutz Niethammer (Hg.), »Die Jahre weiß man nicht, wo man die heute hinsetzen soll«. Faschismuserfahrungen im Ruhrgebiet, Bd. 1, Berlin/Bonn 1983, S. 97–132.

Timothy W. Mason

Massenwiderstand ohne Organisation. Streiks im faschistischen Italien und im NS-Deutschland

Das, was sich am Freitag, dem 5. und am Samstag, dem 6. März 1943, in einigen Werkshallen der Turiner Rüstungsindustrie tatsächlich ereignete, wird man wahrscheinlich präzise und im Detail nie erfahren. Die Ereignisse selber waren konfus und verworren, das Gedächtnis der überlebenden Teilnehmer erweist sich als verwirrt – vor allem in bezug auf den genauen zeitlichen Ablauf der Dinge. Hinzu kommt die rätselhafte Tatsache, daß beinahe sämtliche zeitgenössischen Dokumente vernichtet oder aus den zuständigen Archiven entfernt worden sind. Die historische Literatur ist reichhaltig aber ungenau. Die minutiöse Rekonstruktion des Geschehens wäre vor allem deshalb aufschlußreich, weil es sich hier um den Anfang, um den Durchbruch einer Streikbewegung handelte, die dann sechs Wochen lang andauern und das gesamte norditalienische Industriegebiet – mit Ausnahme Genuas – erfassen sollte. Die faschistische Diktatur wurde durch den Ausstand schwer erschüttert, die Streiks bereiteten dem konservativen Staatsstreich vom 25. Juli 1943 den Weg und bildeten eine der Voraussetzungen des Partisanenkrieges gegen Mussolinis Republik von Salo und gegen die deutsche Wehrmacht. Die heutige Stärke der KPI liegt in den Ereignissen dieser Tage begründet.

1. Der Arbeiterausstand im norditalienischen Industriegebiet

Aber zurück zum 5. März: Man kann wohl davon ausgehen, daß in drei Abteilungen des riesenhaften Fiat-Mirafiori-Werkes und in zwei Abteilungen der kleineren metallverarbeitenden Firma Rasetti Gruppen von Arbeitern und Arbeiterinnen vormittags um 10 Uhr beim Probealarm der Luftschutzsirene oder nach der Mittagspause ihre Maschinen abstellten und sich zu Demonstrationen formierten, in deren Verlauf sie Lohnerhöhung forderten. Diesen Beispielen folgte dann am 6. März die Belegschaft der Firma Microtechnica. Die Streikenden blieben jeweils innerhalb des Werksgeländes und versuchten, mit ihrer Betriebsleitung direkt zu verhandeln.

Die Rolle der illegalen Kommunistischen Partei Italiens (KPI) bei der Auslösung dieser Streikaktionen ist umstritten. Klar ist jedoch, daß die betreffenden Abteilungen und Werke zu jenen gehörten, in denen die insgesamt noch kleine KPI in Turin am stärksten vertreten war. Wahrscheinlich waren es illegal organisierte Kommunisten, die den Zeitpunkt und die Form des Streiks (Arbeitsunterbrechung innerhalb des Betriebs, sog. »weißer« Streik) bestimmten, und die die ersten Ausstände persönlich anführten. Jene Kader behaupteten hinterher, sie hätten darüber hinaus auch die Plattform mit den Forderungen der Streikenden im voraus festgelegt.

Die Forderungen zielten auf ein 13. Monatsgehalt für sämtliche Beschäftigten und auf weitere Lohnerhöhungen, die die massiven Preissteigerungen der vorangegangenen beiden Kriegsjahre wettmachen sollten. Solche konkreten Ziele waren gut gewählt: Sie wurden aufgrund der Inflation allgemein als gerechtfertigt angesehen im Sinne einer elementaren Gerechtigkeit; als Streikparole waren sie einfach zu artikulieren. Sie erschienen als eine realistische Verhandlungsgrundlage. Überdies betonten sie die Gleichheit und Einheit der gesamten Arbeiterklasse in einer Situation, in der das Regime durch gezielt gewährte Vergünstigungen an einzelne Gruppen alles darauf abgestellt hatte, diese Klasse aufzusplittern. Der Staat hatte nämlich, als erste bedeutsame (und fatale) Auflockerung des seit 1940 bestehenden Lohnstopps, jenen Arbeitern ein 13. Monatsgehalt versprochen, die Familienvorstand waren und deren Wohnungen durch Bombenangriffe Schaden genommen hatten. Nun sollten sämtliche Arbeiter, einschließlich der Frauen und der Jugendlichen, diese Lohnerhöhung bekommen.

Form und Ergebnis der ersten Konfrontation bei Mirafiori am 5. März 1943 bleiben im dunkeln. Polizeieinheiten sperrten die Tore des Geländes ab, betraten die Werke selbst aber nicht, und verhafteten nur einen Arbeiter. Ob mit oder ohne Erfolg hinsichtlich ihrer Forderungen brachen die Streikenden im Laufe des Tages ihre Versammlung ab und nahmen die Arbeit wieder auf. Etwas härter ging es am gleichen Tag in einer Abteilung der Firma Rasetti zu: Hier drang die Polizei in die Fabrik ein und verhaftete neun Rädelsführer. In der anderen, abseitsliegenden Rasetti-Abteilung reichte augenscheinlich ein vages Versprechen seitens der Betriebsleitung, daß sie die Lohnsätze überprüfen würde, aus, um die Arbeiter und Arbeiterinnen zur Einstellung ihres Streiks zu bewegen.

Dafür, daß diese ersten koordinierten Versuche doch den Anfang einer regelrechten Streikwelle bilden würden, sorgte dann am 6. März die Belegschaft von Microtechnica. Diese Arbeitsniederlegung leitete insofern die Wende ein, als Armee-Einheiten ins Werk bestellt wurden. Diese drohten auf die Streikversammlung zu schießen, taten es aber, als die Arbeiter und Arbeiterinnen sich nicht einschüchtern ließen, doch nicht. In der Werkskantine konnten so mehrere Streikführer Reden abhalten. Erst am Abend oder in den folgenden Tagen wurden einige von ihnen verhaftet.

Am Sonntag, dem 7. März, mangelte es nicht an Gesprächsstoff in den proletarischen Wohnvierteln Turins. In den vorangegangenen Monaten hatte es schon eine ganze Reihe vereinzelter Streiks gegeben, aber die Erfahrungen, die an diesem Tag in einigen formellen und in zahlreichen informellen Diskussionen ausgewertet wurden, waren qualitativ neu. Vier größere Gruppen von Arbeitern hatten die Initiative ergriffen und ungefähr die gleichen lohnpolitischen Forderungen gestellt. Diese Streiks waren Zeugnisse einer neuen Form der Kampfbereitschaft der Arbeiterklasse.

An diesem Sonntag verteilten Kommunisten eifrig Flugblätter, die zu weiteren Ausständen (auch, vergeblich, zu einer Demonstration in der Stadtmitte) aufriefen. Die entscheidende, am leichtesten faßbare Lektion der ersten Streiks hatte aber wohl weniger mit der Rolle der KPI als mit der Erfahrung zu tun, daß die Diktatur nicht fähig oder aber nicht willens war, Ausstände dieser Art mit massiven Gewaltmaßnahmen zu unterdrücken. Es ist nicht klar, wer wann und mit welcher Begründung die Entscheidung getroffen hat, Polizei und Armee sollten innerhalb der Betriebe auf den Einsatz von Waffengewalt verzichten. Eindeutig ist allein die Tatsache, daß die Betriebe samt der Maschinen dabei schwer beschädigt worden wären – eine Erwägung, die zu der Vermutung führt, daß die Arbeitgeber vom Gebrauch der Waffen abrieten.

2. Ausweitung und Politisierung der Streikbewegung

Wie dem auch sei, die Entwicklungen in der darauf folgenden Woche überstiegen bei weitem selbst die kühnsten Hoffnungen der kommunistischen Widerstandskämpfer. Gleich am Montag, dem 8. März, zählte die Polizei 15 größere Arbeitsniederlegungen. In einem Großbetrieb nach dem anderen kamen massenhafte Streikversammlungen zustande. Man verließ die Fabrik nicht, man verstand schon, daß der Protest dort am Arbeitsplatz den wenigsten Gefahren ausgesetzt war. In Turin und der weiteren Umgebung hielt diese Welle der offenen Verweigerung über zwei Wochen an. Immer wieder brachen Arbeiter und Arbeiterinnen zu einem vereinbarten Zeitpunkt die Produktion ab, falteten demonstrativ die Arme und stellten ähnliche Forderungen: 13. Monatsgehalt, Ausgleich für die Preisinflation. Die Ausstände dauerten zwischen zehn Minuten und drei Tagen, in den meisten Fälle eine Stunde oder zwei.

In einigen Großbetrieben, u. a. bei Fiat-Mirafiori, kamen in diesem Zeitraum mehrere Streikdemonstrationen zustande, die zweite größer als die erste, die dritte größer als die zweite. Dabei wurden diejenigen, die doch noch arbeiten wollten, direkten physischen Pressionen ausgesetzt, mit denen man sie dazu bewegen wollte, am Streik teilzunehmen. Wenn »Rädelsführer« abends zu Hause verhaftet wurden, trat man oft am nächsten Tage gleich wieder in den Streik, um ihre Freilassung zu erzwingen. Mit der Zeit trat das politische Moment immer stärker in den Vordergrund: »Brot, Frieden und Freiheit« hieß es in der illegalen Ausgabe der KP-Zeitung »Unità« vom 15. März 1943 – eine Parole, die immer häufiger in den Polizeiberichten ihren Niederschlag fand.

Der Kernpunkt kommunistischer Agitation in diesen Tagen bestand darin, den ursächlichen Zusammenhang zwischen dem Krieg und der bitteren wirtschaftlichen Notlage der Arbeiterklasse aufzudecken. Hier rannten die Illegalen plötzlich offene Türen ein: Vor allem in der umliegenden Provinz waren es junge Arbeiter und Arbeiterinnen – Menschen also, die von der KPI allenfalls eine vage Ahnung in Form überlieferter Erinnerungen besitzen konnten –, welche die doppelten Streikziele, »Brot und Frieden«, am militantesten, oft mit Brachialgewalt vertraten. In mehreren Konfrontationen warfen sich Arbeiterinnen zwischen die Bereitschaftspolizei und ihre männlichen Kollegen; schlug dieser mutige und scharf überlegte Appell an die Ritterlichkeit der Vertreter staatlicher Autorität fehl, so gingen diese Frauen manchmal zum Angriff über und benutzten ihre Holzschuhe als Waffe, um Polizisten und Soldaten zu verprügeln.

Ein weiterer Faktor, der zur Politisierung der Streiks führte, war das Verhalten der Arbeitgeber. Deren lohnpolitischer Spielraum war insofern eng begrenzt, als sie durch Gesetz dazu verpflichtet waren, keine generelle Anhebung der Tarife anzubieten. Sie durften lediglich einmalige Prämien zahlen. So versuchten sie, die Verantwortung generell an den Staat abzuwälzen, was der Politisierung des Konflikts nur Vorschub leisten konnte.

Die faschistische Presse hatte die Ereignisse in der Stadt und Provinz Turin vollkommen verschwiegen. Es kam zu einer weiteren Zuspitzung, als es den Kommunisten am 22. März 1943 endlich gelang, auch in Mailand einen Streik auszulösen. Der zeitliche Abstand deutet sowohl auf die Bedeutung des Informationsmonopols eines diktatorisch regierten Staates hin als auch auf die relative Schwäche der illegalen KPI in Mailand. Gleichwohl war die Streikbewegung in Mailand und in den benachbarten Zentren der Textilindustrie, einmal ins Leben gerufen, weder kleiner noch weniger entschieden als in Turin. Taktik und Forderungen blieben die gleichen. Im nordöstlichen Industriegebiet Italiens hielten die »weißen« Streiks bis in die zweite Aprilwoche an, lange also nachdem Mussolini sich geschlagen gegeben und Beratungen über eine neue Lohnpolitik angekündigt hatte. In anderen Teilen des Landes verzeichneten die Behörden nur vereinzelte Streiks. Insgesamt umfaßte die Streikwelle jedoch beinahe alle wichtigen Zentren der Kriegsproduktion.

Man zählte nachher 268 verschiedene Arbeitsniederlegungen und 875 Verhaftungen – Zahlen, die in Wirklichkeit wohl höher gewesen sein dürften. Gemessen an den darauffolgenden Lohnerhöhungen, gemessen vor allem an den politischen Folgen, waren die Opfer durchaus vertretbar. Die Arbeiter Norditaliens hatten sich eben nicht kopflos in einen verzweifelten oder selbstmörderischen Aufstand geworfen. Die Formen des Massenwiderstands und der Inhalt der Forderungen waren politisch adäquat, der kritischen Situation genau angemessen. Die Streikenden hielten sich mit instinktiver Disziplin an Grenzen, die gerade diesseits einer fatalen Provokation der faschistischen Staatsgewalt lagen, ohne daß ihre Aktion dabei an Wirksamkeit eingebüßt hätte. Die Breite und die große Militanz der Streikbewegung, aber auch ihre Selbstbeschränkung, beides waren Punkte eines unmittelbaren proletarischen Kampfbewußtseins, nicht das Ergebnis umfangreicher Organisation: Die unverzichtbare Rolle der illegal Organisierten bestand vor allem darin, ein Beispiel zu geben.

Auf die Folgen der Streikwelle kann hier nicht näher eingegangen werden, sie sind aber kaum zu überschätzen. Die Aura faschistischer Machtvollkommenheit war irreparabel zerschmettert worden. Nicht zuletzt in den Augen der Arbeitgeber hatte die politische Führung ihre Plausibilität, ja ihre Daseinsberechtigung verloren, war es nach Interessenlage der Kapitalseigner doch die ursprüngliche Funktion des Faschismus gewesen, die Arbeiterklasse zu entmachten. Und in der Machtelite selbst schwand, angesichts Mussolinis hilflos widersprüchlicher Reaktion auf die Herausforderung durch die Streikbewegung und die darauf folgende Entlassung höherer Funktionäre als Sündenböcke, das noch übriggebliebene Selbstvertrauen. Für die Arbeiterklasse wirkt die Erfahrung der eigenen Kraft wie eine Offenbarung, welche zur Wiederholung direkt einlud. So kam es auch im September und Dezember 1943 und im März 1944 zu noch größeren Streikaktionen, welche immer stärker politisch akzentuiert waren. Im letzten Kriegsjahr erlebte die KPI dann einen lawinenartigen Zustrom. So bildeten jene Märztage des Jahres 1943, in denen drei Turiner Belegschaften auf die Initiative einer kleinen Gruppe von Kommunisten reagierten, in der Tat einen historischen Wendepunkt.

3. Eine Streikwelle im Dritten Reich hat es nie gegeben

Mitten im Strudel der Ausstände ließ ein hoher faschistischer »Gewerkschafts«-Boß die ohnmächtig-bittere Bemerkung fallen, das Nazi-Regime in Deutschland wäre ganz anders mit Streiks umgegangen. Massenerschießungen wären erforderlich gewesen. Auf die Nachricht aus Turin (wahrscheinlich von Göring telefonisch übermittelt, der zu dieser Zeit gerade in Rom war), hat sich Hitler in der Tat entsprechend geäußert. Es sei ihm völlig unvorstellbar, so hieß es, daß Menschen in acht Betrieben geschlossen die Arbeit niederlegten ... Wenn man in einem solchen Fall auch nur die geringste Schwäche durchblicken ließe, sei man verloren. Diese Parole, erzählte man sich, würde Hitler ständig wiederholen.

In einer solchen Situation jedoch war eine brutale Rhetorik billig, wie Mussolini in diesen Tagen selber hinreichend beweisen sollte. Die Erteilung des Schießbefehls wäre eine Entscheidung mit kaum noch zu übersehenden politischen Konsequenzen gewesen. Ob die NS-Machthaber, vor eine vergleichbare Herausforderung gestellt, sofort eine blutige Repression in Gang gesetzt hätten, weiß niemand mit Sicherheit, denn eine Streikwelle dieser Art kam im Dritten Reich nie zustande. Es ist vielleicht aufschlußreich, zu fragen: Warum nicht?

An einzelnen Arbeitsniederlegungen hat es im NS-Deutschland nicht gefehlt. In den Jahren 1936–37 zählten die Behörden monatlich 10 bis 12 Streiks, darunter nicht wenige mit offensivem Charakter, die auf Lohnerhöhungen zielten. In den Jahren 1938–39 gab es dann defensive Streiks als Protest gegen Einschränkung der Freizügigkeit und Abbau der Lohnsätze. All diese offenen Konflikte am Arbeitsplatz blieben jedoch vereinzelt und relativ klein, oft getragen von der Belegschaft eines kleinen oder mittleren Betriebes oder von einer einzelnen Baustelle (etwa 40 bis 80 Mann). Seltener waren geschlossene Arbeitsniederlegungen in einer ganzen Abteilung einer Firma oder in einer Schachtanlage eines Bergwerks (100 bis 300 Mann) und immer betraten bei all diesen Streiks bewaffnete Polizei-Einheiten sehr rasch das Werksgelände und nahmen oft Massenverhaftungen vor; gewaltsamer Widerstand gegen die Gestapo wurde nach 1934 nicht geleistet. Soweit bisher bekannt ist, sind nach 1934 nie mehr sämtliche Arbeiter eines größeren Betriebes zusammen in Streik getreten. Kein Streik in Deutschland hatte die zündende Kettenwirkung auf eine ganze Stadt, den »Schneeballeffekt« der vier Ausstände in Turin vom 5./6. März 1943.

Auf die drakonischen Unterdrückungs- und Ausbeutungsmaßnahmen, die das Nazi-Regime bei Kriegsbeginn im September 1939 in Kraft setzte, antwortete die deutsche Arbeiterklasse mit massenhafter Bummelei, Verweigerung von Überstunden, Fernbleiben von Wochenendschichten, Krankmeldungen usw. – also mit kollektiven Verhaltensweisen, denen wohl stellenweise informelle Absprachen zugrunde lagen, jedoch *nicht* mit Streiks, nicht mit einer unverkennbaren Auflehnung gegen die verschärfte Disziplinierung und zunehmende Verarmung. In Italien gehörte der »Zerfall der Arbeitsmoral« zur Vorgeschichte der Streikbewegung, in Deutschland bildete er die letzte, höchste Form von Massenopposition. Warum dieser Unterschied?

Im folgenden sollen die Hauptthemen einer vergleichenden Analyse stichwortartig diskutiert werden.

4. Neun Thesen zu Verschiedenheit der Massenopposition im faschistischen Italien und im NS-Deutschland

Erste These: In Arbeiterkreisen genoß das NS-Regime keine *wesentlich* größere Popularität als die faschistische Diktatur in Italien. Grundsätzlich zeichneten sich beide Arbeiterklassen durch einen selten unterbrochenen Mißmut, durch ökonomische und politische Ressentiments, durch Skepsis, Resignation, Apathie aus. Der Grad der positiven Einbindung der deutschen Arbeiterklasse war wahrscheinlich ein wenig höher: stärkere Identifikation mit der Person des Führers; patriotische Ansprechbarkeit aufgrund der militärischen Siege, 1939–1941/42; sozialer Aufstieg auf Kosten der fremden Zwangsarbeiter in den Kriegsjahren. Dies stellt aber einen graduellen, kurzfristig wirksamen, jedoch keinen prinzipiellen Unterschied dar. Positive Zustimmung, enthusiastische Hingabe waren in beiden Regimes deutlich die Ausnahme, nicht die Regel. Beide Diktaturen waren ständig in Sorge, daß sie ihre Kontrolle über die Industriearbeiter verlieren könnten.

Zweite These: Die Tradition spontaner, nicht organisierter Kampfbereitschaft der italienischen war nicht *wesentlich* größer oder qualitativ anders als die der deutschen Arbeiterbewegung. Die Formen des revolutionären, syndikalistischen Aufbegehrens der Jahre 1918–1920/21 – und auch die Niederlagen – wiesen in beiden Ländern große Ähnlichkeit auf. In der Zeit der Weltwirtschaftskrise, 1929–1934, nahm die italienische Arbeiterklasse eine tiefgreifende, staatlich erzwungene Senkung des Lebensstandards, verbunden mit einer schweren Arbeitslosigkeit, hin, ohne daß es dabei zu größerem Aufruhr kam. Danach, vom Äthiopien-Krieg bis zum Herbst 1942, gab es auch nur vereinzelte Streiks. Der März 1943 stellte eben *nicht* das Ergebnis einer langsam anwachsenden Protestwelle dar. Ein Grund lag vielleicht darin, daß in den 20 Jahren davor die italienische Arbeiterklasse weitgehend umgebildet wurde: zur massenweisen Rekrutierung junger, allenfalls angelernter Arbeitskräfte für die neuen, durchrationalisierten Industriebetriebe, kam der einfache und schwer unterschätzbare Faktor Zeit hinzu – 1943 kannten Italiener unter dem Alter von 37 bis 40 Jahren aus erster Hand nur die Arbeitswelt des Faschismus, nicht aber die Welt unabhängiger Klassenorganisationen. Die Streikwellen des Frühjahres 1943 stellten ein historisches Novum dar; nur für die kleinen, älteren, allerdings wichtigen Kader der KPI ging es nachweislich um die Wiederaufnahme vorfaschistischer Klassenkämpfe.

Dritte These: die viel größere Verelendung der italienischen Arbeiterklasse während der ersten Kriegshälfte war nicht der allein ausschlaggebende Faktor, obwohl der Unterschied zu Deutschland in materieller Hinsicht sehr groß war. Nach dem Lohnstopp vom Juni 1940 stiegen vor allem die Lebensmittelpreise so stark an, daß bis zum März 1943 der Reallohn in der italienischen Industrie um mindestens 30 Prozent, für viele um 50 Prozent, absank. Es gab schwere Hungersnot: Arbeiter in einem modernen Großbetrieb verzeichneten Gewichtsverluste bis zu 15 kg. Hinzu kam in Turin und Mailand eine akute Wohnungsnot, die durch die alliierten Bombenangriffe vom November/Dezember 1942 und Februar 1943 so verschärft wurde, daß zur Zeit des Streiks Zehntausende von Familien noch in Notquartieren außerhalb der Großstädte wohnten, oder aber bei Verwandten auf dem Land. Den ganzen Winter hindurch gab es wiederholte Ausfälle in der Strom- und Gasversorgung und einen großen Mangel an Brennstoffen. Auch reichten die Glasvorräte längst nicht aus, um im kalten Winter zerschellte Fenster zu reparieren. Freilich existiert in der Geschichte der Arbeiterbewegung kein mechanischer Zusammenhang zwischen dem jeweils meßbaren Grad des Leidens auf der einen und der Kampfbereitschaft betroffener Arbeitergruppen auf der anderen Seite. Hunger, brutale Ausbeutung, die gewaltsame Entwurzelung aus gewohnten Lebenszusammenhängen können ebensogut als Schicksal empfunden werden, das zur Zerstörung solidarischer Bindungen und zur Demoralisierung führt, wie als wutauslösende Ungerechtigkeit. Man denke einerseits an die Stille in Deutschland angesichts der großen Not vom Jahr 1945, andererseits an den Umstand, daß sich unter den entschlossensten Streikenden in Norditalien sowohl die bestbezahlten Arbeiter wie auch Menschen befanden, die in der Provinz wohnten und also vom Bombenkrieg und von der Lebensmittelknappheit kaum betroffen worden waren. Nicht das Leiden an sich gibt den Ausschlag, sondern die politischen und gesellschaftlichen Zusammenhänge, in denen Verelendung erfahren wird.

Vierte These: Zu diesen Zusammenhängen gehörte die Stärke der

Widerstandsorganisation. Anfang 1943 war jedoch das Netz kommunistischer Zellen und Gruppen in Norditalien weder wesentlich stärker noch besser aufgebaut als die entsprechenden kommunistischen Gruppen in Berlin, Hamburg und Sachsen. Auch gab es in Turin und Mailand keinen gewerkschaftlich organisierten Widerstand. Der Aufbau des KPI-Apparats in Turin und Mailand nach dem August 1941 stellte beinahe eine Neugründung dar. Federführend war ein einziger, heimlich zurückgekehrter Berufsfunktionär, Umberto Massola. Bei seiner Ankunft verfügten die alten untergetauchten Parteigenossen nicht einmal über Schreibmaschine oder Abzugsgerät. Die illegale Organisationsarbeit ging nach den striktesten Konspirationsregeln, also sehr langsam, voran. Die Volksfront-Strategie der KPI erschwerte überdies die Rekrutierung von erfahrenen Widerstandskämpfern: einige revolutionäre Basisgruppen, die im Untergrund überwintert hatten, lehnten jede Zusammenarbeit mit demokratischen und katholischen Antifaschisten als Klassenverrat prinzipiell ab und verhöhnten den (stellenweise recht erfolgreichen) Versuch, sogenannte »ehrliche Faschisten« für die Sache des Kommunismus anzuwerben, als übelsten Opportunismus. So rechnete man im März 1943 mit nur 80 zuverlässigen Parteimitgliedern bei den Mirafiori-Werken aus einer Belegschaft von rund 20000. Zum Zeitpunkt der Streiks war die KPI weder zahlen- noch organisationsgemäß besonders weit entwickelt. Die Flugblätter für den Streik gab sie nicht im eigenen Namen heraus. Ferner fanden in zahlreichen Betrieben Streiks statt, in denen die Partei nachweislich überhaupt nicht vertreten war: besonders gut dokumentiert ist die lange und harte Auseinandersetzung bei der Firma Riv. Villar Perosa (Pinerolo), wo die Belegschaft ohne irgendwelchen Einfluß der KPI den Großindustriellen Agnelli persönlich zu Streikverhandlungen zwingen konnte. Selbst mit dem großen Erfolg der Streikwelle hatte die KPI ihre Stellung als Führungskader der gesamten Arbeiterklasse noch lange nicht gesichert: der darauffolgende Versuch, am 1. Mai 1943 Arbeitseinstellungen und Protestdemonstrationen zu veranstalten, schlug vollkommen fehl. In Turin reichte die Verhaftung von nur 60 illegal Organisierten aus, um den Apparat insgesamt gegen Ende März 1943 schwer zu erschüttern. Die Liste der Belege dafür, daß nicht die handfeste greifbare Stärke der KPI, sondern die Lage entscheidend wirkte, in der sie das Gesetz des Handelns an sich ziehen konnte, ließe sich um eine große Anzahl verlängern.

Fünfte These: Im Ringen um die sehr wichtige politische Waffe des »echten Nationalinteresses«, des Patriotismus, war die Lage der italienischen Arbeiterklasse zu *diesem* Zeitpunkt qualitativ weniger günstig als die der Arbeiterklassen des besetzten Europa und nur um einige Grade günstiger als die der deutschen Arbeiterklasse. Es gehörte zweifellos zu den größten Hindernissen für den linken Widerstand im NS-Deutschland, daß Streiks und Industriesabotage »dem kämpfenden deutschen Soldaten in den Rücken fielen«, ohne die Machthaber unmittelbar zu tangieren. Prinzipiell anders sah es in Italien erst nach der deutschen Besetzung im September 1943 aus. Ein gewisser antideutscher Affekt war in den Streiks von März 1943 schon vorhanden: Ressentiments gegen die Zwangsverpflichtung italienischer Arbeiter nach Deutschland, gegen die üble, arrogante Behandlung italienischer Truppen durch ihre deutschen Kommandeure auf den Schlachtfeldern Nordafrikas und Rußlands usw. Aber die Streiks vom März 1943 richteten sich vor allem gegen den eigenen italienischen Staat, gegen die eigenen Arbeitgeber. Die Stimmung unter den Streikenden war unverhohlen defaitistisch: Man forderte einfach den Separatfrieden. Es war sehr schwierig, diesen Standpunkt zu vertreten, auch wenn die italienischen Streitkräfte schon viele Niederlagen eingesteckt hatten. Das italienische Nationalinteresse so zu definieren, daß Arbeitsniederlegungen in Rüstungsbetrieben schon im Frühjahr 1943 als Ausdruck eines echten Patriotismus hingestellt werden konnte, war in der Tat nicht leicht. Der Vorwurf, man übe Verrat am italienischen Soldaten, hatte noch Gewicht, und manche der Streikenden mußten sich gegen schwerste moralische Erpressung behaupten – etwa in der Form, daß z. B. verwundete Soldaten faschistischer Gesinnung in die Betriebe geschickt wurden, um den Streikenden die Folgen der Produktionsausfälle für die italienische Truppe möglichst plastisch vor Augen zu führen. Sich dem Druck dieses offiziellen Patriotismus zu entziehen und dessen Imperativen zu trotzen, stellte keine kleine politische Leistung dar. Wegen der schweren Niederlagen der unmittelbar vorangegangenen Monate, wegen der schlechten Kriegsaussichten waren in Italien die Vorbedingungen hierfür schon günstiger als im NS-Deutschland, aber im März 1943, also noch vor den alliierten Landungen, war dieser Unterschied gradueller, nicht qualitativer Art.

Sechste These: Die große Verschiedenheit zwischen den beiden Systemen des Polizeiterrors war für den Massenwiderstand vielleicht nicht so bedeutend, wie es auf den ersten Blick erscheinen würde. Diese These ist nicht gut abgesichert, denn so etwas wie eine Sozialgeschichte der Angst ist noch nicht geschrieben worden. Die Frage hat zwei Aspekte: *erstens* die Intensität des Terrors gegen Einzelpersonen. In den dreißiger und frühen vierziger Jahren arbeitete die italienische politische Polizei mit Verprügelungen und mit langen Kerker- und Verbannungsstrafen gegen den linken Widerstand. Diese konsequente (wenn auch nicht besonders blutige) Repression reichte aus, um der politischen Linken den Weg zu versperren und die politisch bewußten Teile der Arbeiterklasse in ständiger Einschüchterung zu halten. Als Maschine zur Erzeugung von Angst und zu Beseitigung von Widerstandseliten war sie effektiv. Schon vor Kriegsbeginn war jedoch Widerstandsarbeit und Aufruhr im NS-Deutschland mit dem einkalkulierbaren Risiko von Folter und Menschenschindung im KZ verbunden, danach mit klar voraussehbarer Todesstrafe. Ob das viel mörderischere deutsche Terrorregime mehr Angst produziert hat und das Regime deswegen stabiler war, ist nicht so eindeutig. Zahlreiche Deutsche, insbesondere Arbeiter, nahmen die unermeßlichen Risiken auf sich und lehnten sich, allein oder in kleineren Gruppen, gegen das NS-Regime auf. Ob mehr es getan hätten, wenn der Grad der Angst etwas geringer gewesen wäre, ob die Angst vor Folter, KZ und Fallbeil tatsächlich die entscheidenden Ängste waren ..., das alles ist weniger sicher als gemeinhin angenommen wird. Es muß zumindest gefragt werden, ob das zwanghafte Morden des deutschen Polizeiterrors nicht zum Teil Selbstzweck war, als Angst produzierende Herrschaftstechnik dagegen überflüssig. Wie dem auch sei, der Streik in Italien war kein Kinderspiel. Nicht wenige unter den Verhafteten wurden beim Verhör von der Polizei schwer mißhandelt; viele wurden unter den schlechtesten Bedingungen lange Zeit hin und her verfrachtet, und zahlreiche junge Männer wurden in Uniformen gesteckt und an die Front geschickt.

Der *zweite* Aspekt betrifft eine andere Form des Terrors: Massenterror, den Schießbefehl. Es muß hervorgehoben werden, daß die Streikenden Norditaliens nicht nur, ja nicht in erster Linie das Risiko auf sich nahmen, dem polizeilichen Individualterror zum Opfer zu fallen. Sie hatten eine neue Situation geschaffen, der allein Mittel des Massenterrors gewachsen zu sein schienen. Beiden Seiten im Konflikt sahen die Lage so und ihre beiden Kalkulationen hinsichtlich der Gewaltanwendung unterschieden sich grundsätzlich von denen des Individualterrors. Auf Grund der Erinnerung an blutige Zusammenstöße und Unterdrückungsfeldzüge in den zwanziger Jahren erschien es vielen Arbeitern wahrscheinlich, daß scharf geschossen werden würde. Sie haben dennoch gestreikt. Am 6. März stand die Entscheidung über den Schießbefehl wohl in der Tat auf Messers Schneide. Die weitverbreitete Angst, die es zu überwinden galt, war eine andere als die alltägliche Angst vor dem »normalen« Polizeistaat. Wie auch immer man seinen Individualterror einschätzen mag, das Regime war noch durchaus fähig, seine Brutalität massenhaft und öffentlich zu entfalten. Nun mag man einwenden, daß Menschen im NS-Deutschland deswegen an Ausstände gar nicht denken konnten, weil der Individualterror so unvergleichlich viel intensiver und umfassender war. Das ist eine These, nicht mehr. Dieser ganze Fragenkomplex bedarf einer stringenten Analyse. Besonders für eine Erklärung des Massenwiderstands oder dessen Ausbleiben reicht es jedoch nicht aus, jeweils auf den Polizeiapparat hinzuweisen.

Siebte These: Die Schwäche des faschistischen Terrorsystems lag eher darin, daß seine Überwachungs- und Ermittlungstechniken weniger effektiv waren als die der Gestapo. Obwohl z. B. die KPI-Zeitung »l'Unità«, ab Juli 1942 monatlich, ab November 1942 gar alle zwei Wochen illegal gedruckt und verkauft wurde, ist die Polizei in den anderthalb Jahren vor dem März 1943 den illegal organisierten Kommunisten nicht auf die Spur gekommen. In Deutschland war diese Art von Widerstandtätigkeit über eine so lange Zeit hinweg schlicht unmöglich; nach dem Juni 1941 zählten die neuen Organisationen der KPD ihre Lebenserwartung in Monaten, nicht in Jahren. Gewiß, in bezug auf konspirative Techniken erwies sich Massola als zugleich sehr streng, begabt und erfindungsreich; und im Jahr 1942 zeichnete sich die faschistische Polizei durch eine Mischung von technischer Ineffizienz und politisch süffisantem Übermut aus. Aber damit ist die Frage nicht erschöpft. Der Vergleich Italien/NS-Deutschland fördert vor allem die Seltenheit von Denunziationen aus der Bevölkerung Turins ans Tageslicht. Das ging so weit, daß im Februar 1943 die herrschenden Kreise der Stadt zwar von der Vorbereitung eines Streikversuchs wußten, die Organisatoren aber nicht zu ermitteln waren. Nach einer glaubwürdigen Version wußte die Betriebsleitung bei Fiat-Mirafiori sogar, daß der Probealarm der Luftschutzsirenen vormittags um 10 Uhr am 5. März als Signal für die Arbeitsniederlegung dienen sollte, und stellte deswegen die Sirene ab. Es geschah aber nichts, um die Widerstandsarbeit selbst in diesem Stadium zu verhindern. Die schlichte Tatsache, daß vor dem 5. März die Polizei nicht besser informiert war, weist untrüglich auf die wachsende Unzufriedenheit und den politischen Vertrauensverlust in der gesamten Arbeiterklasse, ja in der Stadtbevölkerung überhaupt hin. Ein grimmig störrisches Schweigen und ein absolutes Mißtrauen jeder Behörde gegenüber (»omertà«) kennzeichneten in den Wintermonaten 1942/43 das Verhalten großer Arbeitermassen, die vom Kommunismus nichts verstanden und auch nichts wissen wollten, denen es aber auch nicht entgangen war, daß eine neue Widerstandsorganisation im Aufbau begriffen war. Die Illegalen der KPI konnten sich gar nicht darauf verlassen, daß sie nicht denunziert werden würden. Ja, sie betrachteten Denunziation als eine der größten Gefahren, denen sie ausgesetzt waren. Mitten im Streik wurde auch eine der wirksamsten Turiner Gruppen auf Grund einer Denunziation aufgelöst. Im nachhinein ist es jedoch deutlich geworden, daß der wichtigste Prozeß der Jahre 1942/43 zäh und langsam verlief: das Entstehen von einer Art klassenspezifischer Leidensgemeinschaft in Norditalien, welche die großen einkommensmäßigen, konfessionellen und politischen Spaltungen in der Arbeiterklasse überlagerte, und der sich zum Schluß auch faschistische Arbeiter verpflichtet fühlten, war nichts anderes als eine Form passiver Solidarität. Vor allen Dingen entstand hieraus für den kleinen Apparat der KPI die Schonzeit von anderthalb Jahren, in der jener seine Arbeitsweisen ungestört verfeinern und – noch wichtiger – sich ein ganz genaues Bild der Entwicklung der Meinung und der Stimmung in den großen Fabriken machen konnte. Der Entscheidung, den Streik zu riskieren, lag eine große Vertrautheit mit der Turiner Arbeiterklasse zugrunde. Die kontinuierliche, personell unveränderte Arbeit der Betriebs- und Nachbarschaftsgruppen vermittelte absolut zuverlässige Erfahrungen und Beobachtungen. Gezielte Verhaftungen hätten diese unumgängliche politische Kleinarbeit jederzeit vernichten können, wie es im »SS-Staat« der Normalfall war.

Achte These: Nach Kriegsbeginn war in deutschen Widerstandskreisen von Streiks und aufständischen Demonstrationen kaum noch die Rede; die ganz anders geartete Bereitschaft italienischer Kommunisten und Arbeiter, aufs Ganze zu gehen, hatte ihre wichtigste Ursache darin, daß diese bis zum Frühjahr 1943 guten Grund hatten, an der machtpolitischen Konsequenz und der Festigkeit der faschistischen Diktatur zu zweifeln. Erst als in weiten Bevölkerungskreisen Italiens unverkennbar deutlich geworden war, daß das Regime selber ins Wanken geriet und sich öffentlich in Widersprüche verwickelte, konnten die unterdrückten Menschen ihr Leiden an der Ungerechtigkeit mit denjenigen Momenten von Wut und Verachtung anreichern, die den offenen Widerstand überhaupt denkbar werden ließen. Die entscheidende Voraussetzung der Streiks bildete die auf Alltagserfahrung gegründete Wahrnehmung, daß das Regime große neue Schwächen aufwies, daß sein Durchsetzungsvermögen stark begrenzt war. Als diejenigen Personen und Institutionen, die für das bittere Leiden verantwortlich waren, sich auch noch als inkompetent und verunsichert erwiesen, wurde die offene Auflehnung politisch sinnvoll, ja moralisch notwendig – ungeachtet der Höhe der Opfer. Man hatte noch viel Angst vor der faschistischen Gewalt, aber nicht mehr selbst einen widerwilligen Respekt. Massenhafte Verachtung gegenüber den Vertretern des Faschismus gehörte zu den wesentlichen Merkmalen der Streiks.

Für den offenkundigen Substanzverlust der faschistischen Diktatur gibt es zahlreiche Beispiele, von denen nur die wichtigsten hier kurz angedeutet werden können: Es handelte sich dabei nicht um einzelne Fehlentscheidungen oder die Schwäche einzelner politischer Führungspersönlichkeiten. Das Regime befand sich schon

Ende 1942 in einer umfassenden militärischen, wirtschaftlichen und politischen Krise. Noch gravierender als die Niederlagen in Nordafrika war die totale Schutzlosigkeit der Großstädte gegenüber alliierten Bombenangriffen: in Italien war diese Erfahrung noch eindeutiger als in Deutschland. Hinzu kam das vollkommene Durcheinander der staatlichen Evakuierungspolitik, die zunächst die Flucht aufs Land befürwortete, um dann im Januar 1943 die ausgebombten Arbeiter mittels Lohnprämien wieder in die Großstädte zu locken. Auf Grund des Drucks von unten wurde eine kleine Prämie zum 20. Jahrestag des Marsches auf Rom an eine weit größere Zahl von Arbeitern ausgezahlt, als dies im Oktober 1942 zunächst vorgesehen war. Die Labilität des Staates auf diesem entscheidenden Gebiet war unverkennbar, schon ehe das Zugeständnis des 13. Monatsgehalts an nur einen Teil der Beschäftigten zum Kristallisationspunkt des Streiks wurde. Dieses Zugeständnis in dieser Form bildete selber ein deutliches Zeichen des Realitätsverlusts seitens der staatlichen Verwaltung. Im Bereich der Arbeitsmarktpolitik mußte die Regierung Anfang 1943 ebenfalls zurückweichen: Um den Arbeitskräftemangel in der Rüstungsindustrie zu kämpfen, war eine drastische Auskämmungsaktion im Konsumgütersektor vorgesehen, aber diese Verordnung wurde Anfang März wieder zurückgenommen, weil sie heftige Opposition seitens der Arbeiter und der Arbeitgeber ausgelöst hatte. Das Ergebnis neuer staatlicher Interventionen, die dem deutlichen Abbröckeln der Arbeitsdisziplin entgegenwirken sollte, war ungefähr das gleiche: Im Dezember 1941 dehnte die Regierung den Geltungsbereich der Militärgerichtsbarkeit auf die Rüstungsindustrie aus; ein Jahr später wurde die Einrichtung besonderer Strafbaracken in jeder Firma angeordnet.

Diese Maßnahmen stießen auf bittere Kritik in Arbeiterkreisen. Die Diktatur machte jedoch von ihrem eigenen neuen Terrorinstrument auch dann kaum Gebrauch, als im Januar und Februar 1943 die Zahl einzelner spontaner Arbeitsniederlegungen merklich anstieg. Die Umsetzung dieser repressiven Paragraphen in die Praxis, so hat man wohl kalkuliert, hätte den Unmut der Rüstungsarbeiter nur noch gesteigert. Damit stellte der Staat sich als ungerecht und labil zugleich dar, und leere Drohungen dieser Art sind seit eh und je der Rohstoff, aus dem Aufstände gemacht sind. In diesen durch schwindende Reallöhne, wachsende Unterdrückung und politische Konfusion geprägten Monaten büßten die faschistischen Pseudo-Gewerkschaften den letzten Rest ihrer Glaubwürdigkeit ein; ihre Ohnmacht im Entscheidungsprozeß war jedem deutlich. Im Verlauf der Streiks trafen ihre Vertreter auf bitteren Hohn. Den schwersten Verlust an machtpolitischer Autorität erlitt die Diktatur freilich auf dem Lebensmittelmarkt. Im Winter 1942/

43 brach das staatliche System der Zuteilung und der Preisbindung beinahe vollständig zusammen. Die Lebensmittelkarten waren de facto wertlos und wurden zum plastischen Symbol eines bevorstehenden administrativen Zusammenbruchs. Das offizielle Zuteilungssystem wurde zunehmend durch den Schwarzmarkt ersetzt. Die exemplarische Bestrafung einzelner Händler blieb ohne Wirkung. Die Schwarzmarktpreise waren so hoch, daß Güter des alltäglichen Bedarfs für Arbeiterfamilien unbezahlbar wurden. Die Streikenden vom März 1943 waren nicht nur hungrig. Sie waren auch auf ein Wirtschafts- und Verwaltungssystem wütend, für dessen Unfähigkeit, die eigenen Vorschriften durchzusetzen, sie selber den Preis zu zahlen hatten. Sie fühlten sich im Recht, weil sie ein vom Staat selber festgesetztes Existenzminimum forderten, das ihnen jedoch versagt blieb.

5. Entscheidend ist die Art der Wahrnehmung der politischen Leistungsfähigkeit eines Regimes

Faßt man hier zusammen, so fällt auf, daß der Prozeß des Machtverfalls der faschistischen Diktatur schon sehr weit fortgeschritten war, ehe die Arbeiterklasse sich bereit fand, den Streik zu riskieren und das Gesetz des Handelns an sich zu ziehen. Ein vergleichbarer Machtverfall blieb im Dritten Reich aus. Nicht zuletzt wegen der großen territorialen Eroberungen geriet das Nazi-Regime erst ganz am Ende des Krieges in eine solche Strukturkrise. Demgemäß war die Erfahrung der deutschen Arbeiterklasse eine ganz andere als die der italienischen. Diese sah sich einer Diktatur gegenübergestellt, deren Machtentfaltung im Innern unerbittlich konsequent erschien, deren Herrschaftspraxis den Eindruck rücksichtsloser Effizenz erweckte. Obwohl das Regime sich gelegentlich im Umgang mit großen Protestdemonstrationen – etwa von Katholiken und von Jugendlichen in den Großstädten – verunsichert zeigte, gab es von unten gesehen wenig Raum, um an der Härte und Effektivität nationalsozialistischer Machtausübung zu zweifeln. Die politische und organisatorische Leistungsfähigkeit der NS-Diktatur war imponierend – in der Versorgung wie im Morden.
Im März 1943 konnte die Turiner Arbeiterklasse des Erfolgs ihres Streiks überhaupt nicht sicher sein. Aber die Sache war nicht ganz aussichtslos, denn die menschenverachtenden Irrungen und Widersprüche staatlicher Politik reizten die Unterdrückten zum Gegenangriff auf. Die Verschiedenheit der Geschichte des deutschen Widerstands lag nicht so sehr an irgendwelchen großen Unterschieden zwischen den beiden Arbeiterklassen, zwischen ihren politischen Kulturen oder ihrem jeweiligen Oppositionspotential.

Ausschlaggebend war vielmehr die Verschiedenheit der Voraussetzung für einen Massenstreik: die zunehmend starken Unterschiede in der politischen Leistungsfähigkeit der beiden Regime, wie diese von ihren Untertanen jeweils wahrgenommen wurden.[*]

Anmerkung

[*] Für ihren Rat und ihre Hilfe möchte ich an dieser Stelle Nicola Gallerano, Jens Petersen, Carla Gobetti, Giuseppe Garelli, Aris Accornero und den Archivaren des Zentralen Staatsarchivs, Rom-EUR, meinen Dank aussprechen. Wichtige Anregungen zu dieser Interpretation des Klassenkampfs gibt die grundlegende Studie von Barrington Moore Jr., Injustice. The Social Bases of Obedience and Revolt, London 1978. Eine zuverlässige und genaue Abhandlung über die italienischen Streiks vom März 1943 liegt noch nicht vor. Die Arbeiten von Umberto Massola, Gli scioperi del '43. Rom 1973; Gianni Alasia u. a., Un Giorno del '43, Turin 1983, sind sehr detailliert, aber auch korrekturbedürftig; ich habe die betreffenden Akten aus dem Bestand des Polizeichefs, Innenministerium, im Zentralen Staatsarchiv herangezogen. Zum Hintergrund der Streiks s. F. W. Deakin, Die brutale Freundschaft, Köln/Berlin 1964, Kap. 14–21. Für die Folgen, s. Giorgio Vaccarino. Die Wiederherstellung der Demokratie in Italien (1943–1948), in: Vierteljahreshefte für Zeitgeschichte (21) 1973, S. 285 ff. Grundlegend zur Krise des faschistischen Regimes: Nicola Gallerano, Il fronte interno attraverso i rapporti delle autorità (1942–1943), in: Il movimento di liberazione in Italia, Nr. 109, 1972. Die vielfach zitierten Standardwerke über den Arbeiterwiderstand von Paolo Spriano und Raimundo Luraghi, wie auch die Aufsätze von Vaccarino, gehen alle von der ganz unbegründeten Annahme aus, es fänden schon am 5. März sieben bis neun große Arbeitsniederlegungen statt. Meine Einschätzung des deutschen Arbeiterwiderstands fußt auf folgenden Darstellungen: D. Peukert/J. Reulecke (Hg.), Alltag im Nationalsozialismus, Wuppertal 1981; M. Broszat, E. Fröhlich, A. Großmann (Hg.), Bayern in der NS-Zeit, Bd. IV, München/Wien 1981; D. Peukert, Die KPD im Widerstand, Wuppertal 1980.

Detlev J. K. Peukert

Arbeiterjugendliche im Dritten Reich

Die Arbeiterjugendlichen bilden im Dritten Reich den klassischen Typ der »Arbeiter ohne Gewerkschaften«; denn denjenigen, die erst nach 1933 ins Jugendalter (grob gesprochen zwischen 14 und 21 Jahren) eingetreten waren, fehlten nicht nur aktuell die Organisationen und Konfliktaustragungsformen der Gewerkschaften. Vielmehr hatten sie, anders als ihre erwachsenen Kollegen auch keine eigenen praktischen Erfahrungen mit den Gewerkschaften aus der Zeit vor ihrem Verbot. Man kann sich diesen Erfahrungsbruch in der historischen Entwicklung der Arbeiterschaft und Arbeiterbewegung gar nicht scharf genug vorstellen. Zwischen 1863 und 1933 waren ja die Organisationen der Arbeiterbewegung für ihre Anhänger weit mehr gewesen als bloß spezialisierte politische oder wirtschaftliche Interessenvertretungen. Sie hatten ihren Mitgliedern vielmehr eine weltanschauliche, soziale und kulturelle Heimat angeboten, die weite Erfahrungszonen des Alltagslebens mitgestaltete, die den Lebenslauf in Arbeit, Freizeit, Gleichaltrigengruppen und Familienleben begleitete.

Zur Arbeiterbewegung zu gehören, bedeutete noch in der Weimarer Republik persönliche Gesinnung, öffentliches Engagement und soziale Lebensform in ausgeprägter Form mit den anderen organisierten Genossen und Kollegen zu teilen. Dies alles wurde 1933 durch Verbot und Verfolgung zerschlagen und konnte auch für die Älteren nur bruchstückhaft im engsten Kreis vertrauter Genossen und Kollegen als Erinnerung, als Gesinnungsgemeinschaft im Verborgenen fortgeführt werden. Wieviel schwerer hatten es diejenigen Jugendlichen, die alle diese Erfahrungen eines organisierten Arbeitermilieus aus Altersgründen nicht mehr hatten machen dürfen! In gewisser Weise stellte diese junge Generation das Exerzierfeld für die nationalsozialistischen Umerziehungspläne, für deren Vision vom »Volksgenossen« dar. Es dürfte daher interessant sein, zu fragen, inwieweit die Nationalsozialisten damit Erfolg gehabt hatten, und wo sie auf Grenzen ihrer »Pädagogik« und Volksgemeinschaftspropaganda stießen.

Mindestens genauso interessant dürfte es aber sein, zu fragen, was aus dieser Generation seit 1945 geworden ist, wie sie ihre Jugenderfahrung im Dritten Reich verarbeitet hat; denn wir sollten nicht vergessen, daß sich naturgemäß in den Nachkriegsjahrzehnten aus dieser Generation die heute tragenden Kräfte der Gewerkschaftsbewegung heranbildeten.

Was bedeutete nun für diejenigen Arbeiter, die zwischen 1933 und 1945 ihre Jugendjahre durchlebten, die Erfahrung des Nationalsozialismus? Drei Dimensionen dieser Jugenderfahrung möchte ich im folgenden kurz ansprechen.

1. Die »HJ-Generation«

Es wäre ein Fehler, wenn wir in dem Bemühen, an die geschichtlichen Kontinuitätslinien der deutschen Arbeiterbewegung anzuknüpfen, die fundamentale Tatsache vernachlässigen wollten, daß die »Hitlerjugend« (und der »Bund Deutscher Mädel« – BDM) auch in der Arbeiterjugend großen Anklang fand. Für deren Anziehungskraft gab es mehrere Gründe. Einige seien hier erwähnt. Wer als junger Schulentlassener in der Weltwirtschaftskrise selbst arbeitslos geworden war, oder seine älteren Verwandten und Bekannten als langjährig erwerbslos erlebte, mußte die nationalsozialistische Arbeitsbeschaffungspolitik verständlicherweise als Ausweg aus der Krise begrüßen. Das galt vor allem für jene Jüngeren, die die Warnungen der Arbeiterbewegung vor Aufrüstung und nationalsozialistischer Kriegsvorbereitung nicht mehr hatten hören können. Man muß bedenken, daß auf dem Tiefpunkt der Krise, 1932/33, besonders die Gruppe der jungen männlichen Arbeiter zwischen 18 und 30 Jahren ganz überproportional von der Arbeitslosigkeit betroffen war. Zwar erfolgte, gerade für diese Gruppe, die nationalsozialistische Arbeitsbeschaffung längst nicht so reibungslos, wie dies die Propaganda des Regimes vorgaukelte, aber je mehr die Rüstungskonjunktur in Schwung geriet, desto günstiger wurden die Chancen am Arbeitsmarkt.

Natürlich hatten viele Arbeitsbeschaffungsmaßnahmen auch Zwangscharakter: man denke nur an den Arbeitsdienst! Zudem half den Nazis auch ein von ihnen sonst bitter bekämpfter Trend, nämlich der Geburtenrückgang. Seit nämlich die geburtenschwachen Jahrgänge ab 1914 auf den Arbeitsmarkt kamen, entspannte sich der Druck auf einen Schlag; denn die Zahl der Arbeitsuchenden pro Jahrgang sank ungefähr auf die Hälfte. Dennoch mußte der rasche Umschlag von Massenerwerbslosigkeit zu Arbeitskräftemangel in der Erfahrung der Betroffenen als Pluspunkt des Regimes zu Buche schlagen.

Hinzu kam ein mehr psychologisches Problem: Die Krisenerfahrungen vor 1933 mußten für die damalige junge Generation besonders die eigenen Zukunftsperspektiven belasten. Sie konnten an den älteren Arbeitern sehen, welches Leben auch sie erwarten würde. Gegen diese Perspektivlosigkeit stellte der Nationalsozialismus ein zwar verlogenes, aber zeitweilig wirksames Orientierungsangebot, versprach ein – durch Zwang und Drill zwar – geordnetes Leben, bot einen Halt – wenn auch versetzt mit hohem Volksgemeinschaftspathos – und gaukelte eine bessere Zukunft vor, die nicht mehr ganz so unrealistisch aussah, als sich in den Friedensjahren des Regimes tatsächlich der Lebensstandard erhöhte.

Vor diesem allgemeinen Hintergrund konnten auch die besonderen Jugendorganisationen, die der Nationalsozialismus anbot und im Laufe der Zeit immer mehr aufzwang, eine gewisse Attraktivität auf die Arbeiterjugendlichen ausüben. Das belegen zweifelsfrei die auf genauer Berichterstattung alter Sozialdemokraten und Gewerkschafter ins Ausland beruhenden »Deutschberichte« der Exil-Sozialdemokratie. In der HJ (und mit gewissen Unterschieden im BDM) trafen ideologische Appelle an die Jugend, die für sich allein wohl wenig überzeugend gewesen wären, mit einem vielfältigen Freizeitangebot zusammen. Während die Arbeitersportvereine und alle nichtkirchlichen Jugendorganisationen verboten worden waren, standen der HJ große öffentliche Mittel für Jugendheime, Sportstätten und Fahrten zur Verfügung. Wie sollten Jugendliche, die kaum eine Chance gehabt hatten, ein alternatives politisches Bewußtsein zu entwickeln, davon nicht beeindruckt sein?

Gerade für Arbeiterjugendliche boten die HJ und der BDM nicht nur Bewährungsmöglichkeiten für jugendlichen Tatendrang, sondern auch als Großorganisationen mit Tausenden von kleinen und mittleren Funktionen gewisse Aufstiegsmöglichkeiten. Außerdem waren im Gegensatz zur nationalsozialistischen Theorie in der Praxis die Beziehungen zwischen HJ, Schule, Erwachsenenwelt oft gespannt, so daß Jugendliche im Konfliktfall die HJ gegen andere Autoritäten ausspielen konnten. Nicht zuletzt bot besonders der BDM seinen weiblichen Mitgliedern im Gegensatz zu dem vom ihm propagierten Frauenbild durch die Organisationspraxis bestimmte Entfaltungsmöglichkeiten, die sie zuvor etwa in ländlichen, kleinstädtischen oder kirchlichen Kreisen nicht gehabt hatten.

Alle diese Faktoren erklären vielleicht ein bißchen besser, warum diese Generation der Arbeiterjugend in HJ und BDM so widersprüchliche Erfahrungen gemacht haben, die sowohl die nationalistische, rassistische und militaristische Verhetzung und Instrumentalisierung durch das Regime umfaßten, als auch individuell bereichernde und fördernde Erlebnisse.

2. Militarismus als Lebensform

Jugend im Dritten Reich meinte aber auch in großem Maße ein Leben in militarisierten Zusammenhängen (natürlich vor allem für die Jungen, aber in einem vergleichsweise hohen Maß auch für Mädchen und junge Frauen). Der Jahrgang 1914/15 etwa dürfte zunächst einmal den Arbeitsdienst absolviert haben, von der paramilitärischen Ausbildung der HJ einmal abgesehen. Dann wurde er mit Wiedereinführung der allgemeinen Wehrpflicht 1935 eingezogen. Oft folgten zudem nach mehr als 5 Kriegsjahren noch Jahre der Gefangenschaft. Erst »nach der Währung« (1948) und in einem Alter von bereits über 30 Jahren normalisierte sich das Leben. Wie keine Generation zuvor hatten die Jugendlichen im Dritten Reich die Jahre zwischen Schulentlassung und Familiengründung kaserniert, gedrillt und in sozialen Zusammenhängen fern der Arbeitswelt verbracht. Insofern weicht die Biographie dieser Generation entscheidend von der Normalbiographie ab. Entsprechend groß war der Nachholbedarf in den Wirtschaftswunderjahren, der oft vorschnell als unpolitische Konsummentalität denunziert wurde.

3. Konflikte um die Jugend

War die nationalsozialistische Jugendpolitik also durchschlagend erfolgreich? War es ihr gelungen, große Teile der Arbeiterjugend den proletarischen Lebenszusammenhängen zu entfremden? Zunächst sei darauf hingewiesen, daß es auch unter Arbeiterjugendlichen organisierten Widerstand, vor allem 1933–35/36 gab. Für diesen Widerstand, der von den schon vor 1933 organisierten Mitgliedern der verbotenen Arbeiterbewegung getragen wurde, gilt im wesentlichen das gleiche, was heute andere Redner bereits für den Widerstand der Arbeiterbewegung vorgetragen haben. Insofern will ich darauf nicht besonders eingehen. Meine Frage zielt vielmehr auf die übergroße und mit jedem Jahr nach 1933 wachsende Gruppe von Jugendlichen, die zwar sozial zur Arbeiterschaft gehörten, aber keine bewußten Verbindungen mehr zur verbotenen Arbeiterbewegung hatten knüpfen können.

Je mehr nun das NS-Regime äußerlich seinen propagandistischen und organisatorischen Zugriff auf die Jugend perfektionieren konnte, desto häufiger traten Konflikte mit Jugendlichen auf. Schon seit 1937/38 häuften sich die Klagen über die Bürokratisierung der HJ, den Zwangscharakter des Organisationsangebots und die Militarisierung der Freizeitgestaltung. In Widerspruch dazu bildeten sich im ganzen Reich, vor allem in den Arbeiterquartieren, jugendlichen Cliquen außerhalb der HJ heraus, was seit der

Durchsetzung der HJ-Dienstpflicht 1939 verboten war. Die Angehörigen dieser Cliquen wollten zunächst gar nichts weiter, als ihre eigene Freizeit selbst zu gestalten, mit den vertrauten Freunden (und Freundinnen) im Viertel. Wandern am Wochenende, abendlicher Treff an der Straßenecke oder im Stadtpark, Singen von Liedern, die nicht in den zugelassenen Büchern standen, Aufhebung der Trennung der Geschlechter in der Freizeitgestaltung: solche zunächst keineswegs politischen Ziele verfolgten die Cliquen. Aber sie stießen sehr schnell auf die Verbote und Reglementierungen, die die HJ mit eigenem Streifendienst und nötigenfalls auch Meldung bei der Gestapo durchzusetzen versuchte.

Fügte man sich solchen Verboten nicht, geriet man naturwüchsig in Widerspruch zu den Ordnungskräften und Herrschaftsansprüchen des Regimes. Diese Kluft verbreiterte sich mit jedem Zusammenstoß, jeder Schlägerei mit der HJ, ohne daß man schon von Widerstand sprechen sollte. Aber die Nicht-Anpassung, die Verweigerungshaltung dieser Jugendlichen drückte sich nicht nur darin aus, daß sie dazu übergingen, HJ und andere Nazis aktiv zu provozieren, sondern auch in den politischen, antinazistischen Zungenschlägen ihrer Lieder. Die Verteidigung einer eigenen Lebenswelt im Arbeitermilieu führte also zu Konflikten mit dem Regime, in deren Verlauf besonders während des Krieges beträchtlichere Teile der jüngeren Generation dem Nationalsozialismus entfremdet wurden, ohne daß sie deshalb gleich zu Antifaschisten geworden wären. Das wäre auch etwas zu viel verlangt, von einem 15-, 16jährigen um 1943! Aber immerhin zeigten diese Konflikte an, daß die Anziehungskraft des Nationalsozialismus auch unter der Arbeiterjugend auf Grenzen, sogar auf elementaren Widerspruch stieß. Mit einem modernen Wort könnte man von alternativen Jugendsubkulturen sprechen.

Bei diesem schematischen Überblick über Jugenderfahrungen im Dritten Reich sollte man nicht vergessen, daß die individuellen Lebensläufe selbstverständlich viel reichhaltiger, widersprüchlicher und auch andersartiger sind, als die hier vorgestellten Typen von Jugenderfahrung. Vor allem wurde das Jahr 1945 von den Jugendlichen ganz unterschiedlich verarbeitet. Der weitere Lebensentwurf konnte auf einer tiefgreifenden selbstkritischen Umorientierung beruhen, oder auf einer oberflächlichen Anpassung an die neue Lage. Die Faschismuserfahrung konnte zur »Ohnemich«-Haltung führen, aber auch zum verstärkten gesellschaftlichen Engagement. Die HJ-Erfahrungen konnten lebensgeschichtlich verdrängt werden; sie konnten aber auch nutzbar gemacht werden in demokratischen Organisationen. Die Soziologen der 50er Jahre haben auf die damalige Jugend das Wort von der »skeptischen Generation« geprägt. Daran ist sicher viel wahres.

Zugleich aber kann nicht übersehen werden, daß die wiederaufgebauten Organisationen der Arbeiterbewegung mehr und mehr auf die Mitgliedschaft und aktive Teilnahme der ehemaligen »HJ-Generation« zurückgreifen mußten, daß sich in ihnen also in besonderer Weise Bruch und Kontinuität der Geschichte der deutschen Arbeiterbewegung verknüpften.

Anmerkung

Ausführlichere Darstellungen und weitere Verweise auf Quellen und Literatur finden sich u. a. bei: Arno Klönne: Jugend im Dritten Reich. Die Hitler-Jugend und ihre Gegner. Düsseldorf 1982; Detlev Peukert: Volksgenossen und Gemeinschaftsfremde. Anpassung, Ausmerze und Aufbegehren unter dem Nationalsozialismus. Köln 1982; Lutz Niethammer (Hrsg.): »Die Jahre weiß man nicht, wo man die heute hinsetzen soll«. Faschismuserfahrungen im Ruhrgebiet. Berlin/Bonn 1983; ders. (Hrsg.): »Hinterher merkt man, daß es richtig war, daß es schiefgegangen ist«. Nachkriegserfahrungen im Ruhrgebiet. Berlin/Bonn 1983.

Detlev J. K. Peukert

Bericht der Arbeitsgruppe 3

Die Arbeitsgruppe »Arbeiter ohne Gewerkschaften« befaßte sich unter der Leitung von *Lutz Niethammer* mit der Geschichte der Gewerkschafter und der Arbeiter in den Jahren des Dritten Reiches selbst. Wir meinen, gerade weil die Gewerkschaft sich in der Tradition des Kampfes gegen den Nationalsozialismus und in der Tradition des demokratischen Wiederaufbaus nach 1945 weiß, kann sie sich ihrer eigenen Geschichte selbstkritisch stellen und kann die Jahre 1933–1945 in Respekt vor denjenigen, die ihre Freiheit, ihre Sicherheit und ihr Leben gewagt haben (im Widerstand, aber auch in nüchterner Einschätzung der Möglichkeiten und Grenzen des Widerstands), betrachten.

Das Thema »Arbeiter ohne Gewerkschaften 1933 bis 1945« läßt sich in zwei Problemfelder gliedern, die sich deutlich unterscheiden. Es ist zum einen die Frage, wie und in welchem Rahmen und in welchem Ausmaß und mit welchen Möglichkeiten die organisierte Arbeit, also die Arbeit in den Organisationen und der Funktionäre der Organisation, unter den Bedingungen der Illegalität oder des Exils fortgesetzt wurde. Es ist zum zweiten die davon abgehobene, aber mindestens genauso wichtige Frage, welche Erfahrungen diese zwölf Jahre hindurch eigentlich die Massen der Arbeiter gemacht haben, welche Verhaltensweisen sie entwickelt hatten, da ihnen doch ihre eigenen Organisationen, in deren Rahmen sie sich bisher vielfach bewegt hatten, und die ihre Wünsche ausgedrückt hatten, beraubt waren.

Wenn wir uns zunächst der ersten Frage zuwenden, den Möglichkeiten der Fortsetzung organisierter gewerkschaftlicher Arbeit in Widerstand und Exil, über die *Ulrich Borsdorf* referierte, dann muß festgestellt werden, daß unter den Bedingungen des Nationalsozialismus natürlich jeder Gedanke an eine illegale gewerkschaftliche Massenarbeit unmöglich war. Es war nur möglich, in relativ kleinen Kreisen organisierter Minderheiten zusammenzuhalten, aber natürlich nicht mehr, eine nach Millionen Mitgliedern zählende Organisation unter den Bedingungen des NS-Terrors aufrechtzuerhalten. Wenn wir danach fragen, in welchem Rahmen sich solche organisatorischen Verbindungen im gewerkschaftlichen Bereich gehalten haben, so stoßen wir auf Probleme sowohl der Forschung, wie auch auf Probleme, die in der Sache selbst gelegen haben. Wir stellen nämlich die Frage, wie läßt sich eigentlich belegen, wo finden wir eigentlich Spuren dafür, daß der – sagen wir persönliche, freundschaftliche – Zusammenhalt, den ehemalige Funktionäre der Gewerkschaften untereinander weitergepflogen haben, auch eine bewußte politische, organisierte Dimension eingenommen hatte? Eine Frage, die schwer zu beantworten ist. Sicherlich läßt sich beweisen, und dort sind wir dann wieder auf sicherem Terrain, daß es in einzelnen Zusammenhängen um Funktionäre einzelner Gewerkschaften oder in einzelnen Gruppenzusammenhängen solche organisierten Ansätze gab. Schwerlich läßt sich – so das Resumée des Referenten *Ulrich Borsdorf* für diese Fragestellung – so etwas wie eine einheitliche illegale gewerkschaftliche Organisation nachweisen. Was es gab, sind – es seien drei Beispiele genannt – Organisationen in Berlin und Umgebung um Wilhelm Leuschner, die in dem Feld zwischen lockerer Kontaktaufnahme von Kollegen und engerer politischer Zusammenarbeit liegen. Das sind dann solche Organisationen, die im Umfeld der Internationalen Transportarbeiterföderation wirkten, die Flugschriften ins Reich hereingebracht haben. Da sind sicherlich auch einige gewerkschaftliche Exilorganisationen mit mehr oder weniger intensiven Kontakten ins Reich, also nach Deutschland hinein zu nennen.

Erwähnt sei auch noch der – verglichen an der bisherigen Problematik – wohl als Nebenstrang zu bezeichnende Kreis der kommunistischen Gewerkschaftspolitik, die sich vor 1933 über die Revolutionäre Gewerkschaftsopposition in eine Außenseiterposition manövriert hatte und die auf dieser Grundlage zwar illegale Organisationen und viele Opfer der NS-Verfolgung in den ersten Jahren nach 1933 aufzuweisen hat, dann aber doch in Prozessen, sowohl der Desillusionierung sowie der Selbstkritik auch zu Annäherungen an ein Konzept der Einheitsgewerkschaft gekommen ist.

Wenn man von Widerstand von Funktionären oder aktiven Mitgliedern der Arbeiterbewegung spricht, wird man sich sicher nicht nur auf die Gewerkschaften konzentrieren können, so daß man daneben auch noch den Blick auf die illegalen Organisationen der politischen Arbeiterbewegung lenkt. Dazu sprach *Günter Plum*. Ich will das Thema hier wegen der fortgeschrittenen Zeit eigentlich nur andeuten und darauf hinweisen, daß die verschiedenen illegalen Organisationen von der SPD, von der KPD und der verschiedenen kleineren Parteiungen und Gruppen sich im Widerstand je unterschiedlich an ihren eigenen Traditionen nach der Art und dem Zeitpunkt und der Form der Verfolgung durch das Regime und natürlich auch unterschiedlich nach den Vorstellungen, die die einzelnen Gruppen vom Charakter des NS-Regimes und vom Ausmaß seiner Festigung und Massenunterstützung und vom Weg zu seinem Sturz hatten, verhalten haben. Diese Widerstandsorganisationen arbeiteten in besonders breitem Maße in den ersten Jahren des Dritten Reichs (bis etwa 1935/36), und dann kam noch einmal ein Aufschwung in der zweiten Hälfte des Krieges. Hier reicht das organisatorische Spektrum von dem Versuch, aus einer Stimmung revolutionärer Naherwartung heraus illegale Massenorganisationen kommunistischer Provenienz aufzubauen, bis hin zu dem Versuch, ein Netz von Vertrauensleuten und gleichzeitig von freundschaftlichen, nachbarlichen Kommunikationszirkeln im Umfeld der Sozialdemokratie aufrechtzuerhalten, mit zahllosen Mischformen dazwischen. Dies wurde besonders in den Darstellungen der Zeitgenossen und Veteranen in der Sektion aufgezeigt.

Ich möchte aus der Diskussion zu diesem ersten Fragenkomplex, nämlich dem der Möglichkeiten und Grenzen organisierter illegaler Arbeit, nur einen wichtigen Hinweis hier erwähnen, daß man nämlich bei aller kritischen Analyse der Wirkungsmöglichkeiten von Widerstand nicht den »menschlichen Faktor« vergessen sollte. Schließlich war Widerstand ja immer auch für den einzelnen Widerstehen gegen Angst, sowohl Angst vor Verfolgung, wie die Sorge um die eigene Familie, die da hineingezogen werden könnte. Er war zudem Widerstehen gegen eine zunehmend vorherrschende und prägende Zeitstimmung, die von den Erfolgen des Regimes genährt war.

Mit diesem breiteren Problembereich der sozialpsychologischen Bedingungen von Widerstehen kann ich schon überleiten zu dem zweiten großen Problemkreis unserer Sektion, der Frage nach den Verhaltensweisen, den Erfahrungen der Arbeiter, die ihrer Organisationen beraubt waren. Hier sei zunächst ein Hinweis darauf erlaubt, und das war der erste Schwerpunkt in diesem Teil der Sektion, daß es nicht ausreicht, direkt nach Phänomenen des Widerstandes zu fragen, sondern daß es fruchtbarer ist, zunächst zu fragen: Wie sieht denn eigentlich das soziale Milieu, das Feld von Lebenserfahrungen aus, in dem Arbeiter jetzt ohne Gewerkschaften seit 1933 ihren Alltag verbringen und aus dem heraus sie ihre Verhaltensweisen, seien sie Angepaßte, seien sie Widerständige, entwickeln.

Das ist ein weites Feld, zu dem ich nur einige Notizen hier beitragen möchte: Zunächst den Hinweis unseres Referenten Klaus Tenfelde darauf, daß es offenbar besonders homogene, besonders einheitliche und traditionell geprägte widerständige Arbeitermilieus gab. Beispielsweise sind bestimmte Bergarbeitersiedlungen, ausweislich der Wahlergebnisse bis 1933 in besonderem Maße resistent gewesen gegen nationalsozialistische Einflüsse. Auch hier wird man differenzieren müssen; denn es gibt auch eine Reihe von Arbeitermilieus im protestantischen, im ländlich-kleinstädtischen Bereich, wo dem Nationalsozialismus frühzeitig Einbrüche gelungen sind. Aber es gibt eben auch diese so etwas optimistisch bezeichneten »roten Hochburgen«, in denen nicht-nationalsozialistische Wählerstimmen bis 1933 deutlich überwogen.

Das zweite, was man zum Verhältnis von proletarischem Sozialmilieu und Nationalsozialismus wird sagen müssen, ist, daß diese Milieus ja eine längere Tradition besitzen mußten, die oft verbunden war mit der politischen Kultur der linken Parteien und der Gewerkschaftsorganisationen sowie der Arbeiterkulturbewegung selbst. Viele der alltäglichen und materiellen Bedingungsfaktoren des proletarischen Sozialmilieus dauerten natürlich nach 1933 fort. Hervorzuheben sind die Erfahrungen in den Betrieben, denn die sozialen und materiellen Konfliktlagen zwischen Betriebsführung, DAF und Belegschaften waren nicht stillgelegt, trotz sinkender Arbeitslosigkeit und steigenden Lohneinkommen. Daraus entstand, gerade weil die Arbeiter anderer organisierter Kampfformen beraubt waren, ein starker Rückzug auf informelle Verhaltensweisen und informelle Arten der Konfliktaustragung mit dem Arbeitgeber oder mit den Zumutungen des Regimes. Hierhin gehören: die weitverbreiteten auch in den geheimen Berichtsquellen der Gestapo breit zitierten Klagen über Bummelei am Arbeitsplatz, über die Herausbildung einer in kleinen vertrauten Kreisen sich abspielenden »zweiten öffentlichen Meinung«, die Klaus Tenfelde anführte. Und dazu gehört sicher auch, daß man, wenn man nach den Grenzen dieser Widerständigkeit in den Arbeitermilieus fragt, sagen muß, daß eben das Weiterleben in diesen Milieus nach 1933 auch zu typischen Mischformen, Zwischenformen zwischen dem reinen Typ des Widerstandes und dem reinen Typ der Anpassung führte. Man sollte sich gerade mit diesen Mischformen genauer beschäftigen, wenn man die tatsächlichen Erfahrungen der Mehrheit der Arbeiter im Dritten Reich im Nationalsozialismus erkennen will.

Ähnlich ist dies mit dem Problem der jungen Generation in den Jahren 1933–1945, also ausdrücklich denjenigen, die nicht schon politische Erfahrungen vor 1933 gemacht haben. Diese Jugendlichen, zu denen ich referiert habe, sind ja sozusagen der Prototyp von Arbeitern ohne Gewerkschaften, da ihnen nicht nur die augenblickliche gewerkschaftliche Praxis fehlte, sondern sogar jede vergangene Erfahrung, die eigene zumindest, daß es auch anders geht. Für diese Jugendlichen läßt sich stichworthaft zusammengefaßt sicherlich sagen, daß es, und da darf man sich nichts vormachen, eine große Anziehungskraft des NS-Regimes in manchen Bereichen, selbst im Bereich der Arbeitsbeschaffung und nicht zuletzt im Bereich des reichen Freizeitangebots der Hitlerjugend gab, und daß in diesen Zusammenhängen durchaus widersprüchliche Erfahrungen von diesen jungen Leuten gesammelt worden sind, denen es nachzuspüren lohnt.

Zugleich sollte nicht vergessen werden, daß die Jugendjahre für diese Generation oftmals zu mehr als der Hälfte der Zeit aus Erfahrungen in militärischen Organisationen bestand: Arbeitsdienst, Wehrmacht, Teilnahme am Krieg und vielleicht noch jahrelange Kriegsgefangenschaft. Sie haben also oft die Erfahrung, junge Arbeiter zu sein, eigentlich erst gemacht, als der Krieg vorbei war, vorher nur sporadisch.

Der dritte Aspekt, der zu erwähnen ist, ist der, daß besonders in der zweiten Hälfte des NS-Regimes seit 1938 der Zwangscharakter der NS-Massenorganisation für solche Jugendliche im Arbeitermilieu spürbar wird und unpolitische Formen der Nonkonformität und Verweigerung hervorruft. Bildung jugendlicher Cliquen, die sich entziehen vom Dienst in der Hitlerjugend. Dann durch den Gegendruck von Hitlerjugend und Gestapo provoziert, oft Konflikte zwischen dem Regime und dieser zunächst unpolitisch gemeinten, aber doch kritischen Form von jugendlicher Freizeitgestaltung, bis hin zu Formen der bewußten Opposition bei einzelnen. Zusammenfassend würde ich zum Thema der Jugend sagen wollen, daß man nicht vergessen sollte, daß die junge Generation von Gewerkschaftern nach 1945, die die Gewerkschaften dann mitaufgebaut und in den 50er Jahren mitgetragen hat, natürlich genau aus diesen eher widersprüchlichen, nicht ganz einheitlich zu fassenden, sehr ambivalenten Erfahrungshorizonten kommt. Es wäre interessant, genauer zu erforschen: Wie verarbeiteten diese Jugendlichen diese Erfahrungen zur Vorgeschichte unserer Einheitsgewerkschaften nach 1945?

Im letzten Referat verglich Tim Mason die Verhältnisse in Deutschland und Italien. Er untersuchte, warum es eigentlich in Italien zu so deutlicheren, spontanen Streiks und Massenkämpfen im Frühjahr 1943 gekommen ist, als in Deutschland alles ruhig war, obwohl doch in Italien die Arbeiter sehr viel länger, und lange Zeit durchaus passiv, unter faschistischer Unterdrückung gelebt hatten. Ich will jetzt den Fall nicht im einzelnen schildern, sicherlich lassen sich viele Aspekte in diesen Vergleich einführen. Dabei wird sowohl deutlich, was vergleichbar ist mit der deutschen Situation: Beispielsweise gab es auch in Italien keine festgefügte breite und organisierte Widerstandsbewegung vor 1943. Es bleiben aber doch deutliche Unterschiede: Man denke an die Schwäche des italienischen Polizeiapparats, besonders auch an seine offenbare Unfähigkeit, sich auf ein größeres Maß von Denunziationen aus der Bevölkerung zu stützen; eine Technik, die die Gestapo so gefährlich gemacht hat. Zugleich finden wir auch Aspekte einer größeren materiellen Verelendung in Italien, die nicht nur in ihren unmittelbaren materiellen Auswirkungen interessiert, sondern vielmehr deshalb, weil sie dokumentiert, daß die Leistungsfähigkeit des Regimes im Alltag doch deutlich nachließ. Das Regime verlor nicht nur an Glanz und Status an den Kriegsfronten, an denen es militärisch versagte, es verlor auch innenpolitisch, indem es nicht in der Lage war, die Versorgung, die Evakuierung zu organisieren u. ä.

Hingegen konnte der NS-Staat, bis zuletzt gestützt auf die Ausbeutung der Völker in Europa, ein großes Maß an Effektivität demonstrieren und auch seine Fähigkeit, einen gewissen Versorgungsstandard der deutschen Bevölkerung aufrechtzuerhalten, der deutlich höher war als noch im Ersten Weltkrieg. Ausführlich diskutiert wurde über die Frage, ob man die mangelnde Bereitschaft der deutschen Arbeiter zu Streikaktionen und ähnlichen spontanen Widerstandsaktionen, so wie sie in Italien vorgekommen sind, hauptsächlich darauf zurückführen sollte, daß der NS-Staat sich als effektiver und auch als bedrohlicher (überwältigender ist vielleicht das bessere Wort) erwies. Ich will zwei, ich denke, wichtige Probleme, die angesprochen worden sind, gerade zum Abschluß erwähnen, weil sie über die Jahre 1933–1945 hinaus Bedeutung für unsere Diskussionen über die Geschichte der deutschen Arbeiterbewegung haben. Dazu gehört einmal die weit in die deutsche Geschichte zurückreichende Tradition, es mit der Zivilcourage nicht so besonders ernst zu nehmen, sondern sich statt dessen eher in disziplinierten Zusammenhängen zu bewegen, statt in spontanen und couragierten Aktionen einzugreifen, wenn man sieht, daß es nötig ist, und nicht, wenn man erfährt, daß es von der zuständigen Führung als angezeigt gesehen wird. Damit mag zweitens auch ein anderer Charakter von Öffentlichkeit in Italien zusammenhängen. Es gab dort neben der faschistisch reglementierten Öffentlichkeit eine noch lebendige Tradition urbaner Volkskultur, gab dadurch die Möglichkeit einer gewissen, vielleicht unpolitischen, aber doch vorhandenen, öffentlich-städtischen Kommunikation, aus der heraus sich dann solche neuen Aktionen wie die Streikkämpfe im März 1943 bilden konnten. Hingegen fand in Deutschland politische Kommunikation fast immer, gerade in der Arbeiterbewegung, nur im organisierten Rahmen statt. Damit wurden mit der Zerschlagung der Organisationen 1933 dem Arbeiter nicht nur die Organisationen selbst genommen, sondern auch ein Großteil seines kulturellen und kommunikativen Zusammenhangs.

Unsere Diskussion endete damit relativ unvermittelt, nicht zuletzt wegen der fortgeschrittenen Zeit, aber ich denke, daß diese Frage auch vielleicht so unvermittelt im Raum stehen bleiben sollte: Woran es eigentlich liegt, daß wir Deutsche sehr oft so lange darauf gewartet haben, bis die Organisation uns sagte, was wir tun sollen, und warum wir so selten unserem Gefühl und unserem eigenen Gerechtigkeitssinn folgen und spontan werden. Ich meine dies nicht im Sinne eines abfälligen Urteils über diejenigen, die sich unter so viel schwereren Bedingungen als wir entscheiden mußten, was sie taten und ließen. Ich meine das gerade auch bezogen auf unseren eigenen Alltag in der Gewerkschaft und der Gesellschaft.

Abschließend sei festgehalten, daß sich vielfach erst aus dem kritischen Dialog zwischen den Zeitzeugen und den jungen Gewerkschaftern und Historikern, aus den Reflexionen über die Lebenserfahrungen, die konkretisierenden Ideen für ein realistisches Geschichtsbild aufbauen. Auch hierfür war die Diskussion beispielhaft.

Ilse Brusis

Schlußwort

Mit dieser zweiten historischen Konferenz hat der DGB gestern und heute erneut den Versuch unternommen, sich seiner Geschichte zu stellen.

Es ging bei dieser Konferenz auch darum, den Dialog zwischen den Generationen zu fördern. Dafür ist sicher der Nationalsozialismus kein einfaches Thema. Aber daß die Älteren den Jüngeren etwas mitzuteilen haben und daß die Jungen sehr wohl Fragen zu diesem Thema formulieren und auch zuhören können, das hat der gestrige Abend eindrucksvoll gezeigt.

Bei den Antworten wird deutlich, daß sie niemals das Weiterfragen, das Nachdenken und Weiterforschen ersetzen können. Und von daher darf es sicher auch nicht dabei bleiben, daß zu einem 50jährigen Gedenktag solche Veranstaltungen durchgeführt werden, sondern die Gewerkschaften werden weiterhin vor der Aufgabe stehen, in ihrer täglichen Arbeit, insbesondere auch in der Bildungsarbeit, diese Themen weiter zu behandeln. Gerade bei dem Versuch, die ganz praktischen Probleme von heute mit Hilfe der Erfahrungen aus der Geschichte besser zu verstehen und besser lösen zu können, zeigte sich schnell, wie kompliziert in Wirklichkeit jede historische Situation für sich selbst ist.

Viele von uns Älteren, und manchmal auch Jugendliche, wünschen sich, daß sich aus historischer Kenntnis praktische Handlungsanleitungen für die Probleme unseres betrieblichen und gewerkschaftlichen Alltags ergäben. Aber so einfach ist das leider nicht. Die Geschichtswissenschaft und auch diese Konferenz konnte das nicht leisten. Aber andersherum können wir uns von unserer Geschichte nicht abkoppeln. Die Betrachtung der Vergangenheit eröffnet oft unvermittelt Einsichten, die zur Analyse der heutigen Situation und zur Reflexion über unsere Handlungsmöglichkeiten nützlich sein können.

Nicht nur Willy Brandt hat auf gewerkschaftliche Strukturen und Traditionen verwiesen, die das Versagen der deutschen Arbeiterbewegung und damit auch der Gewerkschaften 1933 mitbedingt haben: Den Legalismus, die Disziplin, den geringen Spielraum für die Jugend, die Verständigungsprobleme zwischen Vorständen und Mitgliedern.

Die Zeitzeugen und Wissenschaftler waren sich darin einig, daß hierin Erfahrungen liegen, aus denen wir lernen können, ja ich würde sagen: aus denen wir lernen müssen.

Die jungen Kolleginnen und Kollegen fragten zum Beispiel sehr präzise nach: Bei welcher Arbeitslosenzahl wird der DGB seine ganze gewerkschaftliche Kraft in die Waagschale werfen? Wann ist die politische Situation beispielsweise im Hinblick auf die Bewahrung des inneren und auch des äußeren Friedens gegeben, in der Widerstand tatsächlich geboten ist? Wann ist die Zeit da, zu der dem Neonazismus mit allen gewerkschaftlichen und gesetzlichen Mitteln der Boden entzogen werden muß?

Und bei der Ausländerfeindlichkeit ist es auch an uns, alles zu tun, um zu verhindern, daß unsere ausländischen Kollegen die Opfer einfacher Erklärungen und inhumaner Lösungen werden können.

Wenn 1932 die Folgen der Krise nicht richtig eingeschätzt wurden, wenn die gewerkschaftlichen Rezepte politisch und ökonomisch nicht durchgesetzt werden konnten, wie steht es dann – das müssen wir wohl heute fragen – mit unserer aktuellen gewerkschaftlichen Analyse der Krise? Wie ist es um die Zukunft der Arbeit bestellt und damit auch um die Zukunft der Jugend?

Die eben beendete Podiumsdiskussion hat gezeigt, daß auch heute die Frage nach Wegen aus der Krise dem Interessen- und Parteienstreit unterliegt. Wenn diese Konferenz auch einen Beitrag dazu geleistet hat, die politisch Verantwortlichen und die Öffentlichkeit sensibel dafür zu machen, welche sozialen Konflikte und damit welche Gefährdungen für den inneren Frieden und vielleicht darüber hinaus für das demokratische System vorhanden sind, dann war diese Konferenz ein Erfolg. Den Gewerkschaften bleibt offensichtlich nur, die ganze Kraft und Phantasie darauf zu verwenden, sozial gerechte Lösungen zu erarbeiten, durchzusetzen und, wenn nötig, zu erkämpfen.

Wenn es eine Lehre aus der Geschichte gibt, und wenn es stimmt, daß die gegenwärtige Krise anhält und sich eher vertieft, dann ist es auch notwendig, festzulegen, welche ökonomischen, sozialen und politischen Grenzen nicht überschritten werden dürfen. Dann kann es auch notwendig werden zu handeln, bevor vollendete Tatsachen wieder zur Preisgabe von Positionen und vielleicht auch von Handlungsmöglichkeiten zwingen.

Ernst Breit hat es gesagt: Niemand hat ein Monopol auf die richtige historische Erkenntnis. Aber mit Hilfe solcher Konferenzen, mit dem Spielraum für unterschiedliche Einsichten und Erfahrungen, die insbesondere die Jugend machen muß, mit dem Rat und der Tat der älteren Kolleginnen und Kollegen kann der DGB und können die Gewerkschaften ihre Kraft mobilisieren, um schon den Anfängen der Wiederholung von Geschichte zu wehren.

Eine solche Konferenz, wie sie hinter uns liegt, beruht, wie unsere gesamte Arbeit, auf den Anstrengungen und Arbeiten vieler. Ihnen allen habe ich dieser Stelle Dank zu sagen. Ich danke denen, die uns in diesen Räumen hier versorgt haben. Ich danke denen, die für die inhaltliche Vorbereitung, und denen, die für die Organisation und Planung und Durchführung dieser Konferenz verantwortlich waren.

Insbesondere aber danke ich allen, die als Referenten, Zeitzeugen, Diskussionsleiter und -teilnehmer das Gelingen dieser Tagung sichergestellt haben, und ich denke, daß es auch eine gute Gelegenheit hier gibt, Dank an Presse, Funk und Fernsehen für ihr großes Interesse an dieser Tagung und für ihre Berichterstattung über diese Konferenz zu sagen.

Dies war die zweite Konferenz der DGB dieser Art, und es erfüllt mich schon ein wenig mit Stolz, daß die deutschen Gewerkschaften die Stärke aufbringen, sich selbstbewußt und selbstkritisch ihrer Geschichte zu stellen.

Anhang

Referenten
Teilnehmer an den Podiumsdiskussionen

Beyme, Klaus von, Prof. Dr., Institut für Politische Wissenschaften, Universität Heidelberg

Biedenkopf, Kurt, Prof. Dr., Landesvorsitzender der CDU Westfalen

Borsdorf, Ulrich, Dr., Wirtschafts- und Sozialwissenschaftliches Institut des DGB, Düsseldorf

Brandt, Willy, Vorsitzender der SPD

Breit, Ernst, Vorsitzender des DGB

Brusis, Ilse, Mitglied des Geschäftsführenden Bundesvorstandes des DGB, Düsseldorf

Döding, Günter, Vorsitzender der Gew. Nahrung-Genuß-Gaststätten

Erdenberger, Manfred, Westdeutscher Rundfunk, Köln

Grebing, Helga, Prof. Dr., Seminar für Mittlere und Neuere Geschichte Universität Göttingen

Gutowski, Armin, Prof. Dr., HWWA-Institut für Wirtschaftsforschung, Hamburg

Hartwich, Hans-Hermann, Prof. Dr., Institut für Politikwissenschaft Universität Hamburg

Holtfrerich, Carl-Ludwig, Prof. Dr., Historisches Seminar, Universität Frankfurt

Klönne, Arno, Prof. Dr., Fachbereich Geschichte, Universität Paderborn

Krupp, Hans-Jürgen, Prof. Dr., Deutsches Institut für Wirtschaftsforschung, Berlin

Leuninger, Ernst, ehemaliger Vorsitzender des DGB-Landesbezirks Hessen

Mason, Timothy W., Prof. Dr., St. Peter's College, University of Oxford

Mirkes, Adolf, ehemaliger Vorsitzender der Gew. Leder

Mommsen, Hans, Prof. Dr., Abteilung für Geschichtswissenschaft, Ruhr-Universität Bochum

Muhr, Gerd, stellvertretender Vorsitzender des DGB

Niethammer, Lutz, Prof. Dr., Fachbereich Erziehungs- und Sozialwissenschaften, Arbeitsbereich Neuere Geschichte, Fernuniversität Hagen

Petzina, Dietmar, Prof. Dr., Abteilung für Geschichtswissenschaft, Ruhr-Universität Bochum

Peukert, Detlef, Dr., Fachbereich Geschichte, Universität Essen

Plum, Günter, Dr., Institut für Zeitgeschichte, München

Potthoff, Heinrich, Dr., Privatdozent, Kommission für Geschichte des Parlamentarismus und der politischen Parteien, Bonn

Roth, Wolfgang, stellvertretender Vorsitzender der SPD-Bundestagsfraktion

Schneider, Michael, Dr., Friedrich-Ebert-Stiftung, Bonn

Skrzypczak, Henryk, Dr., Historische Kommission zu Berlin

Steinberg, Hans-Josef, Prof. Dr., Fachbereich Geschichtswissenschaft, Universität Bremen

Tenfelde, Klaus, Dr., Privatdozent, Institut für Neuere Geschichte, Universität München

Volkmar, Günter, Vorsitzender der Gew. Handel, Banken und Versicherungen

Weisbrod, Bernd, Dr., Abteilung für Geschichtswissenschaft, Ruhr-Universität Bochum

Wolfram, Adam, ehemaliger Bezirksvorsitzender der IG Bergbau und Energie

Zeitzeugen

Willy Brandt

Willy Brandt wurde am 18. Dezember 1913 in Lübeck geboren und fand bereits als Schüler Anschluß an die Sozialistische Jugendbewegung (SAJ), bei der er als leitender Funktionär tätig wurde. 1930 trat er in die SPD ein, die er ein Jahr später wieder verließ, um sich der Sozialistischen Arbeiterpartei (SAP) anzuschließen. Seinen Lebensunterhalt verdiente er in dieser Zeit als Journalist für den »Lübecker Volksboten« unter dem damaligen Chefredakteur, dem Reichstagsabgeordneten und später hingerichteten Widerstandskämpfer Julius Leber.

1933 emigrierte er über Kopenhagen nach Norwegen, wo er Geschichte studierte und seine journalistische und politische Tätigkeit fortsetzte. Im Jahr 1936 kehrte er für eine längere Zeit nach Deutschland zurück, um eine Untergrundorganisation in Berlin zu leiten. Nach seiner Tätigkeit als Pressekorrespondent im Spanischen Bürgerkrieg im Jahre 1937 hielt er über zahlreiche Auslandsreisen Kontakt zwischen den sozialistischen Exilgruppen in den Niederlanden, Belgien, Frankreich, England und der Tschechoslowakei. Nach dem Einmarsch der deutschen Truppen in Norwegen floh er von hier aus nach Schweden, wo er bis zum Kriegsende zusammen mit Bruno Kreisky in der (sozialistischen) »Kleinen Internationale« arbeitete.

Als Korrespondent skandinavischer Zeitungen kehrte Willy Brandt nach Kriegsende nach Deutschland zurück. Nach seiner Wiedereinbürgerung schloß er sich 1947 der SPD an, bei der er zunächst 1948/49 Vertreter des Parteivorstandes in Berlin wurde. Von 1949 bis 1957 war er Mitglied des Bundestages; 1950 wurde er gleichzeitig ins Berliner Abgeordnetenhaus gewählt. Willy Brandt wirkte von 1957 bis 1966 als Regierender Bürgermeister von Berlin. Die Bundestagswahlen 1961 und 1965 bestreitete er als Kanzlerkandidat der SPD, deren Vorsitzender er seit 1964 ist. Mit Beginn der Großen Koalition wurde er 1966 Außenminister und Vizekanzler im Kabinett Kiesinger, um anschließend von 1969 bis 1975 während der sozial-liberalen Koalition Bundeskanzler zu werden.

Ernst Leuninger

Ernst Leuninger wurde am 5. Mai 1914 als Sohn einer Arbeiterfamilie im Westerwald geboren. Nach seiner Schulzeit begann er 1930 eine Lehre als Schriftsetzer und schloß sich im gleichen Jahr den christlichen Gewerkschaften an, bei denen er in einer Jugendgruppe aktiv war, die 1931 von den Nationalsozialisten aufgelöst wurden. 1935 und 1936 war Ernst Leuninger arbeitslos. In der Zeit von 1936 bis 1945 hielt er vor allem über seine beiden Brüder, die Gewerkschaftssekretäre der christlichen Gewerkschaftsbewegung waren, Kontakt zur gewerkschaftlichen Widerstandstätigkeit. Einer seiner Brüder wurde im Zusammenhang mit dem Attentat auf Hitler am 20. Juli 1944 hingerichtet.

Nach dem Krieg 1945 gehörte er zu den Gründern des Freien Deutschen Gewerkschaftsbundes (FDGB) in Berlin und wurde im FDGB Sekretär von Jakob Kaiser. 1947 übersiedelte er nach Hessen, wo er als Gewerkschaftssekretär beim dortigen Landesbezirk des DGB tätig wurde. 1960 übernahm er für vier Jahre den Vorsitz des DGB-Landesbezirks Hessen. Danach war er bis zu seiner Pensionierung Erster Direktor der Landesversicherungsanstalt Hessen.

Adolf Mirkes

Adolf Mirkes wurde am 20. März 1913 als Sohn einer alten Korbmacherfamilie in Mülheim bei Offenbach am Main geboren. Nach Absolvierung der Volksschule trat Adolf Mirkes 1927 als Fabrikarbeiter in eine Schuhfabrik in Offenbach am Main ein und verblieb in dieser Stellung – unterbrochen von dem sechsjährigen Wehrdienst im Zweiten Weltkrieg – praktisch bis 1946.

Gewerkschaftsmitglied wurde er 1929. Neben seiner aktiven Arbeit in der Gewerkschaftsjugend betätigte er sich in den Jugendorganisationen der SPD und der Naturfreunde. Wegen seiner illegalen Gewerkschaftstätigkeit kam er 1934 für kurze Zeit in Untersuchungshaft.

Nach Rückkehr aus amerikanischer Kriegsgefangenschaft wurde Adolf Mirkes im Oktober 1945 zum Betriebsratsvorsitzenden einer Offenbacher Schuhfabrik gewählt. 1946 wechselte er als hauptamtlicher Gewerkschaftsfunktionär in das Sekretariat der Hessischen Gewerkschaft der Leder-, Textil- und Bekleidungsarbeiter in Offenbach am Main über. Am gleichen Ort wurde er später Sekretär der Gewerkschaft Leder.

1950 wurde er in den Geschäftsführenden Hauptvorstand der Gewerkschaft Leder gewählt, in dem er vor allem auf dem Gebiet der Tarifpolitik tätig war. Im Jahre 1953 wurde er zum Zweiten Vorsitzenden der Gewerkschaft Leder und zum Leiter der Tarifabteilung gewählt. Mit großer Mehrheit wurde er 1959 zum Ersten Vorsitzenden der Gewerkschaft Leder gewählt; dieses Amt füllte er bis 1976 aus.

Adam Wolfram

Adam Wolfram wurde 1902 als Sohn einer kinderreichen Arbeiterfamilie in Dietlas in der Rhön geboren. Nach seiner Schulzeit nahm er 1916 die Arbeit im benachbarten Kali-Bergbau auf, in dem er später als Schlepper und Hilfsschläger tätig wurde. Als Mitbegründer des örtlichen Bergarbeiterverbandes wurde er im November 1918 Jugendobmann. Im folgenden Jahr trat er in die SPD ein; in seiner Heimatstadt gründete er eine Jugendgruppe der SAJ.
Nach dem Besuch von Gewerkschaftsschulen wurde er beim Bergarbeiterverband angestellt. Er baute den Verband im Bitterfelder Revier (Sachsen) neu auf, dessen Geschäftsstellenleiter er im Mai 1925 wurde. 1928 wurde er als Bezirkssekretär in die Bezirksleitung Halle übernommen, in der er vier Jahre tätig blieb. Seiner Bewerbung für den Besuch der gewerkschaftlichen Fachschule für Wirtschaft und Verwaltung in Berlin wurde stattgegeben, so daß er im April 1932 die Teilnahme am dortigen Lehrgang aufnahm.
Nach der Zerschlagung der Gewerkschaften wurde Adam Wolfram als Vertreter tätig. In der Zeit von 1939 bis 1945 hielt er Kontakt zur gewerkschaftlichen Widerstandsarbeit, wurde von der Gestapo mehrmals verhört und verbüßte eine längere Untersuchungshaft.
Nach dem Krieg wurde Adam Wolfram Mitbegründer der Gewerkschaften in Halle. Im Landesbezirk Sachsen-Anhalt wurde er 1946 zum Zweiten Landesvorsitzenden des Freien Deutschen Gewerkschaftsbundes (FDGB) gewählt; für diesen Bezirk war er gleichzeitig bis Ende 1949 Mitglied des Bundesvorstandes des FDGB in Berlin. Im Oktober 1946 wurde er in den Landtag von Sachsen-Anhalt gewählt, dessen Präsident er 1948 wurde; zwei Jahre später wurde er jedoch seines Amtes enthoben.
Im Juli 1951 floh Adam Wolfram in die Bundesrepublik Deutschland und setzte hier seine Gewerkschaftstätigkeit in der Industriegewerkschaft Bergbau fort. 1952 arbeitete er zunächst in der Geschäftsstelle Bottrop, um kurz darauf Bezirksleiter von Rheinland-Pfalz zu werden. Im Juni 1956 wurde er zum Bezirksleiter im Aachener Revier berufen, in dem er bis zu seiner Pensionierung 1965 tätig blieb.

Konferenzteilnehmer

Nach den Unterlagen des Tagungsbüros. Eine Anwesenheitsliste wurde nicht geführt.

Alefsen, Manfred, Deutsche Postgewerkschaft, Bildungszentrum Gladenbach
Alemann, Ulrich von, Prof. Dr., Universität-Gesamthochschule Duisburg
Algermissen, Gundolf, IG Druck und Papier, Hannover
Andres, Gerd, IG Chemie-Papier-Keramik, Hauptvorstand, Hannover
Arenhoevel, Heinrich, Dr., DGB-Bundesschule Hattingen
Assel, Dirk, Gew. Gartenbau, Land- und Forstwirtschaft, Hannover

Bahl, Volker, DGB-Landesbezirk Rheinland-Pfalz, Mainz
Bahne, Siegfried, Prof. Dr., Ruhr-Universität Bochum
Bansner, Hans, IG Bergbau und Energie, Hauptvorstand, Bochum
Beck, Hans-Jürgen, DGB-Bundesvorstand, Düsseldorf
Beerhorst, Joachim, Gew. Öffentliche Dienste, Transport und Verkehr, Hannover
Beier, Gerhard, Dr., Privatdozent, Kronberg/Ts.
Berstermann, Bernhard, Schüler, Dortmund
Beyer, Kurt, Prof. Dr., Universität-Gesamthochschule Essen
Bippig, Karl-Heinz, IG Metall, Vorstandsverwaltung, Frankfurt
Blättel, Irmgard, Mitglied des Geschäftsführenden Bundesvorstandes des DGB, Düsseldorf
Bleicher, Siegfried, Mitglied des Geschäftsführenden Bundesvorstandes des DGB, Düsseldorf
Bobke, Manfred, Wirtschafts- und Sozialwissenschaftliches Institut des DGB, Düsseldorf
Boss, Friedhelm, Gew. Nahrung-Genuß-Gaststätten, Dortmund
Botterweck, Gerd, Gew. der Polizei, Bundesvorstand, Hilden
Bovermann, Rainer, Dortmund
Brandt, Thomas, Gew. Öffentliche Dienste, Transport und Verkehr, Berlin
Braun, Hans, IG Bergbau und Energie, Bundesschule Haltern
Brauser, Hanns, DGB-Bundesvorstand, Düsseldorf
Brehm, Horst, Gew. Nahrung-Genuß-Gaststätten, Bildungszentrum Oberjosbach
Brück, Peter, Deutsche Postgewerkschaft, München
Buchsteiner, Albrecht, DGB-Landesbezirk Nordmark, Hamburg
Büttner, Rolf, Deutsche Postgewerkschaft, Hauptvorstand, Frankfurt
Büttner, Ursula, Dr., Universität Hamburg
Buitelaar, Daam, IG Metall, Dortmund
Buschmann, Karl, Bielefeld

Carl, Konrad, Bundesvorsitzender der IG Bau-Steine-Erden, Frankfurt
Czeranna, Peter, IG Druck und Papier, Lüdenscheid

Damm, Jürgen, Gew. Handel, Banken und Versicherungen, Dortmund
Daschner, Peter, Gew. Erziehung und Wissenschaft, Hamburg
Deffner, Jakob, Vorsitzender des DGB-Landesbezirks Bayern, München
Deppe, Frank, Prof. Dr., Universität Marburg
Dick, Werner, Gew. Leder, Hauptvorstand, Stuttgart
Diewald, Gisela, DGB-Bundesvorstand, Düsseldorf
Dix, Marion, Gew. der Polizei, Hannover
Drescher, Georg, Vorsitzender des DGB-Landesbezirks Niedersachsen, Hannover

Eberhardt, Alfred, Gew. Textil-Bekleidung
Eberhardt, Walter, Gew. Öffentliche Dienste, Transport und Verkehr, Hauptvorstand, Stuttgart
Eliska, Peter-Paul, SPD-Ratsfraktion, Dortmund

Faulenbach, Bernd, Dr., Bochum
Faulhaber, Max, Freiburg
Feldengut, Karl, DGB-Bundesvorstand, Düsseldorf
Ferlemann, Erwin, 2. Vorsitzender der IG Druck und Papier, Stuttgart
Fichter, Tilman, Freie Universität Berlin
Finke, Albert, Gew. Öffentliche Dienste, Transport und Verkehr, Landesbezirk Hessen, Frankfurt
Finke, Frank, Gew. Öffentliche Dienste, Transport und Verkehr, Schwerte
Fischer, Walter, Gew. Kunst, Dortmund
Fohrbeck, Sabine, Haus der Gewerkschaftsjugend, Oberursel
Franke, Michael, Universität Hamburg
Friedemann, Peter, Dr., Ruhr-Universität, Bochum
Fritze, Walter, Düsseldorf
Fuchs, Otto, DGB-Bundesvorstand, Düsseldorf
Fülle, Henning, Hamburg
Fürbeth, Joachim, Vorstandsmitglied der Gew. Handel, Banken und Versicherungen, Düsseldorf, Vorsitzender des Landesverbandes Rheinland-Pfalz, Mainz
Funke, Isolde, DGB-Bundesvorstand, Düsseldorf

Galas, Dieter, Dr., 1. stellvertretender Vorsitzender der Gew. Erziehung und Wissenschaft, Frankfurt, Vorsitzender des Landesverbandes Niedersachsen, Hannover
Garner, Curt, Technische Universität Berlin
Georgi, Friedhelm, IG Bergbau und Energie, Hauptvorstand, Bochum
Georgi, Kurt, Ehemaliges Mitglied des DGB-Bundesvorstandes, Ratingen
Gerhard, Helmut, DGB-Bundesschule, Bad Kreuznach
Geuenich, Michael, Vorsitzender des DGB-Landesbezirks Nordrhein-Westfalen, Düsseldorf
Ginhold, Willi, Ehemaliges Mitglied des DGB-Bundesvorstandes, Hamburg
Gösel, Harry, Gew. Textil-Bekleidung, Hof
Götz, Christian, Vorstandsmitglied der Gew. Handel, Banken und Versicherungen, Düsseldorf
Gommert, Manfred, IG Bau-Steine-Erden, Bundesvorstand, Frankfurt

Gontrum, Peter, Schüler, Dortmund
Gorsek, Heribert, IG Bergbau und Energie, Dortmund
Grage, Wilfried, DGB-Landesbezirk Niedersachsen
Gregor, Wilbert, Hans-Böckler-Stiftung, Düsseldorf
Guckes, Volker, Evangelische Kirche, Dortmund

Haas, Walter, DGB-Landesbezirk Nordrhein-Westfalen, Düsseldorf
Hahn, Reinhard, Deutsche Postgewerkschaft, Meckenheim
Hampel, Heinz, Gew. Textil-Bekleidung, Hauptvorstand, Düsseldorf
Hanselmann, Udo, DGB-Bundesvorstand, Düsseldorf
Hansen, Alfred, Deutsche Postgewerkschaft, Rheinland-Pfalz, Waldorf
    Hansen, Gitta, Gew. Gartenbau, Land- und Forstwirtschaft, Hannover
Harnischfeger, Alfred, 2. stellvertetender Vorsitzender der Gew. Erziehung
    und Wissenschaft, Frankfurt, Vorsitzender des Landesverbandes Hessen,
    Frankfurt
Hartmann, Knut, IG Chemie-Papier-Keramik, Hauptvorstand, Hannover
Heckhoff, Barbara, DGB-Bundesvorstand, Düsseldorf
Heinemann, Ulrich, Ruhr-Universität, Bochum
Heinz, Bertold, IG Metall, Vorstandsverwaltung, Frankfurt
Heinze, Harald, Oberstadtdirektor, Dortmund
Helbing, Lieselotte, Hamburg
Hennecke, Helmut, IG Metall, Vorstandsverwaltung, Frankfurt
Hennig, Dieter, IG Metall, Zweigbüro des Vorstandes, Düsseldorf
Herbert, Ulrich, Dr., Essen
Herbst, Gerhard, Gew. Nahrung-Genuß-Gaststätten, Hauptvorstand, Ham-
    burg
Herrmann, Erich, 2. Vorsitzender der Gew. Nahrung-Genuß-Gaststätten,
    Hamburg
Herpich, Jörg, IG Bau-Steine-Erden, Bundesvorstand, Frankfurt
Heupel, Eberhard, Dr., Bochum
Heyder, Gunther, Bund-Verlag, Köln
Heymann, Friedhelm, Gew. Öffentliche Dienste, Transport und Verkehr,
    Dortmund
Heyn, Horst, Gew. der Polizei, Bundesvorstand, Hilden
Holländer, Franz, Mitglied des Geschäftsführenden Hauptvorstandes der Gew.
    Öffentliche Dienste, Transport und Verkehr, Stuttgart
Holthoff, Erwin, IG Bau-Steine-Erden, Essen
Hormann-Reckeweg, Birgit, IG Chemie-Papier-Keramik, Hannover
Hüllbüsch, Ursula, Dr., Bundesarchiv, Koblenz
Hüwell, Norbert, Dortmund
Husen, Alfred van, Vorsitzender des DGB-Kreises Hamm-Beckum, Hamm

Imella, Ulf, DGB-Bundesvorstand, Düsseldorf

Jäger, Wolfgang, IG Bergbau und Energie, Hauptvorstand, Bochum
Jahn, Peter, Dr., Berlin
Jamin, Mathilde, Dr., Ruhr-Universität, Bochum
Jander, Martin, Freie Universität, Berlin
Jessen, Dirk,, IG Metall, Herne
Johannson, Kurt, Forschungsinstitut für Arbeiterbildung, Recklinghausen

Jung, Volker, DGB-Bundesvorstand, Düsseldorf

Kalianski, Dieter, DGB-Kreis Wesel, Wesel
Kallenbach, Christiane, Schülerin, Dortmund
Kaltenborn, Wilhelm, Unternehmensgruppe Neue Heimat, Hamburg
Kappelmann, Wilhelm, 2. Vorsitzender der Gew. Leder, Stuttgart
Kasiske, Rosalie, Vorsitzende des DGB-Kreises Remscheid, Remscheid
Keil, Albert, DGB-Bundesvorstand, Düsseldorf
Keller, Berthold, Vorsitzender der Gew. Textil-Bekleidung, Düsseldorf
Kempf, Felix, DGB-Bundesvorstand, Düsseldorf
Kern, Helmut, Gew. der Polizei, Bundesvorstand, Hilden
Keuthen, Peter, IG Metall, Dortmund
Kiesau, Gisela, Prof. Dr., Dortmund
Knier, Carsten, Schüler, Dortmund
Knopf, Manfred, IG Metall, Bildungsstätte Lohr/Main
Koch, Joachim, DGB-Bundesvorstand, Düsseldorf
Köbele, Bruno, Stellvertretender Bundesvorsitzender der IG Bau-Steine-Erden, Frankfurt
Köhler, Gerd, Gew. Erziehung und Wissenschaft, Hauptvorstand, Frankfurt
Köhn, Ruth, Mitglied des Geschäftsführenden Hauptvorstandes der Gew. Nahrung-Genuß-Gaststätten, Hamburg
Körfer, Birgit, Schülerin, Dortmund
Köthe, Elisabeth, Gew. Handel, Banken und Versicherungen, Hannover
Kosta, Tomas, Geschäftsführer des Bund-Verlages, Köln
Krack, Jürgen, DGB-Bundesschule Springe
Krings, Jürgen, Junges Forum-Ruhrfestspiele, Recklinghausen
Krüger-Charlé, Michael, Witten
Kühlborn, Peter, IG Bau-Steine-Erden, Vorsitzender des Landesbezirks Nordrhein, Düsseldorf
Kühnl, Reinhard, Prof. Dr., Universität Marburg
Kümmel, Peter, IG Chemie-Papier-Keramik, Niedernhausen
Kukuck, Host A., Dr., Universität Mannheim
Kuschke, Wolfram, Lünen
Kynast, Horst, Gew. Holz und Kunststoff, Vorsitzender des Landesbezirks Hessen/Rheinland-Pfalz, Frankfurt

Langhinnerich, Walter, Universität Hamburg
Lappas, Alfons, Vorstandsmitglied der Beteiligungsgesellschaft für Gemeinwirtschaft (BGAG), Frankfurt
Lappas, Günter, Gew. Gartenbau, Land- und Forstwirtschaft, Vorsitzender des Landesverbandes Hessen, Saarland, Rheinland-Pfalz, Frankfurt
Lappe, Marlies, Gew. Textil-Bekleidung, Hauptvorstand, Düsseldorf
Lausmann, Gerhart, IG Bau-Steine-Erden, Bergkamen-Oberaden
Lehlbach, Julius, Vorsitzender des DGB-Landesbezirks Rheinland-Pfalz, Mainz
Lehmann, Ingo, IG Druck und Papier, Hauptvorstand, Stuttgart
Lellmann, Walter, Gew. Öffentliche Dienste, Transport und Verkehr, »Das Bunte Haus«, Bielefeld
Lenk, Erhard, Geschäftsführer der Hans-Böckler-Stiftung, Düsseldorf
Lessmann, Peter, Hattingen

Lettow, Wolfgang, DGB-Bundesvorstand, Düsseldorf

Liebermann, Jörg, IG Bergbau und Energie, Gelsenkichen-Buer

Linde, Gerda, Mitglied des Geschäftsführenden Hauptvorstandes der Gew. Textil-Bekleidung, Düsseldorf

Lindenau, Bernd, Deutsche Postgewerkschaft, Vorsitzender des Landesbezirks Berlin

Linnemann, Werner, DGB-Kreis Essen

Maetzel, Gustav, Hannover

Mahlein, Leonhard, 1. Vorsitzender der IG Druck und Papier, Stuttgart

Mahler, Jens, Gew. Öffentliche Dienste, Transport und Verkehr, DGB-Jugendbildungsstätte Hattingen

Maier, Georg, Meckenheim

Manz, Helmut, Gew. Nahrung-Genuß-Gaststätten, Hauptvorstand, Hamburg

Markner, Brigitte, Bochum

Marssolek, Inge, Dr., Bremen

Martiny, Martin, Dr., Ruhrkohle AG, Essen

Matthias, Brita, IG Chemie-Papier-Keramik, Hauptvorstand, Hannover

Mause, Hans-Peter, IG Bergbau und Energie, Kamen

Meinecke, Fritz, Gew. Öffentliche Dienste, Transport und Verkehr

Menze, Holger, IG Druck und Papier, Institut für Arbeitnehmerbildung, Lage-Hörste

Mertsching, Klaus, Gew. Erziehung und Wissenschaft, Hannover

Meyer, Gerhard, Dormagen

Michalski, Thomas, Gew. Textil-Bekleidung, Ochtrup

Michels, Peter, ehemaliges Mitglied des DGB-Bundesvorstands, Köln

Middendorf, Karl-Heinz, CDU-Fraktion, Dortmund

Mielke, Siegfried, Prof. Dr., Freie Universität, Berlin

Mietemann, Frauke, Schülerin, Dortmund

Morgan, Dagmar, Dr., Deutsche Postgewerkschaft, Hauptvorstand, Frankfurt

Moser, Sonja, Gew. Nahrung-Genuß-Gaststätten, Mühlhausen/Ehingen

Mruck, Andreas, Schüler, Dortmund

Müller, Dirk, Dr., Historische Kommission, Berlin

Müller-Bauer, Anneliese, Gew. Erziehung und Wissenschaft, Regensburg

Muhr, Gerd, Stellvertretender Vorsitzender des DGB, Düsseldorf

Musa, Wilhelm, Mitglied des Vorstandes des DGB-Landesbezirks Nordmark, Hamburg

Neumann, Ekkehard, Gew. Öffentliche Dienste, Transport und Verkehr, Bildungsstätte Undeloh

Neumann, Friedrich, Gew. Nahrung-Genuß-Gaststätten, Dortmund

Nindl, Anton, Gew. Holz und Kunststoff, Hauptvorstand, Düsseldorf

Nörr, Johannes, DGB-Landesbezirk Baden-Württemberg, Stuttgart

Obst, Dieter, Gelsenkirchen

Oetjen, Hinrich, Haus der Gewerkschaftsjugend, Oberursel

Opalka, Georg, Vorsitzender des DGB-Kreises Herne

Oppenheimer, Max, Wiesloch/Baden

Ostermeier, Elisabeth, Hamburg

Otto, Mathias, IG Druck und Papier, Berlin

Patjens, Hans-Peter, IG Chemie-Papier-Keramik, Hamburg
Perner, Detlef, WSI, Düsseldorf
Peter, Hans, Gew. der Eisenbahner Deutschlands, Bildungszentrum König-
stein/Ts.
Peters, Martin, Duisburg
Petzeit, Detlef, Schüler, Dortmund
Piehl, Ernst, Europäischer Gewerkschaftsbund, Brüssel
Pieper, Wolfgang, Gew. Öffentliche Dienste, Transport und Verkehr, Haupt-
vorstand, Stuttgart
Pingel, Falk, Dr., Georg-Ecker-Institut, Braunschweig
Pinkall, Lothar, IG Metall, Vorstandsverwaltung, Frankfurt
Pletsch, Peter, DGB-Bundesvorstand, Düsseldorf
Plumpe, Werner, Ruhr-Universität Bochum
Pohler, Doris, Gew. Leder, Hauptvorstand, Stuttgart
Pohlmann, Rudi, IG Bau-Steine-Erden, Bundesvorstand, Frankfurt
Polzer, Ursula, DGB-Bundesvorstand, Düsseldorf
Pommerenke, Siegfried, Vorsitzender des DGB-Landesbezirks Baden-Würt-
temberg
Pottebohm, Hermann, Vorsitzender des DGB-Kreises Bocholt-Borken
Preuss, Albert, Paris
Putzhammer, Heinz, Gew. Erziehung und Wissenschaft, Hauptvorstand Ham-
burg

Quast, Rudolf, Dr., Bochum

Ranft, Norbert, IG Bergbau und Energie, Hauptvorstand, Bochum
Reibsch, Reinhard, IG Chemie-Papier-Keramik, Hauptvorstand, Hannover
Remboldt, Kurt, IG Bergbau und Energie, Nordheim
Richert, Jochen, Vorsitzender des DGB-Landesbezirks Hessen
Richter, Klaus, Leiter der parlamentarischen Verbindungsstelle des DGB, Bonn
Rieger, Ulrich, Duisburg
Reimer, Peter, stellvertretender Vorsitzender der Gew. Holz und Kunststoff,
Düsseldorf
Römermann, Rolf, Schüler, Dortmund
Römisch, Wolfgang, DGB-Bundesvorstand, Düsseldorf
Rose, Wolfgang, Gew. Textil-Bekleidung, Hauptvorstand, Düsseldorf
Ruck, Michael, Universität Mannheim
Russland, Rita, IG Metall, Vorstandsverwaltung, Frankfurt

Schabedoth, Joachim, Dr., IG Metall, Stuttgart
Scharlowsky, Volker, DGB-Bundesvorstand, Düsseldorf
Scharrer, Manfred, Dr., Freie Universität Berlin
Schatta, Jürgen, Gew. Handel, Banken und Versicherungen, Hanau
Schenk, Thomas, Gew. Öffentliche Dienste, Transport und Verkehr, Rade-
vormwald
Scherzer, Jochen, Deutsche Postgewerkschaft, Hauptvorstand, Frankfurt
Schiffmann, Dieter, Dr., Universität Mannheim
Schirrmacher, Helmut, ehemaliger Vorsitzender der Gew. der Polizei
Schmid, Klaus, IG Metall, Vorstandsverwaltung, Frankfurt
Schmidt, Gerhard, ehemaliges Mitglied des Geschäftsführenden DGB-Bundes-
vorstandes

Schmidt, Herbert, DGB-Kreis Duisburg
Schmidt, Jürgen, Gew. Textil-Bekleidung, Hauptvorstand, Düsseldorf
Schmidt, Thomas, Gew. Leder, Hauptvorstand, Stuttgart
Schmidt, Ute, Dr., Berlin
Schmitz, Kurt, IG Metall, Vorstandsverwaltung, Frankfurt
Schneider, Dieter, Gew. Öffentliche Dienste, Transport und Verkehr, Hauptvorstand, Stuttgart
Schnier, Reinhard, Schüler, Dortmund
Schöbl, H.-Peter, Frankfurt
Schönhoven, Klaus, Dr., Universität Würzburg
Schösser, Fritz, Vorstandsmitglied des DGB-Landesbezirks Bayern
Schongen, Walter, stellvertretender Vorsitzender der Gew. Textil-Bekleidung, Düsseldorf
Schott, Günter, IG Bau-Steine-Erden, Bezirksverband, Dortmund
Schulz, Detlef, Schüler, Dortmund
Schulz, Helmut, IG Bergbau und Energie, Dortmund
Schumacher, Dieter, IG Metall, Wenden
Schumann, Hans-Gerd, Prof. Dr., Technische Hochschule Darmstadt
Schwab, Karl, ehemaliges Mitglied des Geschäftsführenden DGB-Bundesvorstandes
Schwemmle, Michael, IG Metall, Stuttgart
Seitenzahl, Rolf, Gew. der Eisenbahner Deutschlands, Hauptvorstand, Frankfurt
Sickert, Walter, ehemaliger Vorsitzender des DGB-Landesbezirks Berlin
Sierks, Jan, Vorsitzender des DGB-Landesbezirks Nordmark, Hamburg
Simon, Nikolaus, Mainz
Sommerfeld, Horst, Vorsitzender des DGB-Kreises Recklinghausen
Sperner, Rudolf, ehemaliger Vorsitzender der IG Bau-Steine-Erden
Spieker, Wolfgang, Dr., Geschäftsführer des Wirtschafts- und Sozialwissenschaftlichen Instituts des DGB, Düsseldorf
Süssmuth, Hans, Prof. Dr., Universität Düsseldorf
Steffenhagen, Klaus, Gew. der Polizei, Bundesvorstand, Hilden
Stegmüller, Albert, stellvertretender Vorsitzender der Deutschen Postgewerkschaft, Frankfurt

Tawakol, Wolf, Schüler, Dortmund
Teitzel, Helmut, Vorsitzender der Gew. Leder
Tewes, Antje, IG Metall, Bildungszentrum Sprockhövel
Timpe, Walter, Gew. Handel, Banken und Versicherungen, Hemmingen
Töpper, Horst, IG Bau-Steine-Erden, Berlin
Tschirbs, Rudolf, Dr., Ruhr-Universität Bochum
Tschischka, Werner, IG Druck und Papier, Schulungsheim Springen

Unterhinninghofen, Hermann, IG Metall, Vorstandsverwaltung, Frankfurt

Vassiliadis, Michael, IG Chemie-Papier-Keramik, Dormagen
Vetter, Heinz-Oskar, ehemaliger Vorsitzender des DGB
Vitt, Werner, stellvertretender Vorsitzender der IG Chemie-Papier-Keramik, Hannover

Vitzthum, Hajo Graf, Gew. Öffentliche Dienste, Transport und Verkehr Hauptvorstand, Stuttgart
Vorneweg, Ernst, parlamentarische Verbindungsstelle des DGB, Bonn
Vrettis, Athanassios, Schüler, Dortmund

Wagner, Manfred, Vorsitzender des DGB-Landesbezirks Saar, Saarbrücken
Wannhöfel, Manfred, Ruhr-Universität Bochum
Warda, Manfred, IG Bergbau und Energie, Hauptvorstand, Bochum
Warneke, Perygrin, Prof. Dr., Sozialakademie, Dortmund
Weber, Eberhard, Vorsitzender des DGB-Kreises Mark, Lüdenscheid
Weber, Franz, IG Bau-Steine-Erden, Vorsitzender des Landesverbandes Westfalen, Dortmund
Weber, Werner, Gew. Nahrung-Genuß-Gaststätten, Hamburg
Weber, Wolfgang, Gew. Nahrung-Genuß-Gaststätten, Hamburg
Weberbauer, Gabriele, Gew. Handel, Banken und Versicherungen, Amberg
Wenzelmann, Heinz, IG Bergbau und Energie, Dortmund
Westermann, Klaus, DGB-Bundesvorstand, Düsseldorf
Wichert, Günter, Dr., Landeszentrale für Politische Bildung, Düsseldorf
Wichert, Udo, IG Bergbau und Energie, Hauptvorstand, Bochum
Wiedenroth, Peter, Gew. Öffentliche Dienste, Transport und Verkehr, Hauptvorstand, Stuttgart
Wiethoff, Cornelia, Schülerin, Dortmund
Wiggers, Andreas, Schüler, Dortmund
Witt, Peter-Christian, Prof. Dr., Gesamthochschule Kassel
Wolfshöfer, Peter, Volkshochschule Hattingen
Robel, Jörg, Hans-Böckler-Stiftung, Düsseldorf
Wübbels, Michael, Gew. Öffentliche Dienste, Transport und Verkehr, Dortmund
Wulf-Mathies, Monika, Dr., Vorsitzende der Gew. Öffentliche Dienste, Transport und Verkehr
Wunder, Dieter, Dr., Vorsitzender der Gew. Erziehung und Wissenschaft
Wurl, Bernhard, IG Metall, Vorstandsverwaltung, Frankfurt

Zimmermann, Lothar, Mitglied des Geschäftsführenden Bundesvorstandes des DGB, Düsseldorf
Zimmermann, Michael, Bochum
Zinke, Dorothea, Bundeszentrale für Politische Bildung, Bonn
Zoller, Helga, IG Druck und Papier, Hauptvorstand, Stuttgart
Zollitsch, Wolfgang, Universität Freiburg

Tagungsbüro

Arlt, Hans-Jürgen, Dr., Pressestelle
Borsdorf, Ulrich, Dr.
Deussen, Hans
Diergarten, Ekkehard, Pressestelle
Eckhardt, Brigitte
Hemmer, Hans-Otto
Köther, Hildegard
Meyer, Gerhard
Milert, Werner
Preussner, Ulrich, Pressestelle
Redante, Klaus
Richter, Inge
Scharpenack, Petra
Schillians, Walburga
Weiden-Sonn, Gabriele
Wiegold, Margit
Wolf, Herbert

Literaturhinweise

Die Literaturübersicht stellt eine Auswahl dar und erhebt damit keinen Anspruch auf Vollständigkeit. Eine Reihe von Arbeiten zum Herrschaftssystem des NS, seiner inneren Struktur und der Außenpolitik sind nicht berücksichtigt. Für diesen Band kam es uns darauf an, die leicht zugängliche sozial- und wirtschaftsgeschichtliche Literatur zur Geschichte der Arbeiterschaft und der Arbeiterbewegung in der Weimarer Republik, sowie Arbeiten zur Arbeiteropposition, zum Exil und zum Widerstand zusammenzustellen. Die regional- und lokalgeschichtliche Literatur zur Machtübernahme und zum Widerstand ist ausführlicher verzeichnet. Besondere, wenn auch nicht vollständige Berücksichtigung finden die Arbeiten der an der Konferenz beteiligten Podiumsreferenten und der Leiter der Arbeitsgruppen.

Die Vielzahl der Broschüren und Dokumentationen aus den Kreisen und Bezirken des DGB sowie die Arbeiten aus den Einzelgewerkschaften verdeutlicht das verbreitete Interesse an der Aufarbeitung der Gewerkschaftsgeschichte vor Ort und sind deshalb gesondert aufgeführt.

1. Übergreifende Darstellungen

Abendroth, Wolfgang: Die deutschen Gewerkschaften. Weg demokratischer Integration, Neudruck Berlin 1972

Aretz, Jürgen: Katholische Arbeiterbewegung und Nationalismus. Der Verband katholischer Arbeiter- und Knappenvereine 1923-1945, Mainz 1978

Beier, Gerhard: Einheitsgewerkschaft. Zur Geschichte eines organisatorischen Prinzips der deutschen Arbeiterbewegung, in: Archiv für Sozialgeschichte XIII (1973), S. 207-242

Boch, Rudolf; Krause, Manfred: Historisches Lesebuch zur Geschichte der Arbeiterschaft, Schriftenreihe der Otto Brenner Stiftung, Bd. 33, Köln 1983

Borsdorf, Ulrich; Hemmer, Hans-Otto; Martiny, Martin (Hrsg.): Grundlagen der Einheitsgewerkschaft. Historische Dokumente und Materialien, Köln 1977

Borsdorf, Ulrich; Hemmer, Hans-Otto; Leminsky, Gerhard; Markmann, Heinz (Hrsg.): Gewerkschaftliche Politik. Reform aus Solidarität, Köln 1977

Brandt, Willy: Links und frei. Mein Weg 1930-1950, Hamburg 1982

Deppe, Frank; u.a.: Geschichte der deutschen Gewerkschaften, 3. Aufl., Köln 1981

Engelhardt, Ulrich; Sellin, Volker; Stuke, Horst: Soziale Bewegung und politische Verfassung, Stuttgart 1976

Furtwängler, Franz Josef: Die Gewerkschaften. Ihre Geschichte und internationale Auswirkung, 4. Aufl., Hamburg 1964

–: ÖTV. Die Geschichte einer Gewerkschaft, hrsg. vom Hauptvorstand der Gewerkschaft Öffentliche Dienste, Transport und Verkehr, Stuttgart 1955

Grebing, Helga: Die Geschichte der deutschen Arbeiterbewegung, München 1970

Hirsch-Weber, Wolfgang: Gewerkschaften in der Politik. Von der Massenstreikdebatte zum Kampf um das Mitbestimmungsrecht, Köln und Opladen 1959

Klönne, Arno: Die deutsche Arbeiterbewegung. Geschichte, Ziele, Wirkungen, Köln 1980

Matthias, Erich; Schönhoven, Klaus (Hrsg.): Solidarität und Menschenwürde. Etappen der deutschen Gewerkschaftsgeschichte von den Anfängen bis zur Gegenwart, Bonn 1984

Miller, Susanne; Potthoff, Heinrich: Kleine Geschichte der SPD. Darstellung und Dokumentation 1848-1980, 4. Auflage, Bonn-Bad Godesberg 1981

Mommsen, Hans; Borsdorf, Ulrich (Hrsg.): Glück auf, Kameraden! Die Bergarbeiter und ihre Organisationen in Deutschland, Köln 1979

Mommsen, Hans: Sozialdemokratie zwischen Klassenbewegung und Volkspartei, Frankfurt/Main 1976

Neumann, Walter: Die Gewerkschaften im Ruhrgebiet. Voraussetzungen, Entwicklung und Wirksamkeit, Köln 1951

Niethammer, Lutz: Rekonstruktion und Desintegration. Zum Verständnis der deutschen Arbeiterbewegung zwischen Krieg und Kaltem Krieg, in: Geschichte und Gesellschaft, Sonderheft 5, Göttingen 1979, S. 26-43

Opel, Fritz; Schneider, Dieter: Fünfundsiebzig Jahre Industriegewerkschaft 1891-1966, 2. Auflage, Frankfurt/Main, Köln 1980

Osterroth, Franz; Schuster, Dieter: Chronik der deutschen Sozialdemokratie, 3 Bände, Berlin, 2. Aufl., Bonn 1975 und 1978

Reulecke, Jürgen (Hrsg.): Arbeiterbewegung an Rhein und Ruhr, Wuppertal 1974

Ritter, Gerhard A.: Staat, Arbeiterschaft und Arbeiterbewegung in Deutschland, Berlin/Bonn 1980

Schneider, Michael: Die Christlichen Gewerkschaften 1894-1933, Bonn 1982

Schuster, Dieter: Die Deutsche Gewerkschaftsbewegung, 6. Aufl., Düsseldorf 1980

Vetter, Heinz Oskar (Hrsg.): Vom Sozialistengesetz zur Mitbestimmung. Festschrift zum 100. Geburtstag von Hans Böckler, Köln 1976

2. Wirtschaft und Politik in der Weimarer Republik

Apelt, Willibalt: Geschichte der Weimarer Verfassung, 2. Aufl., München 1964

Bahl, Volker: Lohnverhandlungssystem der Weimarer Republik. Von der Schlichtungsverordnung zum Ruhreisenstreit. Verbandsautonomie oder staatliche Verbandsgarantie, in: Gewerkschaftliche Monatshefte 7/78, S. 397-411

Benneke, Heinrich: Wirtschaftliche Depression und politischer Radikalismus. Die Lehre von Weimar, München/Wien 1968

Benz, Wolfgang; Geiss, Immanuel: Staatsstreich gegen Preußen am 20. Juli 1932, hrsg. von der Landeszentrale für Politische Bildung NRW, Düsseldorf o. J. (1982)

Borchardt, Knut: Wirtschaftliche Ursachen des Scheiterns der Weimarer Republik. Zwangslagen und Handlungsspielräume in der großen Wirtschaftskrise Ende der 20er Jahre. Zur Revision eines überlieferten Geschichtsbildes, in: Bayrische Akademie der Wissenschaften (Hrsg.): Jahrbuch 1979, München 1979, S. 88-132

–: Zum Scheitern eines produktiven Dialoges über das Scheitern der Weimarer Republik: Replik auf Claus-Dieter Krohns Diskussionsbemerkungen, in: Geschichte und Gesellschaft, H. 1 (1983), S. 124-137

–: Wachstum, Krisen und Handlungsspielräume in der Wirtschaftspolitik. Studien zur Wirtschaftsgeschichte des 19. und 20. Jahrhunderts, Göttingen 1982, S. 165-224

Bracher, Karl Dietrich: Die Auflösung der Weimarer Republik. Eine Studie zum Problem des Machtverfalls in der Demokratie, Düsseldorf, Neudruck 1978

Büttner, Ursula; Jochmann, Werner (Hrsg.): Zwischen Demokratie und Diktatur. Nationalsozialistische Machtaneignung in Hamburg. Tendenzen und Reaktionen in Europa, Hamburg 1984

Conze, Werner; Raupach, Hans (Hrsg.): Die Staats- und Wirtschaftskrise des Deutschen Reiches, Stuttgart 1967

Deppe, Frank; Roßmann, Witich: Wirtschaftskrise, Faschismus, Gewerkschaften. Dokumente zur Gewerkschaftspolitik 1929-1933, Köln 1981

Erdmann, Karl Dietrich; Schulze, Hagen: Weimar. Selbstpreisgabe einer Demokratie. Eine Bilanz heute, Kölner Kolloquium der Fritz-Thyssen-Stiftung Juni 1979, Düsseldorf 1980

Feldman, Gerald D.: Vom Weltkrieg zur Weltwirtschaftskrise. Studien zur deutschen Wirtschafts- und Sozialgeschichte 1914-1932, Göttingen 1984

Feldman, Gerald D.; Steinisch, Irmgard: Die Weimarer Republik zwischen Sozial- und Wirtschaftsstaat. Die Entscheidung gegen den Achtstundentag, in: Archiv für Sozialgeschichte XVIII (1978), S. 353-439

Flemming, Jens (Hrsg.): Die Republik von Weimar, 2 Bände, Königstein (Ts.)/ Düsseldorf 1978

Gessner, Dieter: Das Ende der Weimarer Republik. Fragen, Methoden und Ergebnisse interdisziplinärer Forschung, Darmstadt 1978

Hartwich, Hans-Hermann: Arbeitsmarkt, Verbände und Staat 1918-1933. Die öffentliche Bindung unternehmerischer Funktionen in der Weimarer Republik, Berlin 1967

–: Massenarbeitslosigkeit und Demokratiekrise – Arbeitsbeschaffung und soziale Reaktion, in: Gewerkschaftliche Monatshefte 4/5 '83, S. 239–252

Hennig, Eike: Thesen zur deutschen Sozial- und Wirtschaftsgeschichte, Frankfurt/Main 1973

Hermens, Ferdinand; Schieder Theodor (Hrsg.): Staat, Wirtschaft und Politik in der Weimarer Republik. Festschrift für Heinrich Brüning, Berlin 1967

Hinrichs, Peter; Peter, Lothar: Industrieller Friede? Arbeitswissenschaft, Rationalisierung und Arbeiterbewegung in der Weimarer Republik, Köln 1976

Hoegner, Wilhelm: Die verratene Republik. Deutsche Geschichte von 1910 bis 1933, München 1979

Holtfrerich, Carl-Ludwig: Alternativen zu Brünings Wirtschaftspolitik in der Weltwirtschaftskrise, Wiesbaden 1982

Jochmann, Werner: Brünings Deflationspolitik und der Untergang der Weimarer Republik, in: Stegmann, Dirk u. a. (Hrsg.): Industrielle Gesellschaft und politisches System. Festschrift Fritz Fischer, Bonn 1978, S. 97-112

Jones, Larry E.: Adam Stegerwald und die Krise des deutschen Parteiensystems, in: VfZ 1979, S. 219

Junker, Detlef: Die Deutsche Zentrumspartei und Hitler 1932/33, Stuttgart 1969

Kocka, Jürgen: Angestellte zwischen Faschismus und Demokratie, Göttingen 1977

Krohn, Claus-Dieter: »Ökonomische Zwangslagen« und das Scheitern der Weimarer Republik. Zu Knut Borchardts Analyse der deutschen Wirtschaft in den zwanziger Jahren, in: Geschichte und Gesellschaft, H.3 (1982), S. 415 ff.

Kros, Franz Josef: Heinrich Brüning und der Niedergang der Weimarer Republik, in: Aus Politik und Zeitgeschichte 1970, B 16/70 vom 18. 4. 1970, S. 19 bis 31

Kühnl, Reinhard; Hardach, Gerd (Hrsg.): Die Zerstörung der Weimarer Republik, Köln 1977

Lücke, Rolf E.: 13. Juli 1931. Das Geheimnis der deutschen Bankenkrise, Frankfurt/Main 1981

Matthias, Erich; Morsey, Rudolf (Hrsg.): Das Ende der Parteien 1933. Darstellungen und Dokumente, Königstein/Ts. 1979

Milatz, Alfred: Wahlen und Wähler in der Weimarer Republik, Bonn 1965

Mommsen, Hans: Klassenkampf oder Mitbestimmung? Zum Problem der Kontrolle wirtschaftlicher Macht in der Weimarer Republik, Frankfurt/M. 1978

Mommsen, Hans; Petzina, Dietmar; Weisbrod, Bernd (Hrsg.): Industrielles System und politische Entwicklung in der Weimarer Republik. Verhandlungen eines internationalen Symposiums in Bochum vom 12.-17. Juni 1973, 2 Bände, Neudruck, Königstein/Ts. 1977

Morsey, Rudolf: Das Zentrum zwischen den Fronten. Der Weg in die Diktatur 1918-1933, München 1962

–: Hitlers Verhandlungen mit der Zentrumsführung am 31. Januar 1933, in: VfZ 9 (1961), S. 182-194

Neebe, Reinhard; Berding, Helmut; Kocka, Jürgen (Hrsg.): Großindustrie, Staat und NSDAP 1930-1933. Paul Silverberg und der Reichsverband der deutschen Industrie in der Krise der Weimarer Republik, Göttingen 1981

Petzina, Dietmar: Die deutsche Wirtschaft in der Zwischenkriegszeit, Wiesbaden 1977

Plum, Günter: Gesellschaftsstruktur und politisches Bewußtsein in einer katholischen Region 1928-1933. Eine Untersuchung am Beispiel des Regierungsbezirks Aachen, Stuttgart 1972

Preller, Ludwig: Sozialpolitik in der Weimarer Republik, Neudruck, Kronberg/Ts. 1978

Rosenberg, Arthur: Geschichte der Weimarer Republik, Frankfurt/Main 1968

Ruge, Wolfgang: Weimar, Republik auf Zeit, Köln 1983

Schildt, Axel: Militärdiktatur mit Massenbasis? Die Querfrontkonzeption der Reichswehrführung um General Schleicher am Ende der Weimarer Republik, Frankfurt (Main)/New York 1981

Schneider, Michael: Auf dem Weg in die Krise. Thesen und Materialien zum Ruhreisenstreit 1928/29, Wentorf bei Hamburg 1974

Schöck, Eva Cornelia: Arbeitslosigkeit und Rationalisierung. Lage der Arbeiter und die kommunistische Gewerkschaftspolitik 1920-1928, Frankfurt/Main 1977

Schönhoven, Klaus: Geschichtliche Voraussetzungen für den Aufstieg des Nationalsozialismus, in: Widerstand und Exil der deutschen Arbeiterbewegung, hrsg. von der Friedrich-Ebert-Stiftung, Schriftenreihe der Bundeszentrale für Politische Bildung, Band 180, Bonn 1981

Schönhoven, Klaus: Die Bayerische Volkspartei. 1924-1933, Düsseldorf 1972

Schulz, G.; Maurer, J.; Wengst, U.: Politik und Wirtschaft in der Krise 1930-1932. Quellen zur Ära Brüning, Bd. 1, Düsseldorf 1980

Schulze, Hagen: Weimar. Deutschland 1917-1933, Die Deutschen und ihre Nation, Band 4, Berlin 1982

Sontheimer, Kurt: Antidemokratisches Denken in der Weimarer Republik. Die politischen Ideen des deutschen Nationalismus zwischen 1918 bis 1933, 4. Aufl., München 1983

Stegmann, Dirk: Zum Verhältnis von Großindustrie und Nationalsozialismus 1930-1933. Ein Beitrag zur sogenannten Machtergreifung, in: Archiv für Sozialgeschichte 13 (1973), S. 395-482

Stürmer, Michael: Koalition und Opposition in der Weimarer Republik 1924-1928, Düsseldorf 1967

Stürmer, Michael (Hrsg.): Die Weimarer Republik. Belagerte Civitas, Königstein/Ts. 1980

Syrup, Friedrich: Hundert Jahre staatliche Sozialpolitik 1838-1939, bearb. von Otto Neuloh, hrsg. von J. Scheuble, Stuttgart 1957

Timm, Helga: Die deutsche Sozialpolitik und der Bruch der Großen Koalition im März 1930, Beiträge zur Geschichte des Parlamentarismus und der politischen Parteien in Deutschland, Band 1, 2. Auflage, Bonn 1982

Turner, Henry Ashby, Jr. (Hrsg.): Faschismus und Kapitalismus in Deutschland. Studien zum Verhältnis zwischen Nationalsozialismus und Wirtschaft, Göttingen 1972

Weisbrod, Bernd: Schwerindustrie in der Weimarer Republik. Interessenpolitik zwischen Stabilisierung und Krise, Wuppertal 1978

–: Die Krise der Arbeitslosenversicherung und der Bruch der Großen Koalition (1928-1930), in: Mommsen, Wolfgang J. u. a. (Hrsg.): Die Entstehung des Wohlfahrtsstaates in Großbritannien und Deutschland 1850-1950, Veröffentlichungen des Deutschen Historischen Instituts London, Band 11, Stuttgart 1982, S. 196-212

3. Die gewerkschaftliche und politische Arbeiterbewegung in der Weimarer Republik

Die Arbeiterbewegung im gesellschaftlichen System der Weimarer Republik, Geschichte und Gesellschaft, H. 1, Göttingen (1982)

Bahne, Siegfried: Die KPD und das Ende von Weimar. Das Scheitern einer Politik 1932-1935, Frankfurt/Main 1976

Bednareck, Horst: Die Gewerkschaftspolitik der KPD – fester Bestandteil ihres Kampfes um die antifaschistische Einheits- und Volksfront zum Sturze der Hitlerdiktatur und zur Verhinderung des Krieges (1935 bis August 1939), Berlin (DDR) 1969

Beier, Gerhard: Das Lehrstück vom 1. und 2. Mai 1933, Frankfurt/Main 1975

–: Gleichschaltung und Widerstand, in: Gewerkschaftliche Monatshefte H. 7 (1975), S. 410–421

Braunthal, Gerard: Der Allgemeine Deutsche Gewerkschaftsbund. Zur Politik der Arbeiterbewegung in der Weimarer Republik, Köln 1981

Drechsler, Hanno: Die Sozialistische Arbeiterpartei Deutschlands (SAPD). Ein Beitrag zur Geschichte der deutschen Arbeiterbewegung am Ende der Weimarer Republik, Meisenheim/Glan 1965

Flechtheim, Ossip K.: Die KPD in der Weimarer Republik, Nachdruck, Frankfurt/Main 1969

Freyberg, Jutta von: Sozialdemokraten und Kommunisten. Die Revolutionären Sozialdemokraten vor dem Problem der Aktionseinheit 1934-1937, Köln 1973

Gall, Klaus Dieter: Die Situation der Mannheimer SPD in den letzten Jahren der Weimarer Republik und der sozialdemokratische Widerstand gegen den Nationalsozialismus, Mannheim 1978

Hebel-Kunze, Bärbel: SPD und Faschismus. Zur politischen und organisatorischen Entwicklung der SPD 1932-1933, Frankfurt/Main 1977

Heer, Hannes: Burgfrieden oder Klassenkampf? Zur Politik der sozialdemokratischen Gewerkschaften 1930-1933, Neuwied/Berlin 1971

Heer-Kleinert, Lore: Die Gewerkschaftspolitik der KPD in der Weimarer Republik, Frankfurt/M., New York 1983

Heimann, Horst; Meyer, Thomas (Hrsg.): Reformsozialismus und Sozialdemokratie. Zur Theoriediskussion des demokratischen Sozialismus in der Weimarer Republik, Berlin/Bonn 1982

Hemmer, Hans-Otto; Borsdorf, Ulrich: »Gewerkschaftsstaat«. Zur Vorgeschichte eines aktuellen Schlagworts, in: Gewerkschaftliche Monatshefte, H. 10 (1974), S. 640-653

Heupel, Eberhard: Reformismus und Krise. Zur Theorie und Praxis von SPD, ADGB und Afa-Bund in der Weltwirtschaftskrise, Frankfurt (Main)/New York 1981

Hüllbüsch, Ursula: Die deutschen Gewerkschaften in der Weltwirtschaftskrise, in: Conze, Werner; Raupach, Hans (Hrsg.): Die Staats- und Wirtschaftskrise des Deutschen Reiches, Stuttgart 1967, S. 126-154

Lorenz, Eckehart: Protestantische Reaktionen auf die Entwicklung der sozialistischen Arbeiterbewegung. Mannheim 1890-1933, in: Archiv für Sozialgeschichte, Band XVI, 1976, S. 371-416

Luthardt, Wolfgang (Hrsg.): Sozialdemokratische Arbeiterbewegung in der

Weimarer Republik. Materialien zur geschichtlichen Entwicklung 1927-1932, 2 Bände, Frankfurt/Main 1978

Mattheier, Klaus J.: »Die Gelben«. Nationale Arbeiter zwischen Wirtschaftsfrieden und Streik, Düsseldorf 1973

Mommsen, Hans: Die deutschen Gewerkschaften zwischen Anpassung und Widerstand 1930-1944, in: Vetter, Heinz Oskar (Hrsg.): Vom Sozialistengesetz zur Mitbestimmung. Zum 100. Geburtstag von Hans Böckler, Köln 1975, S. 275-299

–: Sozialdemokratie und freie Gewerkschaften in der Weimarer Republik, in: Gewerkschaftliche Monatshefte 4/5 '83, S. 203–218

Pahl, Walter: Gewerkschaften und Sozialdemokratie vor 1933. Zur Geschichte der Einheitsgewerkschaft, in: Gewerkschaftliche Monatshefte 1953, S. 720-724

Petzina, Dietmar: Gewerkschaften und Monopolfrage vor und während der Weimarer Republik, in: Archiv für Sozialgeschichte XX, 1980, S. 195-217

Potthoff, Heinrich: Gewerkschaften und Politik zwischen Revolution und Inflation, Düsseldorf 1979

Schneider, Michael: Das Arbeitsbeschaffungsprogramm des ADGB. Zur gewerkschaftlichen Politik in der Endphase der Weimarer Republik, Schriftenreihe des Forschungsinstituts der Friedrich-Ebert-Stiftung, Band 120, Bonn-Bad Godesberg 1975

–: Unternehmer und Demokratie. Die freien Gewerkschaften in der unternehmerischen Ideologie der Jahre 1918-1933, Schriftenreihe des Forschungsinstituts der Friedrich-Ebert-Stiftung, Band 116, Bonn-Bad Godesberg 1975

Schulze, Hagen: Anpassung oder Widerstand? Aus den Akten des Parteivorsitzenden der deutschen Sozialdemokratie 1932/33, Bonn-Bad Godesberg 1975

Skrzypczak, Henryk: Freie Gewerkschaften in der Weimarer Republik, in: Vetter, Heinz Oskar (Hrsg.): Vom Sozialistengesetz zur Mitbestimmung. Zum 100. Geburtstag von Hans Böckler, Köln 1975, S. 201-227

–: Some strategic and tactical problems of the German trade union movement during the Weimar Republik, in: IWK Nr. 13 (1971)

–: Fälscher machen Geschichte. Ein quellenkritischer Beitrag zur Gewerkschaftspolitik in der Ära Papen und Schleicher. In: IWK 13 (1971), S. 26-45

Sywottek, Arnold: Deutsche Volksdemokratie. Studien zur politischen Konzeption der KPD 1935-1946, Düsseldorf 1971

Varain, Heinz Josef: Freie Gewerkschaften, Sozialdemokratie und Staat. Die Politik der Generalkommission unter der Führung Carl Legiens (1890-1920), Düsseldorf 1956

Voß, Angelika; Büttner, Ursula: Vom Hamburger Aufstand zur politischen Isolierung kommunistischer Politik. 1923-1933 in Hamburg und im Deutschen Reich, Hamburg 1983

Weber, Hermann: Die Wandlung des deutschen Kommunismus. Die Stalinisierung der KPD in der Weimarer Republik, 2 Bände, Frankfurt/Main 1969

–: Hauptfeind Sozialdemokratie. Die KPD in der Weimarer Republik. Strategie und Taktik der KPD 1929-1933, Düsseldorf 1982

Zollizsch, Wolfgang: Einzelgewerkschaften und Arbeitsbeschaffung: Zum Handlungsspielraum der Arbeiterbewegung in der Spätphase der Weimarer Republik, in: Geschichte und Gesellschaft, H. 1 (1982), S. 124-137

4. Geschichte des Nationalsozialismus
Übergreifende Darstellungen

Aleff, Eberhard (Hrsg.): Das Dritte Reich, 18. Aufl., Hannover 1981

Boelke, Willi A.: Die deutsche Wirtschaft 1930-1945. Interna des Reichswirtschaftsministeriums, Düsseldorf 1983

Bracher, Karl Dietrich: Die deutsche Diktatur. Entstehung, Struktur, Folgen, Köln/Berlin 1969

Bracher, Karl Dietrich; Sauer, Wolfgang; Schulz, Gerhard: Die nationalsozialistische Machtergreifung. Studien zur Errichtung des totalitären Herrschaftssystems in Deutschland, Köln/Opladen 1962

Broszat, Martin: Der Staat Hitlers, München 1969

Broszat, Martin; Dübber, Ulrich; u.a.: Deutschlands Weg in die Diktatur. Internationale Konferenz zur nationalsozialistischen Machtübernahme im Reichstagsgebäude zu Berlin. Referate und Diskussionen. Ein Protokoll, Berlin 1983

Buchheim, Hans; Broszat, Martin; Jacobsen, Hans-Adolf; Krausner, Helmut (Hrsg.): Anatomie des SS-Staates, 2 Bände, Freiburg 1965

Conze, Werner (Hrsg.): Der Nationalsozialismus, 2 Bände, Stuttgart 1978

Dubiel, Helmut; Söllner, Alfons (Hrsg.): Wirtschaft, Recht und Staat im Nationalsozialismus. Analysen des Instituts für Sozialforschung 1939-1942, Frankfurt/Main 1984

Gotto, Klaus; Repgen, Konrad (Hrsg.): Kirche, Katholiken und Nationalsozialismus, Mainz 1980

Grebing, Helga: Der Nationalsozialismus. Ursprung und Wesen, München 1959

Jacobsen, Hans-Adolf (Hrsg.): Ausgewählte Dokumente zur Geschichte des Nationalsozialismus, Bielefeld 1961-66

Hallgarten, George W.F.: Hitler, Reichswehr und Industrie, Frankfurt/Main 1955

Hillgruber, Andreas: Endlich genug über Nationalsozialismus und Zweiten Weltkrieg? Forschungsstand und Literatur, Düsseldorf 1982

Hirsch, Martin; Maier, Dietmut; Meinck, Jürgen (Hrsg.): Recht, Verwaltung und Justiz im Nationalsozialismus, Köln 1984

Kershaw, Jan: Der Hitler Mythos. Volksmeinung und Propaganda im Dritten Reich, Stuttgart 1980

Kogon, Eugen: Der NS-Staat. Das System der deutschen Konzentrationslager, 10. Aufl., München 1981

Kranig, Andreas: Arbeitsrecht im NS-Staat. Texte und Dokumente, Köln 1984

Kühnl, Reinhard: Faschismustheorien. Texte zur Faschismusdiskussion, Reinbek bei Hamburg 1979

Milward, Alan S.: Die deutsche Kriegswirtschaft, Stuttgart 1966

Möller, Horst: Die nationalsozialistische Machtergreifung: Konterrevolution oder Revolution? In: VjfZ 31. Jg. (1983), S. 25-51

Opitz, Reinhard: Europastrategien des deutschen Kapitals, Köln

Neumann, Franz L.: Behemoth. Die Struktur und die Praxis des NS 1933-1944, Frankfurt/Main 1977

Nolte, Ernst (Hrsg.): Theorien über den Faschismus, 5. Aufl., Königstein 1979

Petzina, Dietmar: Autarkiepolitik im Dritten Reich. Der nationalsozialistische Vierjahresplan, Stuttgart 1968

Schoenbaum, David: Die braune Revolution. Eine Sozialgeschichte des Dritten Reiches, Köln/Berlin 1968

5. Arbeiteropposition, Widerstand und Exil

Beier, Gerhard: Die illegale Reichsleitung der Gewerkschaften 1933-1945, Köln 1981

–: Zur Entstehung des Führerkreises der Vereinigten Gewerkschaften Ende April 1933, in: Archiv für Sozialgeschichte XV (1975), S. 365-392

Brandis, U.: Zur Bewertung des Widerstandes in der BRD und der DDR. Ein Vergleich von Darstellungen in Geschichtsbüchern, in: Deutschland-Archiv (1971), H. 7, S. 697 ff.

Bremer, Jörg: Die Sozialistische Arbeiterpartei Deutschlands (SAP). Untergrund und Exil 1933-1945, Frankfurt/Main 1978

Conze, Werner; Kosthorst, Erich; Nebgen, Elfriede: Jakob Kaiser, 4 Bände, Berlin/Köln/Mainz 1967

Deutschlandberichte der Sozialdemokratischen Partei Deutschlands 1934-1940 (Sopade), 7 Bände, Salzhausen 1980

Esters, Helmut; Pelger, Hans u.a.: Gewerkschafter im Widerstand, 2. Aufl., Bonn 1983

Gerhard, D.: Antifaschisten, Berlin 1976

Grasmann, K.: Sozialdemokraten gegen Hitler, München 1976

Harrer, Jürgen: Gewerkschaftlicher Widerstand gegen das »Dritte Reich« in: Deppe, F.; Fülberth, G.; u. a.: Geschichte der deutschen Gewerkschaftsbewegung, Köln 1977, S. 211-272

Hoegner, Wilhelm: Flucht vor Hitler. Erinnerungen an die Kapitulation der ersten Republik 1933, München 1977

Hüttenberger, Peter: Vorüberlegungen zum Widerstandsbegriff, in: Theorien in der Praxis des Historikers, Geschichte und Gesellschaft, Sonderheft 3, Göttingen 1977, S. 116-134

Kettenacker, Lothar: Das »Andere Deutschland« im Zweiten Weltkrieg, London 1977

Klein, Herbert: Arbeiterwiderstand im Faschismus, Münster 1979

Kleßmann, Christoph: Gegner des Nationalsozialismus. Zum Widerstand im Dritten Reich, in: Aus Politik und Zeitgeschichte, B 46/1979, S. 25-37

Kleßmann, Christoph; Pingel, Falk (Hrsg.): Gegner des Nationalsozialismus, Frankfurt/Main 1980

Kosthorst, Erich: Von der Gewerkschaft zur Arbeitsfront und zum Widerstand, in: Aus Politik und Zeitgeschichte, B 18/1963, S. 3-22

Kühn, Heinz: Widerstand und Emigration. Die Jahre 1928-1945, Hamburg 1980

Kühnrich, H.; Pech, K.: Neue bedeutsame Materialien über die politisch-theoretische Tätigkeit der illegalen operativen Leitung der KPD in Deutschland, in: Beiträge zur Geschichte der Arbeiterbewegung, 1979, S. 40 ff.

Laschitza, Horst: Kämpferische Demokratie gegen Faschismus, Berlin (O) 1969

Leber, Annedore: Das Gewissen steht auf. Lebensbilder aus dem deutschen Widerstand 1933-1945, Mainz 1984

Löwenthal, Richard; ZurMühlen, Patrik von (Hrsg.): Widerstand und Verweigerung in Deutschland 1933-1945, Bonn-Bad Godesberg 1982

Mann, Reinhard: Widerstand gegen den Nationalsozialismus. Ein Literaturbericht, in: Neue Politische Literatur 1977, S. 425-442

Matthias, Erich (Hrsg.): Mit dem Gesicht nach Deutschland. Eine Dokumentation über die sozialdemokratische Emigration. Aus dem Nachlaß von Friedrich Stampfer, bearbeitet von Werner Link, Düsseldorf 1958

–: Sozialdemokratie und Nation. Zur Ideengeschichte der sozialdemokratischen Emigration 1933-1938, Stuttgart 1952

Mommsen, Hans: Begriff und Problematik des deutschen Widerstandes in der zeitgeschichtlichen Forschung, in: Widerstandsbewegungen in Deutschland und Polen während des Zweiten Weltkrieges, Schriftenreihe des Georg-Eckert-Institutes für Internationale Schulbuchforschung, Band 22/I, Berlin 1979

–: Gesellschaftsbild und Verfassungspläne des deutschen Widerstandes, in: Schmitthenner, Walter; Buchheim, Hans (Hrsg.): Der deutsche Widerstand gegen Hitler, Köln/Berlin 1966, S. 73-167

Moraw, Frank: Die Parole der »Einheit der Sozialdemokratie«. Zur parteiorganisatorischen und gesellschaftspolitischen Orientierung der SPD in der Periode der Illegalität und in der ersten Phase der Nachkriegszeit, Bonn-Bad Godesberg 1973

Müssener, Helmut: Exil in Schweden. Politische und kulturelle Emigration nach 1933, München 1974

Nebgen, Elfriede: Jakob Kaiser. Der Widerstandskämpfer, Stuttgart 1967

Peukert, Detlev: Der deutsche Arbeiterwiderstand 1933-1945, in: Aus Politik und Zeitgeschichte, B 28-29/1979, S. 22-36

–: Die KPD im Widerstand, Verfolgung und Untergrundarbeit an Rhein und Ruhr 1933-1945, Wuppertal 1980

Plum, Günter: Widerstandsbewegungen, in: Kernig, C.D. (Hrsg.): Sowjetsystem und demokratische Gesellschaft, Band 6, Freiburg/Basel/Wien 1972, S. 962-983

Radkau, Joachim: Die deutsche Emigration nach USA. Ihr Einfluß auf die amerikanische Europapolitik 1933-1945, Düsseldorf 1971

Reichhardt, Hans-Joachim: Möglichkeiten und Grenzen des Widerstandes der Arbeiterbewegung; in: Schmitthenner, Walter; Buchheim, Hans (Hrsg.): Der deutsche Widerstand gegen Hitler, Köln/Berlin 1966

Reichhold, Ludwig: Arbeiterbewegung jenseits des totalen Staates – die Gewerkschaften und der 20. Juli 1944, Köln/Stuttgart/Wien 1965

Ritter, Gerhard A.: Carl Goerdeler und die deutsche Widerstandsbewegung, 3. Aufl., Stuttgart 1956

Röder, Werner: Die deutschen sozialistischen Exilgruppen in Großbritannien. Ein Beitrag zur Geschichte des Widerstandes gegen den Nationalsozialismus. Schriftenreihe des Forschungsinstituts der Friedrich-Ebert-Stiftung, Band 58, 2. Aufl., Bonn-Bad Godesberg 1973

–: Die deutschen sozialistischen Exilgruppen in Großbritannien 1940-1945, 2. Aufl., Bonn-Bad Godesberg 1975

Roon, Ger van: Widerstand im Dritten Reich. Ein Überblick, München 1979

–: Neuordnung im Widerstand, München 1967

Schmitthenner, Walter; Buchheim, Hans (Hrsg.): Der deutsche Widerstand gegen Hitler, Köln/Berlin 1966

Schumann, Hans-Gerd: Nationalsozialismus und Gewerkschaftsbewegung. Die Vernichtung der deutschen Gewerkschaften und der Aufbau der Deutschen Arbeitsfront, Frankfurt (Main)/Hannover 1958

Voges, Michael: Klassenkampf in der Betriebsgemeinschaft. Die Deutschlandberichte der Sopade (1934-1940) als Quelle zum Widerstand der Industriearbeiter im Dritten Reich, in: Archiv für Sozialgeschichte, Band XXI (1981), S. 329-383

Widerstandsbewegungen in Deutschland und in Polen während des Zweiten Weltkrieges, Schriftenreihe des Georg-Eckert-Instituts für Internationale Schulbuchforschung, Band 22/I, Berlin 1979

Widerstand und Exil der deutschen Arbeiterbewegung, hrsg. von der Friedrich-Ebert-Stiftung, Schriftenreihe der Bundeszentrale für Politische Bildung, Band 180, Bonn 1981

6. Machtergreifung und Widerstand auf regionaler Ebene

Arbeiterbewegung in Stuttgart 1933. Erlebnisse, Berichte, Dokumente, Tübingen 1984

Bajohr, Frank: Verdrängte Jahre. Gladbeck unterm Hakenkreuz, Essen 1983

Becker, Ruth und Joseph: Hitlers Machtergreifung 1933. Vom Machtantritt Hitlers 30. Jan. 1933 zur Besiegelung des Einparteienstaates, München 1983

Bludau, Kuno: Gestapo – Geheim! Widerstand und Verfolgung in Duisburg. 1933-1945, Bonn-Bad Godesberg 1973

Burkhardt, Bernd: Eine Stadt wird braun. Die NS-Machtergreifung in der schwäbischen Provinz, Hamburg 1980

Bretschneider, Heike: Der Widerstand gegen den Nationalsozialismus in München 1933-1945, München 1968

Görgen, H.: Düsseldorf und der Nationalsozialismus, Düsseldorf 1969

Grubmüller, N.; Langewiesche, D.: Die Würzburger Arbeiterbewegung unter der nationalsozialistischen Diktatur, Würzburg 1978

Fritzsch, Robert: Nürnberg unterm Hakenkreuz. Im Dritten Reich 1933-1945, Düsseldorf 1983

Herbig, Rudolf: Nationalsozialismus in den Unterweserorten. Zum Wesen und zum Begriff des NS und zum Widerstand im Dritten Reich. Schriftenreihe der Arbeiterkammer Bremen, Bremen 1982

Kirchner, Rolf; Schweitzer, Harry: »Die Flamme verzehre das Gift«. Offenbach 1932/33 im Spiegel der Tageszeitungen, Offenbach 1983

Klotzbach, Kurt: Widerstand und Verfolgung in Dortmund, Hannover 1969

Lessing-Terstegen, Anneli; Martin, Birgit: Faschismus und Widerstand in Düsseldorf. Hrsg. GEW Stadtverband Düsseldorf, Düsseldorf 1980

Mausbach-Bromberger, Barbara: Der Widerstand der Arbeiterbewegung gegen den Faschismus in Frankfurt am Main 1933-1945, Marburg 1976

Meyer, Gertrud: Nacht über Hamburg, Frankfurt/Main 1971

Mirkes, Adolf; Schild, Karl; Schneider, Hans L.: Mühlheim unter den Nazis 1933-1945. Ein Lesebuch, Frankfurt/Main 1983

Nerdinger, E.: Flamme unter der Asche, (Augsburg), Augsburg 1979

Niethammer, Lutz; Borsdorf, Ulrich; Brandt, Peter (Hrsg.): Arbeiterinitiative

1945. Antifaschistische Ausschüsse und Reorganisation der Arbeiterbewegung in Deutschland, Wuppertal 1976

Ochs, Eugen: Ein Arbeiter im Widerstand, Stuttgart 1984

Paul, Gerhard: »Deutsche Mutter – heim zu Dir!« Warum es mißlang, Hitler an der Saar zu schlagen. Der Saarkampf 1933 bis 1935, Köln 1984

Peukert, Detlev: Ruhrarbeiter gegen den Faschismus, Frankfurt/Main 1976

Pingel, Henner: Das Jahr 1933. NSDAP Machtergreifung in Darmstadt und im Volksstaat Hessen, Darmstadt 1977

Rietzler, Rudolf: Kampf in der Nordmark. Das Aufkommen der Nationalsozialisten in Schleswig-Holstein 1919-1928. Studien zur Wirtschafts- und Sozialgeschichte Schleswig-Holsteins Band 4

Salm, Fritz: Im Schatten des Henkers. Vom Arbeiterwiderstand in Mannheim, Frankfurt/Main 1973

Sbosny, Inge: Widerstand in Solingen, Frankfurt/Main 1975

Schabrod, Karl: Widerstand an Rhein und Ruhr, Düsseldorf 1969

Schadt, Jörg: Verfolgung und Widerstand unter dem Nationalsozialismus in Baden, Stuttgart 1976

Schirmer, Hermann: Das andere Nürnberg, Frankfurt/Main 1974

Schmidt, Ernst: Lichter in der Finsternis. Widerstand und Verfolgung in Essen 1933-1945, Frankfurt/Main 1979

Schnabel, Thomas (Hrsg.): Die Machtergreifung in Südwestdeutschland. Das Ende der Weimarer Republik in Baden-Württemberg 1928-1933, Stuttgart/Berlin/Köln/Mainz 1982

Schweizer, H.: Berlin im Widerstand, Berlin 1965

Steinberg, Hans-Josef: Widerstand und Verfolgung in Essen 1933-1945, 2. Aufl., Bonn-Bad Godesberg 1973

Teich, H.: Hildesheim und seine Antifaschisten, Hildesheim 1979

Tenfelde, Klaus: Proletarischen Provinz. Radikalisierung und Widerstand in Penzberg/Obb. 1900-1945, München/Wien 1981

Weick, Käte: Widerstand und Verfolgung in Singen und Umgebung. Berichte, Lebensbilder und Dokumente. Hrsg. VVN Baden-Württemberg, Neuss 1982

Zimmermann, Michael: Opposition und Widerstand gegen den Nationalsozialismus in Oberhausen, Bochum 1978

ZurMühlen, Patrick von: Schlagt Hitler an der Saar, Bonn 1979

7. Alltag, Lage der Arbeiter und anderer gesellschaftlicher Gruppen unter dem Nationalsozialismus

Aly, Götz; Roth, Karl-Heinz: Die restlose Erfassung. Volkszählen, Identifizieren, Aussondern im Nationalsozialismus, Berlin 1984

Asgodom, Sabine (Hrsg.): »Halts Maul, sonst kommst nach Dachau!« Frauen und Männer aus der Arbeiterbewegung berichten über Widerstand und Verfolgung unter dem Nationalsozialismus, Köln 1983

Beckert, Sven: Bis hierher und nicht weiter! Arbeitsalltag in Offenbach 1939-1945. 2 Bde, Offenbach 1983

Bock, Gisela: Frauen und ihre Arbeit im Nationalsozialismus, in: Kuhn, A.; Schneider, G. (Hrsg.): Frauen in der Geschichte, Düsseldorf 1979

Broszat, Martin; Fröhlich, Elke; Grassmann, A. (Hrsg.): Bayern in der NS-Zeit, 6 Bände, München/Wien 1981-1984

Eiber, Ludwig: Arbeiter unter NS-Herrschaft. Textil- und Porzellanarbeiter im nordöstlichen Oberfranken, München 1979

Engelmann, Bernt: Im Gleichschritt Marsch. Wie wir die Nazizeit erlebten 1933-1939, Köln 1982

Focke, Harald; Reimer, Uwe: Alltag unterm Hakenkreuz, Reinbek bei Hamburg 1979

Frauengruppe Faschismusforschung (Hrsg.): Mütterkreuz und Arbeitsbuch. Zur Geschichte der Frauen in der Weimarer Republik und im Nationalsozialismus

Fromm, Erich: Arbeiter und Angestellte am Vorabend des Dritten Reiches. Eine sozialpsychologische Untersuchung. Bearb. u. herausgegeben v. Bonß, Wolfgang, München 1983

Grube, Frank; Richter, Gerhard: Alltag im Dritten Reich. So lebten die Deutschen 1933-1945, Hamburg 1982

Hamer, Knut; Schunk, Karl-Werner; Schwarz, Rolf (Hrsg.): Vergessen und verdrängt. Eine andere Heimatgeschichte. Arbeiterbewegung und Nationalsozialismus in den Kreisen Rendsburg und Eckernförde, Eckernförde 1984

Klönne, Arno: Jugend im Dritten Reich. Die Hitlerjugend und ihre Gegner. Dokumente und Analysen, Düsseldorf/Köln 1982

Kuczynski, Jürgen: Die Geschichte der Lage der Arbeiter unter dem Kapitalismus, Teil 1, Bd. 18, Berlin DDR 1963

Langbein, Hermann: ». . .nicht wie die Schafe zur Schlachtbank«. Widerstand in den Konzentrationslagern, Frankfurt/Main 1981

–: Die Stärkeren. Ein Bericht aus Auschwitz und anderen Konzentrationslagern, Köln 1982

Mason, Timothy W.: Arbeiterklasse und Volksgemeinschaft. Dokumente und Materialien zur deutschen Arbeiterpolitik 1936-1939, Opladen 1975

–: Sozialpolitik im Dritten Reich (Einleitung zu dem Dokumentenband »Arbeiterklasse und Volksgemeinschaft«), Opladen 1977

Mitscherlich, Alexander und Margarete: Die Unfähigkeit zu trauern. Grundlagen kollektiven Verhaltens, München 1977

Niethammer, Lutz (Hrsg.): »Die Jahre weiß man nicht, wo man die heute hinsetzen soll«. Faschismuserfahrungen im Ruhrgebiet, Berlin/Bonn 1983

–: (Hrsg.): Lebenserfahrung und kollektives Gedächtnis. Die Praxis der »oral history«, Frankfurt/Main 1980

–: Arbeiter ohne Gewerkschaften, in: Gewerkschaftliche Monatshefte 4/5'83, S. 277–285

Peukert, Detlev: Die Edelweißpiraten. Protestbewegungen jugendlicher Arbeiter im Dritten Reich, Köln 1980

–: Volksgenossen und Gemeinschaftsfremde. Anpassung, Ausmerze und Aufbegehren unter dem Nationalsozialismus, Köln 1982

Peukert, Detlev; Reulecke, Jürgen (Hrsg.): Alltag im Nationalsozialismus. Vom Ende der Weimarer Republik bis zum Zweiten Weltkrieg, Wuppertal 1981

Peukert, Detlev; Reulecke, Jürgen (Hrsg.): Die Reihen fast geschlossen. Beiträge zur Geschichte des Alltags unter dem Nationalsozialismus, Wuppertal 1981

Sachse, Carola; Siegel, Tilla; Spode, Hasso; Spohn, Wolfgang: Angst, Belohnung, Zucht und Ordnung. Herrschaftsmechanismen im Nationalsozialismus, Opladen 1982

Schüddekopf, Charles (Hrsg.): Der alltägliche Faschismus. Frauen im Dritten Reich, Berlin/Bonn 1982

Siegel, Tilla: Die gekaufte Arbeiterklasse? – Lohnpolitik im NS-Deutschland, in: Gewerkschaftliche Monatshefte 9/84, S. 533–544

Steinbach, Lothar: Ein Volk, ein Reich, ein Glaube? Ehemalige Nationalsozialisten und Zeitzeugen berichten über ihr Leben im Dritten Reich, Berlin/Bonn 1983

Szepansky, Gerda: Frauen leisten Widerstand 1933-1945, Frankfurt/Main 1983

Terror und Hoffnung in Deutschland 1933-1945. Leben im Faschismus, Reinbek bei Hamburg 1980

Voges, Michael: Klassenkampf in der »Betriebsgemeinschaft«, in: Gewerkschaftliche Monatshefte 9/84, S. 555–565

Werner, Wolfgang F.: »Bleibe übrig«. Deutsche Arbeiter in der nationalsozialistischen Kriegswirtschaft, Düsseldorf 1983

Winkler, Dörte: Frauenarbeit im »Dritten Reich«, Hamburg 1977

Wisotzki, Klaus: Der Ruhrbergbau im Dritten Reich. Studien zur Sozialpolitik im Ruhrbergbau und zum sozialen Verhalten der Bergleute in den Jahren 1933-1939, Düsseldorf 1983

Wysocki, Gerd: Zwangsarbeit im Stahlkonzern. Salzgitter und die Reichswerke »Hermann Göring« 1937/1945. Sonderausgabe für die IG-Metall Salzgitter, Braunschweig 1982

8. Broschüren, Dokumente, Materialien: Aufarbeitung der Gewerkschaftsgeschichte vor Ort

50 Jahre Machtergreifung. Arbeiterbewegung, Nationalsozialismus und Neofaschismus in Deutschland. Materialien und Kommentare, Hrsg.: DGB-Bundesvorstand, Abt. Jugend

Faschismus in Deutschland. Ursachen und Folgen. Verfolgung und Widerstand. Ausländerfeindlichkeit und neonazistische Gefahren. Hrsg.: IG Druck und Papier, Köln 1984

1. April 1933 – 50 Jahre danach. Hrsg.: IG Chemie – Papier – Keramik, Hannover 1983

Dokumentation zur Besetzung der Gewerkschaftshäuser am 2. Mai 1933, in: Solidarität, Monatszeitschrift für gewerkschaftliche Jugendarbeit, April 1983

75 Jahre Gewerkschaftshaus Hamburg (Broschüre). Hrsg.: DGB Kreisfreie und Hansestadt Hamburg

1932-1934. Der Kreis Altenkirchen. Wirtschaft, Gewerkschaften, Verhaftungen Rassismus. Hrsg.: DGB-Kreis Altenkirchen

Die Machtergreifung der NSDAP 1933. Zerschlagung der Gewerkschaften. Dokumentation zu einer Ausstellung. Hrsg.: DGB-Bremerhaven/Bildungsgemeinschaft Arbeit und Leben eV

Gewerkschafter retten die Republik. Bericht über die Gedenkfeier zum 60. Jahrestages des Kapp-Lüttwitz-Putsches. Hrsg.: IG Metall Vorstand, Frankfurt/Main 1980

Gedenkfeier mit Schweigemarsch 30. Januar 1983. Zum 50. Jahrestag der

Machtergreifung der Nationalsozialisten. Nie wieder Faschismus. Hrsg.: DGB-Kreis Darmstadt

Die Vergangenheit begreifen, um die Zukunft zu bewältigen. Hrsg.: IG-Metall Verwaltungsstelle Detmold

Die »Gleichschaltung« der Gewerkschaften. Die Ereignisse um den 2. Mai 1933 in Duisburg. Berichte und Dokumente zum 50. Jahrestag der Besetzung des Gewerkschaftshauses und der Ermordung von 4 Gewerkschaftern durch die Nationalsozialisten. Hrsg.: DGB-Kreis Duisburg

2. Mai 1933. Zerschlagung der Gewerkschaften durch die Nazis. Eine Gedenkveranstaltung des DGB Essen in der alten Synagoge. Hrsg.: DGB-Kreis Essen

Besetzung des Gewerkschaftshauses am 1. April 1933. Sonderheft aus der Reihe Arbeitnehmer und Gesellschaft. Hrsg.: DGB-Kreis Hannover

Das Haus der Besitzlosen. 90 Jahre Gewerkschaftskartell. 80 Jahre Gewerkschaftshäuser. 50 Jahre Neues Gewerkschaftshaus in Frankfurt am Main. Hrsg.: DGB-Kreis Frankfurt/Main

1. Mai. Hannover in der Weimarer Republik. Sonderheft aus der Reihe Arbeitnehmer und Gesellschaft. Hrsg.: DGB-Kreis Hannover

Die Zerschlagung der Freien Gewerkschaften in Kassel. Materialien zur Gedenkveranstaltung am 2. Mai 1983. Hrsg.: DGB-Kreis Kassel

Die Zerschlagung der Freien Gewerkschaften in Kassel 1933. Bilder, Dokumente, Kommentare. Hrsg.: Gesamthochschule Kassel

Aus der Geschichte lernen. Nie wieder Faschismus! Nie wieder Krieg! 1./2. Mai 1933 – 1./2. Mai 1983. Dokumentation. Hrsg.: DGB-Kreis Koblenz

Der 2. Mai in Landshut. Dokumentation. Hrsg.: IG Metall Verwaltungsstelle Landshut

Aus der Geschichte lernen. Lüneburg 1930-1933. Zum 50. Jahrestag der Machtergreifung. Ältere Gewerkschaftskollegen berichten. Hrsg.: DGB Lüneburg-Dannenberg

90 Jahre Gewerkschaft Metall. München 1891-1981. Hrsg.: IG Metall Verwaltungsstelle München

»Wir sind aus diesem Milieu«. Alltagserfahrungen älterer Solinger Gewerkschafterinnen und Gewerkschafter. Projektgruppe der Freien Universität Berlin. Hrsg.: DGB-Kreis Solingen

»Nach dem Krieg war keiner Nazi gewesen«. Schweinfurter Arbeiterbewegung von 1928-1945. Hrsg.: DGB Bildungswerk Schweinfurt 1984

Arbeitertübingen. Zur Geschichte der Arbeiterbewegung in einer Universitätsstadt. Hrsg.: DGB-Kreis Tübingen 1980

30. Januar 1933. Vor 50 Jahren Machtergreifung der Nazis. Aus der Vergangenheit lernen, die Zeichen der Zeit erkennen. Dokumentation. Hrsg.: DGB-Kreis Tuttlingen

Nie wieder! Materialien für eine alternative Stadtrundfahrt. Vor 50 Jahren: Besetzung des Gewerkschaftshauses in Wilhelmshaven. Hrsg.: DGB-Kreis Wilhelmshaven

Nie wieder Faschismus! Zum 50. Jahrestag der Machtergreifung der Nationalsozialisten. Reden, Dokumente, Materialien. Hrsg.: DGB-Kreis Worms-Alzey

Personenregister

Sachregister

Abkürzungsverzeichnis

ADGB	Allgemeiner Deutscher Gewerkschaftsbund
AfA	Allgemeiner freier Angestelltenbund
BDM	Bund Deutscher Mädel
CGT	Confédération Générale du Travail
DAF	Deutsche Arbeitsfront
DGB	Deutscher Gewerkschaftsbund
DIHT	Deutscher Industrie- und Handelstag
HJ	Hitler Jugend
ITF	Internationale Transportarbeiter Föderation
KI	Kommunistische Internationale
KPD	Kommunistische Partei Deutschlands
KPD – O	Kommunistische Partei Deutschlands – Opposition
KPdSU	Kommunistische Partei der Sowjetunion
KPI	Kommunistische Partei Italiens
NS	Nationalsozialismus
NSBO	Nationalsozialistische Betriebsorganisation
NSDAP	Nationalsozialistische Deutsche Arbeiterpartei
RDI	Reichsverband der deutschen Industrie
RGO	Revolutionäre Gewerkschaftsopposition
SA	Sturmabteilung
SAJ	Sozialistische Arbeiterjugend
SAP	Sozialistische Arbeiterpartei
SOPADE	Sozialdemokratische Partei Deutschlands (im Exil)
SPD	Sozialdemokratische Partei Deutschlands
SS	Sturmstaffel
USPD	Unabhängige Sozialdemokratische Partei Deutschlands
WGB	Weltgewerkschaftsbund
WTB-Plan	Woytinsky-Tarnow-Baade-Plan
ZAG	Zentrale Arbeitsgemeinschaft

Faschismus und Widerstand

Gerhard Beier
Die illegale Reichsleitung der Gewerkschaften 1933–1945

Martin Hirsch, Diemut Majer, Jürgen Meinck
Recht, Verwaltung und Justiz im Nationalsozialismus
Ausgewählte Schriften, Gesetze, Gerichtsentscheidungen von 1933 bis 1945, mit Einleitungen

Oswald Hirschfeld (Hrsg.)
Die Folgen des Dritten Reiches
»Ihr werdet Deutschland nicht wiedererkennen«

IG Druck und Papier (Hrsg.)
Faschismus in Deutschland
Ursachen und Folgen · Verfolgung und Widerstand · Ausländerfeindlichkeit und neonazistische Gefahren

Hermann Langbein
Pasaremos
Wir werden durchkommen
Briefe aus dem spanischen Bürgerkrieg

Hermann Langbein
Die Stärkeren
Ein Bericht aus Auschwitz und anderen Konzentrationslagern
Mit zahlreichen Abbildungen

Werner Lansburgh
Strandgut Europa
Erzählungen aus dem Exil
1933 bis heute

Heiner Lichtenstein
Warum Auschwitz nicht bombardiert wurde
Eine Dokumentation
Vorwort: Eugen Kogon
Mit zahlreichen Fotos

Heiner Lichtenstein
Im Namen des Volkes?
Eine persönliche Bilanz der NS-Prozesse
Mit einem Vorwort von Robert M. W. Kempner

Heiner Lichtenstein
Raoul Wallenberg, der Retter von hunderttausend Juden
Ein Opfer Himmlers und Stalins
Mit einem Vorwort von Simon Wiesenthal und acht Kunstdrucktafeln

Gerhard Paul
»Deutsche Mutter – heim zu Dir!«
Warum es mißlang, Hitler an der Saar zu schlagen
Der Saarkampf 1933 bis 1935
Vorwort: Professor Dr. Eike Hennig
Mit 56 Abbildungen und zwei Karten

Heiner Lichtenstein
Mit der Reichsbahn in den Tod
Massentransporte in den Holocaust 1941 bis 1945
Mit 30 Abbildungen

Detlev Peukert
Volksgenossen und Gemeinschaftsfremde
Anpassung, Ausmerze und Aufbegehren unter dem Nationalsozialismus
Mit 59 Abbildungen auf 24 Kunstdrucktafeln

Bund-Verlag

Geschichte der Arbeiterbewegung

Bund-Verlag

Quellen zur Geschichte der deutschen Gewerkschaftsbewegung im 20. Jahrhundert

Begründet von Erich Matthias

Band 1–4 (1914–1933)
Herausgegeben von Hermann Weber, Klaus Schönhoven und Klaus Tenfelde

Band 5–7 (1933–1949)
Herausgegeben von Hermann Weber und Siegfried Mielke

Gefördert von der Deutschen Forschungsgemeinschaft und der Hans-Böckler-Stiftung

---

Band 1
Die Gewerkschaften in Weltkrieg und Revolution 1914 bis 1919
Bearbeiter: Klaus Schönhoven

Band 2
Die Gewerkschaften in den Anfangsjahren der Republik 1919 bis 1923
Bearbeiter: Michael Ruck

Band 3
Die Gewerkschaften von der Stabilisierung bis zur Weltwirtschaftskrise 1924–1930
Bearbeitet von Horst-A. Kukuck und Dieter Schiffmann
Band 3 besteht aus 2 Halbbänden

Band 4
Die Gewerkschaften in der Endphase der Republik 1930–1933
Bearbeitet von Peter Jahn

Band 5
Gewerkschaften im Widerstand und in der Emigration 1933–1945
Bearbeitet von Siegfried Mielke unter Mitarbeit von Dietmar Ross und Peter Rütters

Band 6
Organisatorischer Aufbau der Gewerkschaften 1945–1949
Bearbeitet von Siegfried Mielke unter Mitarbeit von Peter Rütters, Michael Becker und Michael Fichter

Band 7
Gewerkschaften in Politik, Wirtschaft und Gesellschaft 1945–1949
Bearbeitet von Siegfried Mielke unter Mitarbeit von Peter Rütters

---

Bund-Verlag